国家出版基金项目
NATIONAL PUBLICATION FOUNDATION

U0871783

“十三五”国家重点图书出版物出版规划项目

面向未来的交通出版工程·政策与规划系列

城市用地再开发与交通拥挤治理策略

吴 兵 王艳丽 李林波 著

同济大学出版社
TONGJI UNIVERSITY PRESS

图书在版编目(CIP)数据

城市用地再开发与交通拥挤治理策略/吴兵,王艳丽,李林波著. --上海:同济大学出版社,2017.3
(面向未来的交通出版工程·政策与规划系列/汪光焘主编)
“十三五”国家重点图书出版物出版规划项目
ISBN 978-7-5608-6750-2

Ⅰ.①城… Ⅱ.①吴… ②王… ③李… Ⅲ.①城市土地—土地开发—关系—交通拥挤—研究 ②交通拥挤—治理—研究 Ⅳ.①U491.2

中国版本图书馆 CIP 数据核字(2017)第 022542 号

面向未来的交通出版工程·政策与规划系列

城市用地再开发与交通拥挤治理策略

吴　兵　王艳丽　李林波　著

出 品 人：华春荣
策　　划：高晓辉　陆克丽霞
责任编辑：陆克丽霞
责任校对：徐春莲
装帧设计：陈益平

出版发行　同济大学出版社　www.tongjipress.com.cn
(上海市四平路 1239 号　邮编:200092　电话:021-65985622)
经　　销　全国各地新华书店、建筑书店、网络书店
排版制作　南京新翰博图文制作有限公司
印　　刷　上海安兴汇东纸业有限公司
开　　本　787mm×1 092mm　1/16
印　　张　15.5
字　　数　387 000
版　　次　2017 年 3 月第 1 版　2017 年 3 月第 1 次印刷
书　　号　ISBN 978-7-5608-6750-2
定　　价　78.00 元

总 序

PREFACE

伴随城镇化和机动化进程，交通的发展目标、关注问题和对策方法等也在发生着巨大的变化。未来的交通运输工程将是工程科学、人文科学等交叉学科融合发展又具有独立特色的领域，在这一领域中相关理论与技术正处于挑战、探索和机遇并存的重要发展阶段。

中国快速城镇化、机动化所带来的前所未有的压力，由于受到资源和环境的制约，已经不可能单纯依靠交通基础设施建设来加以化解，需要构建适合中国国情的战略—政策—规划—建设有机融合的城市交通一体化对策理论体系；城市交通进入建设与管理并重的转型发展阶段，将社会管理与交通技术系统建设有机融合，通过理性供给和动态调控，引导城市交通模式进入可持续发展的轨道，是理论研究者、管理者和工程技术人员苦苦思考与探索的问题。

近年来相关技术领域的快速发展，促使交通领域中的许多技术概念正在发生巨大的变化。信息技术与控制技术的融合，促成了车联网的孕育与发展；对交通安全的社会关注，促进了车辆与交通技术设施两方面的主被动安全技术的应用；“互联网＋服务”、“互联网＋交通”催生了共享单车、分时租赁、网约车等新型交通服务模式；新型有轨电车、个人城市交通(PRT)等交通方式正在逐渐走进我们的生活；交通信息系统建设以及大数据理论的发展，为针对具有复杂适应特征的城市交通系统监测和战略调控创造了条件。

在此背景下，无论是交通工程研究者、工程技术人员还是行业管理者，都深感原有知识和经验面临挑战，需要重新认识我们所面对的问题，适应需求和技术环境变化进行理论创新与技术变革。

《面向未来的交通出版工程》这套丛书正是为了适应这种需求而编纂。面对一个快速变化和发展的领域，采用滚动组织编写的方式，力求更快地反映出相关理论研究成果和实践经验。

在本丛书的出版选题中，强调如下三个基本原则。

(1) 适应发展阶段需求的理论针对性。

我国交通进入转型发展的新阶段：对生态环境和城市人居环境的关注，要求在可持续发展理念指导下，研究绿色交通和新能源车辆推广的对策问题；在城市规划进入用地总量控制内涵式发展的背景下，需要正确处理土地再开发引发建成区交通需求增长与交通基础设施难以大规模扩展的矛盾；城镇化进入城市群发展阶段，要求从城市群视野整合综合交通体系，调整中心城交通模式以适应功能布局的演化。

(2) 符合国际交通理论发展趋势的科学技术原创性。

在交通网络流分析和交通行为分析等传统领域的研究日益深化；大数据和复杂性理论的交融对交通理论变革产生了重要的推动作用；城市规划理论关注点从"位空间"转向"流空间"、地理学的关系转型和对空间中行为研究等方面所提供的成果借鉴。整个学科体系正在出现变革的趋势。

(3) 适合中国国情特点的实践探索性。

城市交通战略、政策和规划并非单纯的技术问题，而是一种科学发展观和公共政策的体现。正因为如此，在特定管理制度架构下的实践探索，具有理论和技术研究所不可替代的作用。

中国交通的快速发展急切需要与之适应的理论与技术支持，中国交通的实践又为相关理论与技术的变革提供了成长的"土壤"。面对发展与变革，不必苛求体系的完美，研究和实践中的百花齐放，必然带来中国交通科学与技术领域的万紫千红。

2016 年 4 月

前言

FOREWORD

发端于英国的产业革命首先导致了经济发达国家的城市化，进而推进了世界范围的城市化进程。

根据世界各国城市化发展的经验，伴随着城市化，一方面是大量的非城市人口变成城市人口，以及大量的非城市用地变成城市用地；另一方面则是城市中已有设施的更新改造和用地的再开发。尤其在我国，自改革开放以来，经济发展迅猛，2010年，我国GDP总量超过日本，跃居世界第二，城市化的发展用几十年的时间走完了发达国家需要上百年才能走完的路程。然而，由于城市建设的基础原本非常薄弱，在城市扩张的同时对城市中已有设施的升级改造和功能提升的需求也非常大，可以说是城市扩张与城市更新同步进行，这是我国同发达国家相比在城市化发展的特征上非常不同的方面。因此，在我国的城市化过程中，既要关注城市的扩张，也要关注城市的更新。而在城市更新过程中，用地的再开发是其中非常重要的方式，用地再开发由于改变了原有的土地使用格局，必然会打破该土地及其周边已有的交通供需平衡。这个平衡被打破以后，交通将如何发展？如何在这个平衡被打破之前做好规划，引导发展，这是很值得研究的问题。

2008年前，我们研究团队已经做了不少各种类型的交通影响分析项目，包括居住设施类、办公设施类、居住办公混合设施类、商业设施类、商业居住混合设施类、体育设施类、工业设施类、交通设施类等，这些设施的开发与建设，大多数都是城市土地利用的再开发。从每个项目孤立地来看，它们对于城市交通的影响非常有限，或者只有局部的影响，但是从城市的整体角度来看，特别是从城市化发展过程中城市更新的视角来观察的话，用现行的交通影响评价标准来分析开发项目所引发的交通问题是远远不够的。为此，我们研究团队于2008年向国家教育部提出了“城市用地再开发条件下的交通拥挤研究”博士点基金项目申请并获得资助。

本书的主要内容来自于该博士点基金项目研究成果的一部分。在此，特向教育部博士点基金委表示诚挚的感谢！

本书中的许多研究得益于我们研究团队中研究生的相关研究，他们富有创新性的观点和研究成果丰富了本书的内容，在此，要向潘弘、张飞飞、肖琳、易军伟、张晓婷等表示真诚的感谢！

本书在撰写过程中参考了很多研究者的研究成果，所参考的研究成果都列于本书的参考文献中了，在此，也向被引用成果的作者表示衷心的感谢！

由于作者水平有限和时间仓促，本书可能存在不少瑕疵，敬请各位读者不吝批评指正。

2016年10月

目 录

CONTENTS

1 绪 论

城市与城市化的持续发展离不开城市更新(Urban Renewal),而城市更新的一种主要方式则是城市用地再开发,特别是在城市化发展的中后期,再开发是保持城市活力和能级提升的重要途径。

本章对城市用地再开发的含义、国内外的发展概况进行简要介绍,并对几个经典案例进行剖析。纵观国内外城市更新与再开发历史,不难发现交通系统是城市用地再开发涉及的重要方面,对交通的处理方式直接影响再开发后的交通运行状态,城市用地再开发既可能缓解交通拥挤,也可能引发交通问题导致交通拥挤产生。

1.1 城市更新与城市用地再开发

城市的发展过程是一个不断建设、更新的新陈代谢过程,在这一过程中存在着城市用地新开发和再开发两种形态。其中城市用地再开发是城市更新的主要方式。

1.1.1 城市发展与城市更新

城市是“城”与“市”的组合,“城”主要是为了防卫,并且用城墙等围起来的地域,“市”则是指进行交易的场所。最原始的“城市”就是因商品交换集聚人群后而形成的。所以,早在农耕时代就出现了城市。城市的出现,是人类走向成熟和文明的标志。但是在农业经济时代,生产力水平低下,城市发展非常缓慢,到1800年,全世界的城市人口只占总人口的3%[1]。

进入19世纪,随着工业革命的掀起、机器大工业和社会化大生产的出现、资本主义生产方式的产生和发展,才涌现出许多新兴的工业城市和商业城市,使得城市人口迅速增长,城市人口比例不断上升,城市化进程加快。

英国是工业革命的起源地,也是城市发展较早的国家,在工业革命开始前的18世纪中期其城市化水平约20%。工业革命开始后,英国的城市化开始快速发展,首都伦敦在1800年是全球唯一超过100万人口的大城市,到1851年,英国的城市化率已达51%,如图1-1(a)所示。美国在工业革命正式开始前的1860年,城市化水平一直不超过20%,而工业革命开始后,城市快速发展,到1920年,城市化率骤然上升到51.2%,如图1-1(b)所示[2-3]。

从发达国家城市发展的历程看,城市发展基本经历城市化、郊区化与逆城市化、再城市化几个阶段[4-5]。城市化阶段,城市的发展主要在中心区,人口向该区域集聚,城市人口增长迅速。郊区化与逆城市化阶段,人口向城市的郊区外围甚至离城市更远的农村和小城镇扩散与迁移,中心区人口增长缓慢甚至减少[6]。这一阶段中心城衰败产生了很多问题,包括中心空城、土地紧张、能源浪费、交通拥挤、环境污染等。于是欧美各国率先展开了大规模的“城市更新”运动,城市更新作为专有名词才开始在城市研究领域出现。通过城市更新,进行中心区改造,积极开发城市中心衰落区等方式,吸引人口再次流向城市中心，进入再城市化阶段。

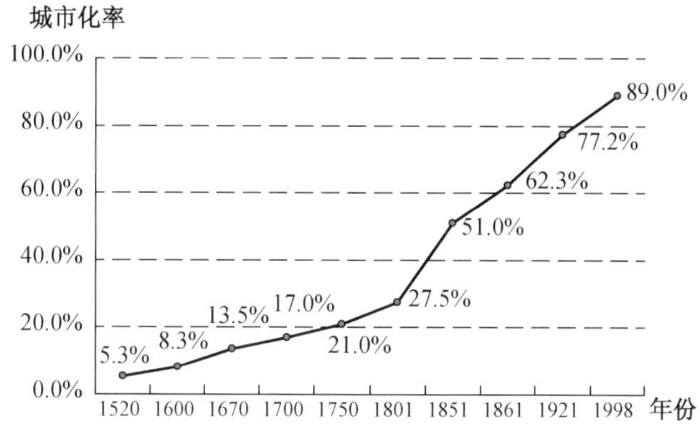

(a) 英国城市化发展历程

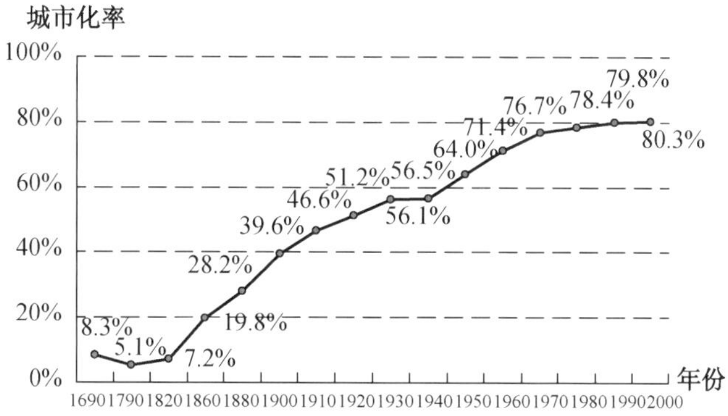

(b) 美国城市化发展历程

图 1-1　英国和美国城市化发展历程

对于我国而言，虽然受到工业革命浪潮的影响使城市的发展速度超过以往任何时期，但是，由于当时的社会体制等因素，城市化进程与发达国家相比是十分缓慢的，城镇人口比重一直不超过 20%，直到 20 世纪 80 年代末的改革开放后，城市才开始快速建设发展(图 1-2)。当前我国整体处于城市化快速发展阶段，部分大城市郊区化现象开始出现，很多城市已经或即将开展大规模的旧城改造等城市更新项目以保障城市化的快速发展。

从城市的发展过程中可以看出，城市的发展与城市更新是密不可分的，城市更新促进城市与城市化的发展，而城市的发展也需要不断地进行城市更新。实际上，自人类开始在城市里居住以来，就有了“城市更新”活动。早期，由于火灾等自然因素破坏以及老化破损等因素导致用木质或黏土不得不一再重建茅舍，而后用石头建造的房屋成为更新趋势；工业革命后，城市化的快速发展，需要扩张与更新城市以容纳增加的人口；而到了城市化中期，特别是郊区化导致大量城市问题的出现更是引发了大规模的城市更新运动。城市的发展本身就是一个不断建设、更新的新陈代谢的过程。

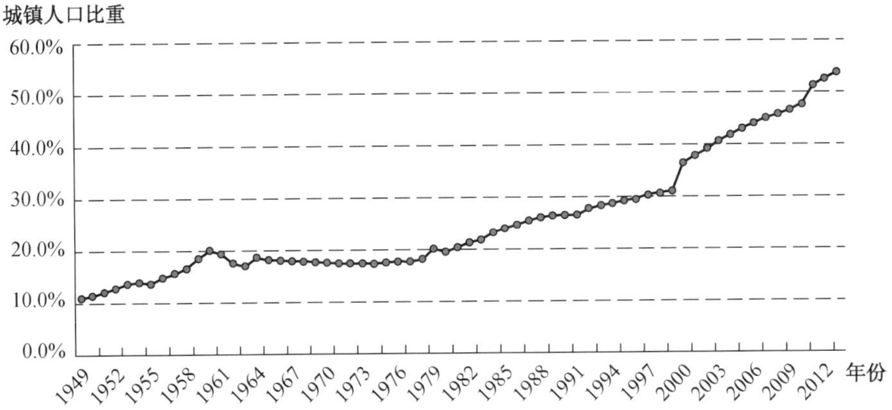

图 1-2　1949—2012 年我国城市化发展历程[7]

城市更新是一种将城市中已经不适应现代化城市生活的地区作必要的、有计划的改建活动。其目标是针对城市发展的过程中的城市退化现象而采取有意识的干预措施，解决城市中影响甚至阻碍城市发展的各方面的城市问题，使城市新陈代谢再次发生的行为，是城市综合本质内涵从解体到改体的社会过程[8]。

1.1.2　城市更新内容与方式

城市更新涉及的内容较多，较早较权威的概念界定是 1958 年 8 月在荷兰海牙市召开的城市更新第一次研究会上对城市更新的阐述，即“生活在城市中的人，对于自己所居住的建筑物、周围的环境或出行、购物、娱乐及其他生活活动有各种不同的期望和不满；对于自己所居住的房屋的修理改造，对于街道、公园、绿地和不良住宅区等环境的改善有要求及早施行，尤其对于土地利用的形态或地域地区制的改善、大规模都市计划事业的实施，以便形成舒适的生活环境和美丽的市容等，都抱有很大的希望。包括所有这些有关的改善内容的城市建设活动都是城市更新。”[8]

与城市更新类似的还有很多其他的表述，如城市重建、城市改造、城市复苏、城市复兴、城市再生、城市再开发以及旧城区改建、旧城区整治等。实质上城市更新是指对城市中某一衰落的区域进行拆迁、改造、投资和建设，使之重新发展和繁荣，所以这些概念或者为城市更新的某种表现形式，或者涵盖某些具体方面。英国 1977 年公布的关于城市更新的《内城政策》白皮书中明确指出：城市更新是一种综合解决城市问题的方式，涉及经济、社会文化、政治与物质环境等方面[9]。

由此可见，城市更新不仅包括对客观存在实体（建筑物等硬件）进行改造的物质更新，还包括非物质方面的更新，如对各种生态环境、空间环境、文化环境、视觉环境、游憩环境等的改造与延续，以及邻里的社会网络结构、心理定势、情感依恋等软件的延续与更新。所以，城市更新内容包括以下方面：①城市产业结构调整与主导产业选择；②城市性质与功能定位；③确定城市人口适宜性规模；④确立城市开发强度；⑤对城市空间形象（包括地区区域城市形象和城市空间形象）进行定位；⑥城市用地布局与结构调整；⑦道路交通系统更新；⑧城市文化更新；⑨城市更新实施的措施与建议等相关的多元化目标选择与对策[8]。

城市更新实施的方式可分为再开发或重建（Redevelopment）、整治改善（Rehabilitation）和维护（Conservation）三种[10]。

1. 再开发或重建

再开发或重建，是将城市土地上的建筑予以拆除，并对土地进行与城市发展相适应的新的合理使用。这是一种最为完全的更新方式，但这种方式在城市空间环境和景观方面、在社会结构和社会环境的变动方面均可能产生有利和不利的影响。同时在投资方面也更具有风险，因此只有在确定没有可行的其他方式时才可以采用。

2. 整治改善

整治改善类更新项目主要包括改善消防设施、改善基础设施和公共服务设施、改善沿街立面、环境整治和既有建筑节能改造等内容，但不改变建筑主体结构和使用功能。是对建筑物的全部或一部分予以改造或更新设施，使其能够继续使用。整建的方式比重建需要的时间短，也可以减轻安置居民的压力，投入的资金也较少，这种方式适用于需要更新但仍可恢复并无需重建的地区或建筑物，整建的目的不只限于防止其继续衰败，更是为了进一步改善地区的生活环境。

3. 维护

维护是对现有城市结构、实体的修理与保护。它适用于建筑物有健全并充分地保持且状态良好的区域。这种方式是最为缓和而活用、耗费最低的办法，是预防性的措施，适用于社会经济活动运行正常的市区。

虽然城市更新的方式分为三类，但在现实的城市更新工作中，在具体工程实践时，经常是根据当地的具体情况作灵活的运用，既可采用一种方式，也可采取混合的方式。

1.1.3 城市用地再开发

从城市更新的方式可知，再开发是城市更新的一种主要方式。所谓的城市用地再开发，也称城市土地的再利用，是在城市现有土地使用的基础上对局部土地通过改变或不改变用地性质所进行的二次开发[11]。

再开发概念，实际上是从开发客体上相对于新开发而言的。新开发是将土地从非城市用途（如农业用途等）转化为城市用地，而再开发是建立在城市土地新开发的基础上，因为社会经济发展等的要求，对原有的用地类型、结构及空间布局等进行置换升级，尤其是对城市建成区中的衰退地区进行改造重建等，通常说的旧区改造是其典型的表现，但并不局限于旧区改造[12]。

新开发是城市的扩展，是城市发展的引擎，构筑初始的城市空间版图，作为城市化初期和中期的主要方式，直接影响着城市的形态和规模。而再开发则是城市建成环境的更新过程，同样对城市经济发展和空间演变具有重要影响。特别是当城市发展进入到城市化快速发展的中后期，由于土地资源的约束，用地规模的扩张以及新城的开发逐渐受到限制，而中心城区部分原有用地效率较低，且由于郊区化现象的出现，中心城区开始衰退。于是，城市用地再开发就成为城市发展的重要途径，是城市化纵深发展的加速器，通过对城市空间的反复重构，在不断变化中推进城市发展。只有进行合理的再开发才能保障城市化健康稳步进入发展后期或进入再城市化阶段。

根据再开发区域和对象的差异，城市用地再开发有较多的分类方法。从城市功能分区上，可分为中心区再开发、工业区再开发、滨水区再开发、大型项目基地再开发等。具体到某个地块上则依据开发对象原用地性质的不同，可以分为住宅再开发、工业再开发、商业再开发等，而在实际中某一地块的再开发可能存在多种用地再开发类型，也就是综合再开发。不同的开发类型其开发的侧重点和理念有所差异，且开发的主体时期和主要内容也有所区别。

城市用地再开发作为城市更新的主要方式，同样涉及多方面内容，主要是以下的某个或某些方面的调整与变更：①用地上所承载的产业；②区域的空间形象定位；③城市用地布局与结构；④道路交通系统；⑤用地性质和功能定位；⑥用地开发强度；⑦用地所承载的居住人口和就业岗位；⑧用地所承载的城市文化；等等。

1.2 城市用地再开发发展概况

城市用地再开发作为城市更新的主要方式，也是城市发展的主要途径之一，又可以看作是一种改善城市的主要措施，渗透在城市规划的每个角落，体现在城市发展的每个阶段。

1.2.1 国外的相关理论与实践

早在工业革命前，各个国家均有不同规模的更新与改造，主要是针对城市存在着的较为严重的物质性老化的自然更新过程，在此时期，城市规模普遍不大，功能相对简单，发展也较为缓慢。进入19世纪，随着工业革命的兴起，城市化的发展，城市问题开始产生，城市用地再开发开始受到关注，并对再开发理论与实践进行了大量探索。

1. 理论发展

城市用地再开发的理论源于对城市问题改善措施的研究包括对城市形态的探索等。早在19世纪上半叶，一些空想社会主义者提出种种关于城市用地再开发的设想，把改良住房、改进城市规划作为医治城市社会病症的措施之一。19世纪和20世纪之交，基于大城市拥堵问题，霍华德(E. Howard)从空间角度提出了“田园城市”的设想，并设计了便捷的交通系统作为支撑，为城市再开发提供参考，这也是现代城市规划的开端[13]。同时代，针对工业革命后大城市过分拥挤等问题，学者提出了很多措施，如格迪斯(P. Geddes)从文化角度对城市的发展演进进行了综合研究，指出再开发需要纳入城市规划而且应该保留城市所独有的历史特性[14]，希特(C. Sitte)则从艺术角度认识到新旧城市的差别，提到新建与改建对交通设施处理的差异，其思想后期被广泛应用于城市改造[15]。

一战后，针对城市发展重建等问题，新的城市空间理论开始形成，如同心圆模型以及其后的扇形模型和多核模型等。此外还有强调空间集中的"行列式空间城市"(也称"当代城市")以及提出反集中空间分散理论的"广亩城市"。这些对城市空间的探索为后期城市的更新和改造提供了参考。期间 1933 年的《雅典宪章》则概述了现代城市面临的问题包括交通问题，并指出交通拥挤问题的原因，提出了应采取的措施以及城市规划的任务，以改良社会为城市规划的目标导向，这是再开发也是现代城市规划理论发展历程中的里程碑[16]。

二战后，以 T. Sharp 的 *A Planning for Rebuilding* 为开端，更多关于城市重建的城市规划理论应运而生。很多学者如戈德曼(J. Goodman)、基伯(L. Keeble)等都对战后的规划进行了思考和研究[17-18]，其中 J. Jacobs 从另一角度对城市的改造和更新进行了批评，为更好的城市再开发做出了贡献[15]。1977 年《马丘比丘宪章》则在《雅典宪章》的基础上，进一步阐述了城市规划的内容和目标，强调综合、动态规划，并对《雅典宪章》以小汽车为导向的城市发展理念进行了纠正，明确指出了公共交通以及城市重建的重要性，对今后城市和交通的发展具有重要影响[19]。

20 世纪 80 年代后，城市规划理论的发展走向多元化，出现并且发展了更多关于城市空间发展理论的研究，如"紧凑型"城市、"多中心"城市、"蔓延型"城市等，为城市空间的重塑与再开发提供了理论基础[15]。其中"紧凑型"城市，特别提倡和强调城市再开发，被认为是最有效的城市空间结构形态[20-22]。同时，针对城市蔓延问题，"新城市主义"和"精明增长"理论应运而生。其中，新城市主义提倡创造和重建丰富多样的、适于步行的、紧凑的、混合使用的社区，传统社区邻里发展理论(TND)和公共交通主导型发展理论(TOD)是两大核心；精明增长理论则提倡用足城市存量空间、加强对现有社区的重建、提高住宅密度、强调利用公共汽车、并且重新开发废弃、污染工业用地，减少基础设施、房屋建设和使用成本[23-25]。另外，生态规划以及可持续发展也引起了学者关注，为再开发理论提供了新的活力。这一时代交通的重要性已经受到重视，甚至引导城市空间的重塑，不管是哪种城市空间发展形态，其都涉及并要求有相应的交通系统作为支撑。

同时，也有很多学者针对城市用地再开发的具体问题展开了一系列研究，例如 Savoie 针对郊区的再开发进行了分析[26]，而 Desfor、William 等人则对港口的再开发重建进行了探讨[27-28]，Horridge、Sears 等则针对棕地的再开发问题进行了分析，并提出一些有针对性的策略[29-30]。在这些具体问题中都涉及了再开发时交通系统的处理。

2. 实践与法规

这些城市再开发规划理论与城市的发展密切相关，在源自实践、超越实践的同时，又反过来作用指导于实践。所以在理论发展的同时，实践应用以及相关法律政策也在不断完善。

早期在城市再开发实践方面，影响最广的是在19世纪奥斯曼主持的巴黎规划，1853年开始历时17年的巴黎城市改造基本上完成了一个老巴黎向新巴黎的转变[31]。巴黎的改建，将道路、住房、市政建设、土地经营等作了全面的安排，其中交通方面包括改扩建火车站，建设环城铁路网，改扩建通往市区的道路等，挽救了已瘫痪的巴黎交通[32]。巴黎的改建为城市改建做出有益的探索，影响所及科隆和维也纳等城市也纷纷效仿。

19世纪末到20世纪中叶，这期间各大城市均有再开发案例，但大都是规模相对较小，影响范围不大，直到二次大战后，各国大城市的再开发变得日常活跃，相关法律法规开始日趋完善。

二战后，欧洲主要大城市均进行了城市的更新和改造。其中法国巴黎，则是再次进行了大规模的城市更新改造。战后前20年的城市更新改造，主要忙于改造破败的城区、改善公共设施，但这阶段的改造过于追求现代化忽略了城市肌理，仅仅30年后，就面临着再次整治、甚至重建的命运。1967年底，法国颁布的《土地规划法》对城市更新政策做出重大调整，并在20世纪70年代后开始实施协议开发区制度，采用政府主导、公私合作的市场运作模式，协调各方利益、整合城市面貌和土地与交通，作为城市更新改造的重要工具[33]。20世纪70年代末，城市复兴被视为城市政策的首要内容，于是80年代巴黎开始大规模的整治，90年代末更是以一系列的空间整治计划迎接新千年的到来。这些整治计划中交通问题又一次被提到首位，但与五六十年代不同，此次拒绝小汽车，大力发展公共交通，通过完备的地铁和公交系统来解决交通问题。总之，20世纪中后期，巴黎的大规模城市更新改造是以长期规划研究为基础，以协议开发区制度为工具，在空间发展理论指导下、偏于理性的再开发，对巴黎的城市发展产生了深远的影响[34]。

此外，英国的伯明翰-曼彻斯特、法国阿尔萨斯-洛林地区和德国鲁尔区等工业区的改造经济复兴经验也已蜚声全球[35]。其中，英国政府还于1977年公布了关于城市再生政策的白皮书，旨在对城市进行社会、经济和文化上的更新，将一个由于衰败而成为整体社会负担的城市转变为社会的一种资产[36]。为了解决内城衰退，实现内城复兴，英国成立了城市开发公司，一个开发公司对应着一个特定的城市区域，担负着吸引私人投资，建设内城地区的任务。20世纪80年代开始，英国的城市通过城市复兴取得了相当的成绩，例如卡迪夫和南威尔士地区在经过煤炭和钢铁等重型和污染工业衰败的阵痛之后，完成了经济重组，走出了困境[37]；伦敦的道克兰、泰晤士河流域更新成效显著。

与此同时，美国的城市再开发起源于第一次世界经济危机之后即为振兴城市经济的清除贫民窟运动，从19世纪末开始主要经历了以下几个阶段：在19世纪末至1930

年代初，主要表现为城市的美化运动，美国国会在1867年就通过《城市重建法》，1916年纽约颁布了控制土地利用和建筑高度的分区区划法规，后在1961年为适应新情况，修改成为区划决议[38]；20世纪30年代初至70年代初，则是大规模的城市更新计划[39]，其中在1937年颁布了《住宅法案》，1949年美国政府在此法案实践经验的基础上，重新修订并颁布了新的住宅法案，1954年又将此法案确定为清除衰败地区的城市更新计划，自此美国展开了规模浩大的城市更新发展计划[40]；20世纪70年代初至20世纪末主要是城市更替，国会于1973年废除了城市更新计划，然后于1974年通过了社区开发计划；20世纪末到现在主要是精明增长理念下政府主导的城市复兴[12]。"精明增长战略"是一项与城市蔓延针锋相对的，涵盖规划、土地、交通等多方面要素的城市增长战略[41-42]，其中填充式开发和再开发是精明增长管理中倡导的提高土地利用强度的两项技术措施。这一战略得到美国各州的广泛认可，并极力倡导实施。2000年，在马里兰大学成立了精明增长研究和教育国家中心（NCSG），研究精明增长及相关的土地和交通问题，并主持马里兰州的精明增长方案以及区域增长方案实践研究；2002年，全美规划师协会（APA）制定出关于精明增长的立法指导手册[23,43]。

除了欧美外，东亚地区的城市再开发则以日韩为典型。19世纪末，日本工业化迅速崛起，城市化快速发展，但是基础设施跟不上经济和人口的步伐，限制了城市和经济的进一步发展。为了在土地和财力均十分有限的情况下有效地解决这些问题，促进城市的发展，必须对整个城市地区进行综合开发，于是土地重整制度应运而生[44]。为了推进这一制度的落实，日本出台了以《土地重整法》及其细则为核心的一系列的法律法规，致力于在更经济地利用土地的同时建设和改进基础设施与公用设施。二次大战后，为了重建城市，1946年，制定了《特别都市计划法》，为适应城市改造的需要，城市规划法制也日趋完备。1955—1966年，先后颁布了《首都圈整备法》《新工业城市建设法》《中部圈整备法》等。1965年修订了《首都圈整备法》，1969年日本制定了《城市再开发法》，市区再开发事业实绩卓著[45]。2002年起又相继颁布《城市再生特别措施法》以及一系列相关配套法规，用于指导城市的再开发，包括东京地区[46]。此外，在东京都的城市规划中，城市改造一直是一项重要的规划内容，针对不同地区，提出不同的改造方针和目标，但不管何种地区，交通始终是其中改造的重要内容。

与日本类似，韩国政府早在1965年就把设置"再开发地区"纳入《城市规划法》之中，并于1976年从《城市规划法》中分离出有关再开发的内容专门制定了《城市再开发法》。此后《城市再开发法》经过了多次修改完善，针对某些特定的再开发类型又制定了一些其他法规，如《住宅建设促进法》[47]。

1.2.2 我国的研究和实践

1. 理论发展

在我国，从古代就有城市规划理论以及对城市格局的探索，如《周礼·考工记》是我国古代城市规划理论中最具影响的一部著作，很早就提出了我国城市，特别是都城的基本规划思想和城市格局，主要提出的是城市空间方正形，并且以中心道路作为中轴线[48]。同时，另一种规划理论则是以《管子》和后期的风水理论为代表的自然观的、功能性的规划理论，这一思想从现代来看是一种综合的生态观，体现的是综合的生态观[49]。古代的城市建设与改造主要是在这两种理论的指导下进行。

到了现代，西方规划思想传入，我国在再开发方面的城市规划理论则主要是对国外规划理论的翻译和借鉴。新中国成立直到改革开放后 20 世纪 80 年代，再开发的研究才开始受到广泛关注，1984 年和 1987 年当时的建设部分别在合肥和沈阳召开了全国旧城改建经验交流会[50]，到现在经过 20 多年的探索、实践和总结，我国城市再开发理论取得了一定的成效[51-53]，主要集中在对国外理论和经验借鉴的基础上，针对我国国情，对再开发特征、时序、模式、机制、调控策略等方面的研究[52, 54-57]，也有对某城市或具体开发类型、地段区域的实践研究等[58-65]。但是，总体来说，这些针对再开发的研究对交通要素的考虑是远远不够的，而且也尚未形成完整的理论体系。可以说，由于这种缺乏土地再开发与交通之间关系的长远考虑，也为日后城市交通的发展埋下了隐患。

2. 实践与法规

我国香港早在 1884 年就开始实施贫民窟清理计划，但是政府对城市更新的干涉在 1960 年前是很少的。在 1960—1980 年间，一系列旨在改善老城区环境、交通和基础设施等具有实验性质的城市开发计划陆续得到实施。这一时期由于存在多种土地和建筑物所有权的限制，再开发主要限于较小地区的零星高层项目(称“笔型开发”)。小地区内的“笔型重建”的盛行，增加了社区密度，进一步恶化了而不是减轻了老城区的高度拥塞，总体上并没有改善城市环境，反而给周围街区未来的全面重建带来了问题[35]。于是全面的再开发被认为是降低老城区交通拥挤状况以及提供必需的基础设施的最好办法。香港 20 世纪 80 年代一系列专门的政府会议和工作小组认为，建立土地发展局以及私人和公共部门之间的合作关系最有利于推动再开发进程，因而在 80 年代末，土地发展局(LDC)作为独立的法定部门开始运作，主要负责鼓励、促进和推动老城区内的更新运动[66]，后来经过完善，在 2000 年颁布了相关法律，并且在 2001 年组建了专门的市区重建局制定再开发策略[67]，从 2001—2008 年，市建局共推进如皇后街、湾仔道等约 41 个改造项目[68]。

我国内地大规模的旧城改造始于 1949 年，从最初针对旧中国及二战后的城市衰败，集中治理城市环境和改善居住条件(如北京龙须沟改造、上海棚户区改造、南京秦淮河改造和南昌八一大道改造等就是当时卓有成效的改造工程)，到 20 世纪 60 年代的旧城建成现代化新城的冒进运动，使得旧城问题更加严峻，直到 70 年代后期，改革开放后，旧城更新改造才以空前规模与速度展开，城市用地再开发受到广泛关注，很多大城市开展一系列的城市更新规划和改造计划[69]。近年来，我国城市在经历了长达数十年的大规模旧城改造之后，城市改造升级又成了新一轮城市建设的热点，大城市普遍提出新的空间发展战略，制定新的总体规划，其中包括部分地区的再开发尤其是中心城区的优化调整。

例如，北京市在经历了新中国成立后的第一次改造以及20世纪90年代开始的大规模"危旧房改造"(到2002年已改建面积达25 km^2，占旧城总面积的40%)后，现在的更新改造更偏向于理性的城市优化调整计划。2003年，国务院制定了《北京城市空间发展战略》，此后在新一轮的城市总体规划(《北京市城市总体规划(2004—2020)》)编制中，明确指出中心城调整优化策略，包括对"城中村"的改造计划等，并提出优化交通及市政基础设施以改善中心城交通状况。并借助奥运会的契机，于2008年基本完成了大部分地区的再开发计划以及交通设施改造。同样，上海也展开了大规模的再开发项目，其中以苏州河改造项目、杨浦区的工业用地更新以及浦东新区的再开发最为典型[62]。2015年4月，又进一步出台了《上海市城市更新实施办法》，以促进和规范城市用地再开发。还有像天津、沈阳、武汉、深圳、广州等城市旧城改造类的城市再开发项目都曾经并正在如火如荼地进行[70-74]。深圳市在2009年就制定了《深圳市城市更新办法》以指导城市的再开发，据不完全统计，仅2010年城市更新项目就达20多个，包括下梅林村改造项目、长城国际物流中心项目、上合旧村改造项目等，通过改造大大改善居民的居住环境，提高区域的配套服务水平(包括交通设施等)。深圳市于2015年9月成立了城市更新局，进一步统筹推进全市的城市更新工作。而在深圳之前，广州则于2015年2月就成立了城市更新局，以加强城市更新配套政策的落实和城市更新项目的实施与监管工作，制定出台了《广州市城市更新办法》及三个配套办法(旧村、旧厂、旧城)，并广泛征求公众意见。

可见我国的城市更新正在一些发展较早的城市中广泛开展，再开发项目也在大规模地开展[75]。然而，相比较而言，相应配套的理论与法规策略仍然较为薄弱，特别是针对交通系统的更新方面。

1.3 城市用地再开发与交通问题

城市用地再开发的主要对象是对城市用地类型、强度、结构及空间布局等的调整，而道路交通系统则是城市用地再开发涉及的一个重要内容，交通问题则是再开发所面临的一个主要问题，对交通系统的处理直接关系到再开发后的成功与否以及再开发后的交通状态。

1.3.1 城市用地再开发与交通问题的经典案例

1.3.1.1 国外的经典案例

案例1 法国巴黎改造

巴黎是法国的政治、经济和金融中心，也是城市用地再开发影响最广的城市。早在

19 世纪，随着工业革命的兴起，城市问题包括交通问题开始凸显，1853 年开始的奥斯曼都市计划，严格规范了道路两侧建筑高度，强调绿化、林荫大道，切割出主要干道，改扩建火车站、城市道路，历时 17 年完成了巴黎的转变，缓解了当时的城市交通拥挤、规划轨道，是当时影响最广的巴黎改造。

而二战后，由于传统工业的衰落和转型，曾经以工业、铁路、仓储用地为主的巴黎东部沿塞纳河南岸地区（俗称左岸，巴黎 13 区）开始衰败，该区域的再开发是继奥斯曼都市计划之后巴黎最大的城市改造工程。该工程最早的规划起于 20 世纪 80 年代初，当时是为世博会和奥运会的举办而编制的，这个规划最终未能实现但却挖掘了该地区的用地潜力。1990 年，政府正式开始制定巴黎左岸改造规划，规划范围包括西侧奥利斯特里茨火车站区、中部托尔比亚克区和东部马恩那区，建了大型办公楼、大学区、住宅区，另外出于活跃城市活力的考虑还适度放宽了建筑高度和密度等规划控制指标。同时，配以基础设施的改进，在 1997 年建成了戴高乐桥，地铁 14 号线也投入使用，铁路编制线路改建成法兰西大道作为区域轴线，建设塞纳河步行桥等一系列交通设施。该再开发项目在空间发展的整合、基础设施的完善、城市功能的提升以及工业遗产的保护再利用方面，取得了突出成效[4]（图 1-3）。

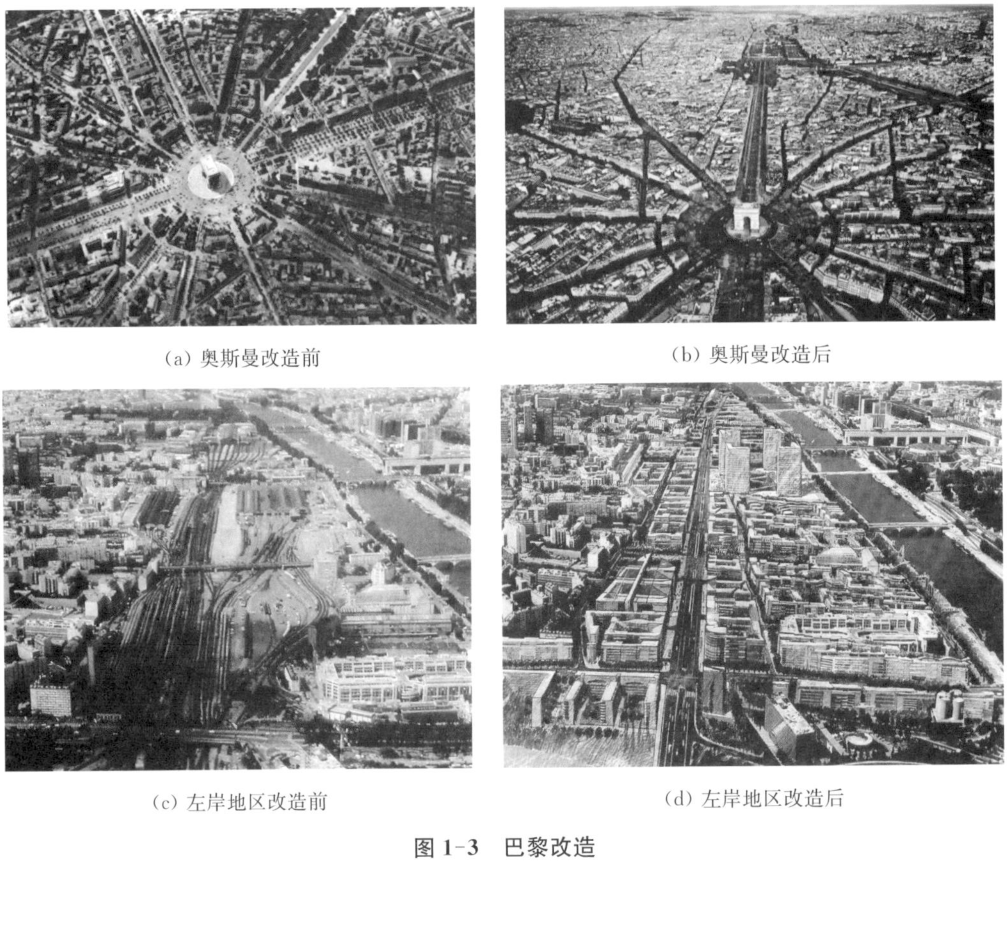

(a) 奥斯曼改造前　(b) 奥斯曼改造后

(c) 左岸地区改造前　(d) 左岸地区改造后

图 1-3　巴黎改造

案例 2　美国巴尔的摩内港改造

巴尔的摩是美国东海岸马里兰州最大的城市，在二战之前，巴尔的摩港是美国主要的工业港口之一，港口贸易非常繁荣，城市中心布局沿着港口周围展开。二战后，由于经济结构转型，重工业衰退，巴尔的摩港区日趋萧条。20 世纪 50 年代中期，巴尔的摩城市规划委员会开始策划启动城市更新的开发项目，着手组织编制市中心的总体规划。1964 年，华莱士规划设计公司完成巴尔的摩发展概念性规划，规划年限为 30 年，总投资为 2.6 亿美元，建成了巴尔的摩科学中心、世界贸易中心大楼、巴尔的摩会展中心、港湾市场等，成功将旧工业区改建为商、游、住、办综合中心。并同时引入了地铁和轻轨两条线路，来改善交通条件。巴尔的摩内港区改建开发已成为滨水地区改建的经典范例[76]（图 1-4）。

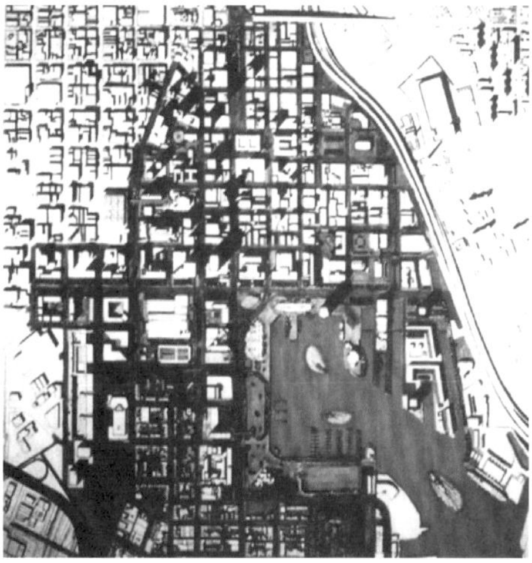

(a) 再开发前的巴尔的摩内港地图

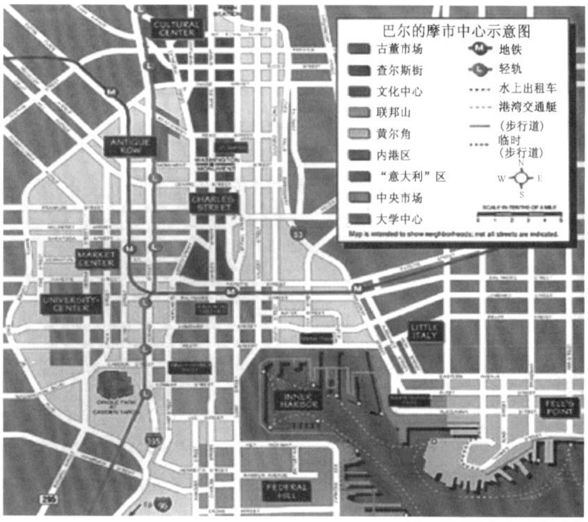

(b) 再开发后的巴尔的摩内港地图

(c) 再开发前的巴尔的摩内港照片

(d) 再开发后的巴尔的摩内港照片

图 1-4　巴尔的摩内港改造

案例 3　英国伦敦码头再开发

英国伦敦是城市化发展最早的国家，早在 17 世纪 70 年代针对 1666 年伦敦大火导致的衰败现象，克里斯托弗雷恩爵士提出了重建伦敦的规划。步入 19 世纪，伦敦针对拥挤不堪状况，一大批基础设施得以建设包括伦敦桥、地下铁路、有轨电车等，曾经成为世上最富饶和人口最密集的城市。该时期也是码头港口建设繁荣期，伦敦码头是世界上最繁忙且最重要的港口之一。但二战后，较大的航运公司将码头业务迁至了荷兰，而且老式码头也不适应于现代的集装箱运输，导致该码头的落后和闲置，大量土地荒废。1979 年，政府开始主动进行城市更新，1981 年成立伦敦码头开发公司，从整体层面考虑码头区的规划，1981—1985 年开始为码头区制定了新一轮的交通规划，加强了伦敦和码头区的联系，政府建设了大量基础设施包括高架桥上运行的轻便铁道、快速轮渡等，1985 年原来的西印度码头开始筹划改建成金丝雀码头，但刚开始大量的高楼大厦建设和通勤交通导致原有的轻便铁路无法满足交通需求，滞后的公共运输系统导致了 1992 年金丝雀码头的崩溃。新一轮的规划开始了，2000 年另一条大型轨道银禧线建成，与既有的地下商业空间整合在一起，发挥了轨道交通的催化作用，保持了金丝雀码头开发的持续性，至 2006 年在超高层办公楼、银禧线金丝雀码头站、中轴线的公共空间及整体步行系统建成后，金丝雀码头成为伦敦新的商务金融中心。金丝雀码头城市设计空间布局最鲜明的特点不仅是其古典的对称构图、轴线空间的变化和成为视觉焦点，更重要的是将两条南北向的交通空间轴线（两个轻轨站和轻轨高架桥）及东西向的开放空间中轴线（银禧线地铁站上的公共广场与加拿大广场）整合、并存交叉点上形成空间序列的高潮[76]。伦敦码头区的改造通过新建轻轨交通线有效提高了码头区的吸引力，同时缓解了道路交通压力（图 1-5）。

(a) 改造前的码头

(b) 改造后的金丝雀码头

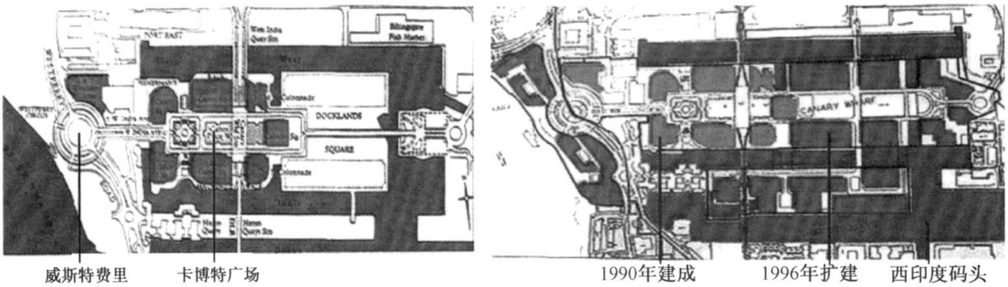

(c) 金丝雀码头的总体布局

(d) 改造后的地铁和轻轨及其步行桥梁

图 1-5　伦敦码头再开发

案例 4　韩国清溪川的两次改造

清溪川是韩国首尔一条由西向东流经中心区、横贯城市东西的人工河道，早在 1394 年，朝鲜王朝迁都到汉阳（首尔旧称）时，就是城市形态的中轴。二战后初期，清溪川两岸出现了大量难民居住的棚户区，水质日渐恶化，河床被污泥和垃圾所覆盖；1958 年，首尔市采用长 5.6 km、宽 16 m 的水泥板对没有经过治理的清溪川进行了全面覆盖；1971 年，首尔市在已封盖为公路的清溪川上建设了高架桥，横跨城市中心，承载着东西方向的城市交通。然而这次改善没有考虑整体的组织和协调，在提高城市交通运输能力的同时却带来许多问题，使该区域的环境恶化且交通拥挤更加严峻，最终清溪川的覆盖改造工程宣告失败[22]。2003 年 7 月，韩国政府重新对清溪川实施改造工程，拆除了清溪川路和其上的高架桥，恢复内河，并采取了相应的交通疏导以及限制措施，同时增加穿过城市中心的公共交通，建立先进的公交信息管理控制中心等，这次改造成为首尔市成功转变人们出行方式的一个重要契机，也是首尔市向着环境友好的人性化城市迈进的重要一步[77-79]（图 1-6）。

(a) 第一次改造前的清溪川

(b) 第一次改造后的清溪川

(c) 第二次改造后的清溪川

图 1-6　清溪川改造

1.3.1.2 国内的经典案例

案例 1 深圳罗湖口岸与火车站改造

深圳罗湖口岸是出入境陆路口岸，与香港新界一河之隔，是改革开放前深圳仅有的两个陆路口岸之一，曾是我国客流量最大的旅客出入境陆路口岸，北侧紧连罗湖火车站（现称深圳火车站）。该火车站是广深铁路的南端起点，是联系内地与港澳、中国与世界的重要枢纽。罗湖口岸地区曾进行过四次改建，以有限的空间资源应对不断增长的深圳与香港往来需求，直到 20 世纪末，该地区各种混行、拥挤等交通问题日益严重，成为深港的交通瓶颈，严重制约了两地的经济发展和共同繁荣。为此，深圳市 2002 年开始实施罗湖口岸与火车站地区的改造计划，分 5 个阶段进行施工：一期重点协调地铁与周边交通设施的连接；二期建设地下空间；三期完成东广场、联检广场、罗湖商业城、西广场交通枢纽的交通设施建设；四期对联检楼和火车站进行适度综合改造；五期着重周边地区的城市道路和街区建设。该改造计划最终历经 8 年时间完成。以地铁站为中心建设了纵向一体化综合人行空间，将罗湖口岸、火车站、长途客运站无缝衔接，实现了各种交通方式的“零距离换乘”，并将自然元素融合于地下空间的人工绿化，创造了首个“花园式”交通枢纽，是“集约、高效、可持续”再开发的成功范例[80]（图 1-7）。

(a) 1985 年建成的罗湖口岸

(b) 20 世纪 90 年代通关人潮

(c) 2010 年的深圳罗湖口岸

(d) 2010 年的深圳火车站

图 1-7 深圳罗湖口岸改造

案例 2　上海五角场地区改造

五角场地区位于上海市的东北部，隶属于重工业摇篮的杨浦区。早在 20 世纪 20 年代末 30 年代初，规划为"大上海"的"市中心区域"遂开始建设，在一片农田间修筑了一系列道路，并以新市政府大厦为中心，完成了运动场、图书馆、博物馆、市医院、广播电台、中国航空协会等建筑。二战爆发后"大上海计划"被迫暂停，汪伪政府曾将该区域局部改造为军营和民房，南部居住区形成了城郊棚户区景观。新中国成立后，该区工厂、仓储业迅速发展，成为工业基地。直到 20 世纪 90 年代末，随着上海中心区的规划和改造，该区域也进行了重新建设，2003 年进行大规模再开发，由工业区改造成商业中心，增加了东方商厦、百联又一城等商业大厦，提升了五角场的品位，将其建设成为上海地区的副中心[81]。但在 20 世纪初当时并没有建成地铁，由于改造吸引了大量客流，致使原本通畅的道路交通开始拥堵，特别是当 2006 年万达商业综合体建成后道路更加拥堵。直到 2010 年，该区域轨道交通十号线建成并通车，同时对该区域道路进行了管理和改善，该区域的交通拥挤才得以缓解(图 1-8)。

(a) 80 年代的五角场

(b) 90 年代改造中的五角场

(c) 2010 年的五角场

(d) 20 世纪初五角场交通状况

图 1-8　上海五角场地区改造

案例 3　北京海淀镇改造

海淀镇是北京市海淀区最古老的村镇，位于原中关村的西边。由于高新科技的发展，1999 年国务院批复了《关于实施科教兴国战略加快建设中关村科技园区的请示》，北京科技园建设(集团)股份有限公司(简称“北科建”)成立，开始对中关村进行大规模的建设和改造，包括对海淀镇进行旧城改造形成中关村西区，作为全国高科技产业中心开发区和高品质的科技商贸区。在海淀镇原址上改造建设了大量的高楼大厦，如海淀新技术大厦、金和国际大厦、第三极文化主题商场、华奥商厦等，但由于各种原因造成了周边道路早晚高峰时段交通严重拥堵，2003 年该区域开始成为北京重点拥堵地段[20]，目前正在进行新一轮的规划和改造(图 1-9)。

(a) 海淀镇旧貌

(b) 改造前的老槐树街

(c) 改造后的中关村西区

(d) 改造后的老槐树街

(e) 改造后的交通拥挤现象(2004 年)

图 1-9　北京中关村改造

1.3.2　城市用地再开发对交通影响的两面性

从国内外的经典案例中，可以看出再开发在对土地进行改变以提升土地价值或升级城市功能的同时，也必然会对交通系统带来一定的影响。因为土地功能、开发强度的变化会导致地块本身的出行需求和出行行为发生变化，同时也会使得开发周边甚至区域整体的交通需求和出行特征发生变化，引起用地及周边路网的交通流也随着发生改变。这些变化都将会打破原有的交通均衡状态，引发交通流格局的重新分配，从而对交通系统产生影响。

在用地再开发过程中将交通系统作为重要因素进行考虑和建设，有效协调城市用地再开发和交通系统，最终能够实现交通拥挤的缓解同时城市布局的优化，从而改善了城市宜居环境，也提升了城市能级活力。而对于交通规划考虑不足或者建设滞后的用地再开发，则在提升土地利用的同时，会带来更多的交通或者环境问题，违背了再开发的初衷，导致再开发的失败甚至很快需要新一轮的用地再开发。

在国外，更多的是对交通具有积极影响的再开发成功案例，除了法国巴黎、美国巴尔的摩、英国伦敦外，国外还有很多对交通具有积极影响的再开发成功案例，如美国波士顿则通过将高速公路建设服从于公园绿地，重新安排了滨水区的交通，提升了区域品质，改善了交通拥堵。还有著名的温哥华世博再开发，更是以交通改善为重点，有效改善了基地的交通条件。这些成功的再开发案例，无疑均考虑到了交通系统的改善而且将其作为重要因素进行考虑，有效协调城市用地再开发和交通系统，从而实现了交通拥挤的缓解以及城市布局的优化。可见，合理实施再开发可以有效缓解交通拥挤。韩国首尔清溪川的两次改造工程[22]，既能反映出不当的用地再开发对交通拥挤具有加剧作用，也显示了规划良好的土地再开发是缓解交通拥挤的重要途径。

在国内，深圳的罗湖口岸与火车站改造是成功案例，但更多的是因为用地再开发造成或者加剧了交通拥挤的案例，虽然短期内提升了区域活力，但随之而来的交通问题却成了管理的症结。如广州的荔湾广场改造被认为是旧城改造的失败案例[82]，而芜湖的美食街地区的再开发虽然曾作为成功使土地升值的案例[83]，但是目前也存在各种交通问题，道路经常出现严重阻塞。再如上海的陆家嘴和不夜城地区的用地再开发，因开发强度过大等原因，使得该区域的交通压力较大，形成常发性交通拥挤[84]。而北京的商务中心区，由于地铁、公交系统等的实施整体滞后于快速、高强度的再开发，曾使得该区域的交通拥堵问题严重[20]。这些再开发导致或加剧了交通拥挤，无法有效提升城市的土地利用效率和价值，严重影响城市的宜居环境，不利于城市的可持续发展。

可见，城市用地再开发对交通影响具有两面性，合理实施用地再开发可以有效缓解交通拥挤，而不合理的再开发则会引发或加剧交通拥挤。城市用地再开发既能作为解决交通问题的重要手段来缓解交通拥挤，也可能产生较多的交通问题，引发或加剧交通拥挤。在我国，更多的是一些因用地再开发造成或者加剧了交通拥挤的案例。而当前交通拥挤是城市发展过程中面临的重要难题，而再开发又是当前城市发展的主要方式，于是对交通系统会产生两面影响的城市用地再开发的研究就显得非常重要。

目前，针对一般交通拥挤研究的较多，而针对城市用地再开发所引发的交通拥挤的研究较少，缺乏对用地再开发所产生交通拥挤机理的系统深入分析。我国现行的应对城市用地再开发的交通对策主要是对重大开发项目进行交通影响评价，交通影响评价实际上多为项目开发可行性在交通方面的论证，是在土地利用调整后进行的交通影响分析，属于微观的管理层，无法对规划层次的再开发方案包括交通设施改善进行修订，并不能满足城市用地再开发条件下对交通拥挤管理的需求。

所以，非常有必要对城市用地再开发与交通拥挤治理策略进行完整的、系统的研究，以指导城市用地再开发的规划和管理，促进城市和交通的协调发展。

1.4 本书的内容和结构

本书重点探讨城市在用地再开发条件下如何避免交通拥挤的发生以及如何通过用地再开发来缓解现有的交通拥挤，既包括再开发过程不加剧交通拥挤的策略，也包括再开发所引发的交通拥挤缓解措施，还包括如何利用再开发作为工具来缓解交通拥挤的策略。

至于交通拥挤，早在古罗马时期就已经出现。在我国从 20 世纪 80 年代开始受到广泛关注，目前其定义、产生、分类、评价已经有具体研究[85]，本书不对其进行界定，而是采取现有的对交通拥挤的理解和定义：交通拥挤是道路交通运行故障的最直接表现，是指交通需求（一定时间内想要通过道路的车辆数）超过道路通行能力时，超过通行能力的那部分车辆滞留在道路上形成排队的交通现象[86]。

本书的内容主要包括三大部分：

一是剖析用地再开发与交通拥挤相互作用关系。基于城市更新大背景，通过分析用地再开发下交通拥挤产生机理，探索再开发下交通拥挤的成因，揭示再开发下交通拥挤产生的主要影响因素，为提出交通拥挤治理策略提供依据。

二是提出针对用地再开发下交通拥挤预防与管控策略。构建面向再开发的交通拥挤管控策略体系，建立面向用地再开发的交通需求分析模型，并以分析模型为基础，提出用地再开发规划阶段交通拥挤预检与用地再开发实施阶段交通影响分析的两阶段评价体系。

三是对所提出的用地再开发下交通拥挤管控策略进行应用案例分析。通过对国外用地再开发的案例，分析再开发对交通的影响以及交通拥挤治理策略的效果。

具体章节安排如下：

第 1 章 绪论。从城市更新入手，用地再开发作为城市更新的一种主要方式是城市功能和品质提升的主要手段，但同时也表明，再开发在对土地再利用的同时会对交通系统产生两面的影响，既有可能缓解交通拥挤，也有可能加剧交通拥挤。怎样的用地再开发会加剧拥挤，如何来避免或缓解再开发造成的交通拥挤呢？这正是本书所要回答的问题。

第 2 章 用地再开发下交通拥挤机理。探索再开发与交通拥挤的关系，怎样的再开发会导致交通拥挤，再开发是怎样可能导致或可以缓解交通拥挤，系统地剖析有哪些原因再开发会导致交通拥挤，为相关对策的提出提供基础。

第 3 章 面向用地再开发的交通拥挤管控策略。在用地再开发下交通拥挤成因分析的基础上，针对性和系统性地提出面向用地再开发的交通拥挤预防和管控策略，首先是管控的目标和内容，然后针对还未产生的交通拥挤提出考虑交通发展的用地再开发规划管理、而针对已经产生的交通拥挤则给出用地再开发下交通供需平衡管控措施，最后提出需要建立面向用地再开发的交通拥挤管理系统。

第 4 章 面向用地再开发的交通需求分析模型。针对当前城市用地再开发时缺乏有效的交通需求分析模型支撑规划以及方案合理性评价，提出建立适用于再开发的土地-交通一体化模型，搭建模型体系框架，并提出具体模型的选取和建立方法。

第 5 章 用地再开发规划阶段交通拥挤预检。针对当前城市用地再开发规划缺乏科学的工具对规划方案的交通合理性进行预判，提出对再开发所引起的交通拥挤进行预先检验的方法。对规划的再开发方案进行交通及其拥挤影响的定量评价，从是否有利于交通来分析城市用地再开发方案的合理性，为再开发方案的确定提供参考。保障规划方案在交通上的合理性，有利于从根本上缓解交通拥挤。

第 6 章 用地再开发实施阶段交通影响分析。针对用地再开发实施阶段中现有交通影响分析体系的不足，对再开发下的交通影响分析流程进行再造，提出了适应于再开发的交通影响分析启动阈值、影响分析指标体系、交通改善措施等一系列的完善策略，为我国交通影响分析体系的完善提供参考，以减少规划实施中交通管理问题所造成的交通拥挤。

第 7 章 用地再开发与交通拥挤治理策略应用。以美国马里兰州为例，为缓解交通拥挤，围绕公交站点进行再开发规划，借用该州已有的土地利用与交通一体化模型工具进行交通需求预测，并利用所提出的交通拥挤预检方法来判别各再开发方案的交通合理性，展示城市用地再开发交通拥挤管控策略的应用方法和效果，为我国城市用地再开发下交通拥挤的管控提供参考和借鉴。

2 用地再开发下交通拥挤机理

土地利用和交通系统是相互联系、相互影响、相互促进的。土地利用已被认为是当前各种交通问题产生的根源，土地利用的变化会对交通系统产生正负两方面的影响，正面影响能够在促进土地利用调整的同时改善交通系统的运行状况，甚至引导出行向公共交通转化，而负面影响则可能引发严重的交通问题包括形成或加剧交通拥挤。

本章针对现有交通拥挤机理研究中的不足，首先从用地角度分析城市用地再开发的动因和特征以及再开发的机制，然后分析土地利用变化与交通系统之间的作用关系，接着进一步分析用地变化(这里指的是城市用地再开发)对交通系统的影响过程和影响结果，最后从中归纳导致再开发下交通拥挤形成或加剧的各层各方面因素，揭示再开发下交通拥挤的形成机理，为对策的制定提供依据。

2.1 交通拥挤机理研究现状

国外对交通拥挤的研究主要针对拥挤产生的不同背景而分成两个方面，通常运用机理或成因等的字眼时主要是从交通流和交通系统本身出发的研究，而涉及交通流源头(土地利用)的相关分析则属于土地利用与交通关系范畴。

2.1.1 交通流和交通系统层面

1. 国外相关研究

从20世纪初，国外许多学者开始对拥挤条件下的交通流特性、交通拥挤的形成与扩散机理等方面进行大量研究。早在20世纪30年代，美国的道路交通拥挤就达到了需要管理的程度，Greenshields建立了FD模型来描述交通行为[87]；20世纪50年代Lighthill与Whitham针对较长的拥挤的公路进行交通流分析形成了早期的连续流模型(后称LWR模型)[88]；20世纪70年代Payne[89]以及Whitham[90]对LWR模型进行完善，分析拥挤流下小波动的影响，建立了最早的非均衡交通流模型，形成后期的PW模型。还有学者提出用状态空间图来描述交通流状态的变化，被Laval和Leclercq用来描述拥挤波的扩散机理[91]。

目前，对拥挤条件下交通流进行描述和建模解析，主要是基于宏观和微观交通流理论展开的对一般交通流模型的完善和改进。宏观模型不考虑对个别车辆的描述，而是描述连续的密度和速度空间与时间分布的交通动态，Helbing在1995年总结梳理了宏观交通模型理论[92]，而Daganzo在2002年将这种模型拓宽应用到多车道的交通拥挤行为分析[93]。微观模型是描述个别车辆的行为，将车辆作为在连续空间移动离散实体，1995年Bando等提出了交通拥挤的动力学分析模型并进行了数值模拟分析[94]，而2009年Orosz等则用跟车模型对公路交通拥堵背后的非线性现象进行了解析[95]。同时，Zhang等则将宏观模型与微观模型结合，对拥挤条件下的交通流既考虑宏观要素将交通流作为连续流，同时又考虑微观要素将车辆之间的行为运用跟车理论，建立了高阶的连续有黏性的非均衡流模型，并对拥挤条件下小扰动进行了数值模拟分析[96-97]。此外，Nagel 等也对交通拥挤的建模进行了研究[98-99]，为拥挤交通流的控制和管理提供了依据。

随着交通拥挤的蔓延，对交通拥挤的分析和解析不仅存在于瓶颈或出入口处[100]，而且也存在于非瓶颈处，如 Sugiyama 等对非瓶颈处交通拥挤形成的机理进行了解析[101]。Maitra，Taylor 等对城市道路上交通拥挤的本质、建模、瓶颈等进行了研究[102-103]。此外，有学者对严重拥挤下的交通流的车头时距、速度等交通流特性参数进行了分析[104-105]，还有学者对交通拥挤的形成和缓解过程进行了数值分析和仿真模型，以解释拥挤的形成机理[106-107]，也有学者讨论了交通拥挤的经济作用机理[108]。

总的来说，国外对拥挤机理的解析，主要是通过运用交通流理论和各种模型来描述和解析交通拥堵、完善交通流理论，集中在对高速公路和城市道路交通拥挤的一般规律进行建模探索和数值模拟，以从交通流角度展示拥挤的形成和扩散的过程。

当然也有对拥挤成因的分析和调查，并根据拥挤成因的不同，对拥挤进行了不同类别的分类[109]。如美国 TRB 的一个研究报告将道路交通拥挤的成因分为了七类：①交通事故；②道路施工；③恶劣天气；④日常交通的波动；⑤特殊事件；⑥交通控制设备；⑦物理瓶颈。其中，根据美国联邦公路局的调查结果显示道路瓶颈致因比例占 40%、交通事故比例为 25%，这也正与上文从交通流角度对交通拥挤形成和扩散机理的研究相一致。

但是各国的实际情况有所差异，这使得交通拥挤的表现以及成因并不完全类似。而且并没有专门针对再开发下交通拥挤机理或成因的解释。

2. 国内相关研究

我国在 20 世纪 80 年代就对交通拥挤予以广泛的关注，对拥挤交通流建模方面的研究主要是引进国外的研究成果或模型，运用到我国拥挤交通流及其特征的分析中[110-111]，对参数进行修正或者建模仿真等[112-114]。也有学者[115-116]从交通拥挤概念入手，通过对交通拥挤演变过程的研究，揭示我国城市交通发展的一般规律，并提出土地使用是交通拥挤的一个主要因素。

当前，我国对城市道路尤其是交叉口交通拥挤的研究相对较多，对交通拥挤和扩散的机理进行了解析和仿真分析[117-119]。还有少数学者运用经济学的理论和方法对大城市交通拥挤的机理进行剖析，认为城市交通拥挤与开发商追求土地区位巨大的级差效益有关，并从微观经济学的角度分析了道路交通设施作为公用物品的外部效应导致拥挤的必然发生[120]。近几年交通拥挤受到政府的重视，在我国 2006 年度的“973”国家重点基础研究项目中“大城市交通拥堵瓶颈的基础科学问题研究”作为重点研究问题，其中黄海军主持的“路网交通拥堵的形成机理与传播特性”课题，从交通系统角度探索我国城市交通拥挤的演变和规律，对交通拥挤的形成与传播进行了系统研究[121]。

此外，还有学者对交通拥挤的成因从不同角度进行了分析，指出我国交通拥挤的成因除了与国外类似的瓶颈问题、道路容量不足、交通事故、交通信号控制或道路设计不合理等相关外，还受机非混行等因素的干扰[122]。

总之，这些研究主要是从多个角度对交通拥挤现象的解析及建模仿真，重在对公路或城市道路的局部瓶颈交通拥挤或者交通拥挤扩散的分析。但在建模分析时对造成交通拥挤各组成要素间的作用过程分析不够，而且缺乏综合土地利用和对交通流的宏观机理解析，也没有涉及土地再开发的概念。特别对于城市用地再开发来说，由于开发必然会导致城市空间的分隔和变动，从而打破城市交通已经形成的均衡运行状态，影响到出行发生、出行分布、交通组织和交通运行等，从而使周边路网的交通负荷或结构发生变化，造成交通拥挤的各组成要素也在不断地互动以求新的平衡，如何把握这种平衡机制以及明确用地再开发下交通拥挤的机理是城市用地再开发条件下交通拥挤控制与管理必须解决的问题。

2.1.2 交通与土地利用关系层面

1. 国外相关研究

早期对土地利用和交通关系的研究，主要是在城市经济学、城市地理和城市规划领域，将交通作为重要因素进行考虑。第二次世界大战后，随着城市更新阶段的到来，土地利用和交通的相互影响开始受到关注。从 1944 年美国开展了第一次大规模的交通 OD 调查开始，土地利用和交通的关系进入了定量分析阶段，学者开始构建交通需求模型以及城市系统模型等。20 世纪 70 年代，美国交通部提出了“交通发展和土地发展”的研究课题，揭开了土地利用和交通综合研究的序幕，其后许多学者开始了现代城市交通系统与土地利用关系的专门研究。

由于城市交通与土地利用关系研究属于交叉学科，其研究集中于城市地理与交通地理、城市规划与交通规划等多个相关领域。其中，城市地理与交通地理侧重于相关因素分析，主要通过理论、模型方法分析交通与土地利用二者内在的关系和相互作用机制，分别从宏观层面和中宏观层面进行理论、模型与实证研究。而城市规划与交通规划领域在交通与土地利用关系的研究更侧重于对规划实践与管理方面的讨论，如何协调二者关系以及一体化发展等，更直接面向实践。

目前为止，关于土地和交通互动关系的研究主要包括技术性理论（即城市机动性）、经济性理论（即以城市作为市场）和社会性理论（即社会和城市空间）三方面，研究基础主要为区位论基础、经济基础、行为基础等，而研究方法主要是几何分析、空间分析、计量分析、行为分析等，这些研究涵盖了土地和交通关系的重要方面，都有相对成熟的研究成果和普遍认同的研究结论，并在欧洲、北美、日本等地进行了大量的实证研究包括相关政策研究等。具体来说，从研究的对象和内容来概括，分为交通对土地利用的影响、土地利用对交通的影响、土地利用与交通的协调发展三个方面。其中，交通对土地利用的影响，宏观的研究主要集中于交通影响城市形态和空间结构，中微观层次的研究主要是交通系统通过影响可达性来影响土地区位选择、利用性质、强度等土地利用布局要素。土地利用与交通的协调发展方面，主要是宏观层面上交通拥挤治理策略。但这两方面的研究并不涉及交通拥挤机理，下面就土地利用对交通的影响研究情况进行综述。

宏观层面主要是土地利用密度和城市形态对交通模式的影响。如1977年普什卡尔夫和朱潘(Pushkarev and Zupan)的研究指出[123]，土地利用密度影响交通需求和出行方式选择进而影响交通模式，其后1989年纽曼和肯沃思(Newman and Kenworthy)对全球32个大城市的研究也证实了这一点[124]，随后20世纪90年代，Handy[125]，Messenger and Ewing[126]，Cervero[127]等对土地利用高密度与公交出行模式的对应关系进行了研究，而Frank and Pivo，Curtis，Heart and Bennet等[128]则研究了城市形态等布局因素对交通系统的影响作用。

中微观层面，一些学者针对土地利用要素对交通系统包括出行特征的影响进行了分析，如西门兹(Simmonds)等人在实证研究的基础上指出土地利用混合程度是影响城市交通的主要因素[129]，古里诺(Giuliano)等人则详细研究了住宅、人口和工作岗位等因素对交通系统的作用和影响[130]，而近年TRB出版的Karash所著的TCRP Report 123则从出行角度更为系统地总结了土地利用对交通出行的影响[131]。此外，需要特别指出的是，美国深刻认识到土地对交通的影响，早在20世纪70年代就开始实施交通影响分析，针对不同用地的交通出行特征进行大量调查，编制了*Trip Generation Manual*(《出行生成手册》)，并不断对其修正，到目前已是第9版[132]。

以上对于交通系统与土地利用关系方面的研究重点放在交通系统对城市空间、土地利用布局和土地价格的影响以及各种土地利用要素对交通系统的影响上。另外，交通需求分析和管理也得到重视，交通需求与土地利用关系方面研究重点放在居住、就业密度对交通需求的影响。还有出行行为学派也得到较快发展，他们主要研究土地利用对交通出行行为的影响。

但这些研究对交通拥挤的分析并未针对用地再开发的情况，因而缺乏综合性、系统性、针对性，也并没有明确分析用地再开发与交通的关系或用地再开发对交通的影响。

2. 国内相关研究

与国外漫长的研究历史相比，国内关于土地利用与交通关系的研究主要在近30年，随着城市的壮大、经济的发展、交通问题的显现才开始得到重视。

1987年底到1990年底由中国城市规划设计研究院交通所组织完成的国家"七五"重点科技攻关项目专题之一"大城市综合交通体系规划模式研究"开始对城市用地与交通发展关系进行了系统、深入的研究，在国内第一次阐述了城市用地和城市交通模式之间互动关系，提出了城市土地使用强度与交通需求之间动态关系的定量分析方法[133]。之后，土地利用与城市交通关系研究得到迅速发展，研究者们从不同的角度给予了具体论述。

在城市地理领域，主要在城市空间结构分析时涉及交通和土地利用关系问题，将交通和土地利用状况共同作为主要因素分析城市的区位、空间拓展、形态特征和演化以及城市空间结构等[134-135]，或者将交通作为影响土地利用的因素对空间组织进行分析[136-137]，并不涉及交通拥挤机理的分析。

在城市规划领域，在土地利用和交通关系方面，主要涉及城市形态与交通方式的关系、城市土地开发模式与交通系统的关系、城市规划与交通规划结合、发展战略及实例的介绍和评价等[20-138]，从宏观上探讨土地利用与交通系统要素的匹配关系，如某种城市形态需要怎样的交通系统进行支撑等研究。

在交通工程领域，关于交通与土地利用关系的研究较多[139-141]，主要为城市交通规划服务，其中包括宏观层面的交通战略研究、中观层面的交通需求分析和微观层面的交通影响评估(TIA)等。其中交通需求分析和交通影响评估主要是针对土地利用对交通的影响进行分析，但并不涉及用地再开发的因果和机理剖析。

此外，近年来国内的学者也开始关注交通与土地利用的非物质层面，如对土地利用与出行行为之间关系的研究[142-143]，居住密度、开发规模、设计、布局等方面如何影响交通需求、交通流和出行方式及出行距离[144]等。但这方面的研究主要着眼于微观层面，没有从宏观层面分析用地再开发对交通系统的影响。

总而言之，尽管近年来关于交通与土地利用关系的研究在国内开始受到重视，正对其作积极的探索、研究及实践，但研究仍不够深入。与西方 20 世纪 80 年代类似，虽注意到社会、经济等人文因素的重要性，但大部分的理论仅处于对国外理论的总结和引进阶段，对实践的指导性还较弱，同时，案例研究上定性分析比较多，定量分析比较少，如何真正协调二者关系还未在管理层面上得到很好的实现。

此外，在土地与交通关系中对于出行行为和出行生成研究方面，由于我国交通状况远较国外复杂，加上各大城市所做的城市用地的交通需求分析由于城市的土地使用总体规划变动性大、土地使用随意性强、土地使用规划和交通规划的关联性不高、没有统筹安排以及对于用地布局变化带来的出行行为的改变尚未引起足够的重视等多方面原因，使得交通出行生成研究结果并不太令人满意，至今还没有一套统一的都能接受并且实际预测效果较好的方法体系，以支持对城市用地交通需求和出行的系统性分析。

2.2 用地再开发的内涵

城市用地再开发是建立在城市土地新开发的基础上，对原有的用地类型、结构及空间布局等进行置换升级的过程。广义上来解释，建筑物的改建，也是一种再开发，但是在再开发的前面，加上“城市”一词，那就要排除对个别建筑物的改造，而必须是包含有增进社会性价值的内容的事业。再开发的本质，对于单个地块，就是地块土地利用类型和(或)强度的变更，而对于大片区域则就表现为改革城市用地布局。

2.2.1 用地再开发的动因

城市的发展过程是一个不断建设、更新的新陈代谢的过程，在这一过程中，存在着城市土地新开发和土地再开发两种形态。至于什么样的地区，才应该确定为再开发的地区，一般地说，可以举出下列几类地区：土地收益正在递减的地区；居住环境恶化，市民生活上发生障碍的地区；以及虽然能够获得很大的价值，但是只靠个人的力量很难提高价值，只有依靠集体的力量，才能显著提高利用价值的地区。

于是，再开发一般是在原有的城市建成区内，为满足城市社会经济发展的需要，充分利用并发挥土地及各项设施的潜力，根据城市的实际情况和存在的主要矛盾，有计划、有步骤、有重点地对旧城区进行充实和更新。再开发往往以城市产业结构调整为目标，依据土地价值规律变化，通过盘活低效存量土地，淘汰劣势企业，以达到提升产业能级、提高土地利用率的目的；或者企图可以通过土地功能的置换实现用地布局的优化；通过改造，改变以往旧城区人口过密、交通紧张、设施陈旧、环境质量恶劣的弊病；调整城市的用地，节约土地资源，提高土地效益，增强城市活力等。

所以，再开发的动因源自以下 4 个方面：

(1) 城市功能结构的优化。随着城市逐步扩张，中心区人口密度过大、基础设施服务和环境质量的下降、城市边缘与中心区交通成本的上升，城市中需要有更多的地区分担中心区的各项公共功能，成为新的城市公共中心，不仅在于疏解大城市中心区的压力，也为城市发展注入新的活力、新的吸引力，推动了城区的产业结构调整、功能重组和升级。城市功能结构转变的需求带来了城市空间的重组、更新，再开发正是这一发展机制下的必然结果。例如，上海市的徐家汇地区是上海最早确定的副中心，20 世纪完成了再开发，经过再开发后徐家汇地区已成为上海市重要的文化、体育、商业中心，后续上海又陆续确定并再开发了五角场、花木、真如等副中心，一定程度上优化了城市结构(图 2-1)。

(a) 20 世纪 80 年代的徐家汇地区(再开发前)

(b) 20 世纪的徐家汇地区(再开发后)

图 2-1 上海徐家汇地区的再开发变迁

图片(a)来源：http://xianadi.blog.163.com/album/#m=2&aid=227524566&pid=7377495319；
图片(b)来源：http://baike.baidu.com/pic/徐家汇。

(2) 新的区位价值凸现。土地作为市场化要素运作后，土地的区位价值在城市开发中物化为城市空间资本，并深刻影响了城市生产力布局的调整和基础设施建设重点的转移。交通区位优越、腹地人口密集的地区在新的经济社会背景下，其区位的价值被重新认识而迎来了再开发的契机，例如城市滨水区和地铁沿线地区。在越来越多的城市里，政府将滨水区再开发视为提升城市形象甚至城市发展潜力的挑战性机会，滨水区被建设为城市公共活动、公共功能高度融合的重点地区，如伦敦码头区改造、巴尔的摩内港改建、日本横滨市 MM21 地区再开发以及上海的陆家嘴地区更新等(图 2-2)。而地铁沿线地区的再开发也是目前开发的重点，很多“见缝插针”式的地块区域改造。此外，一些拥有独特文化价值的地区，如城市历史地区，在文化日渐成为一种巨大资本的新经济时代下，也成了城市重点再开发的重要目标，如纽约曼哈顿 · 南大街的更新、上海新天地地区的改造等。

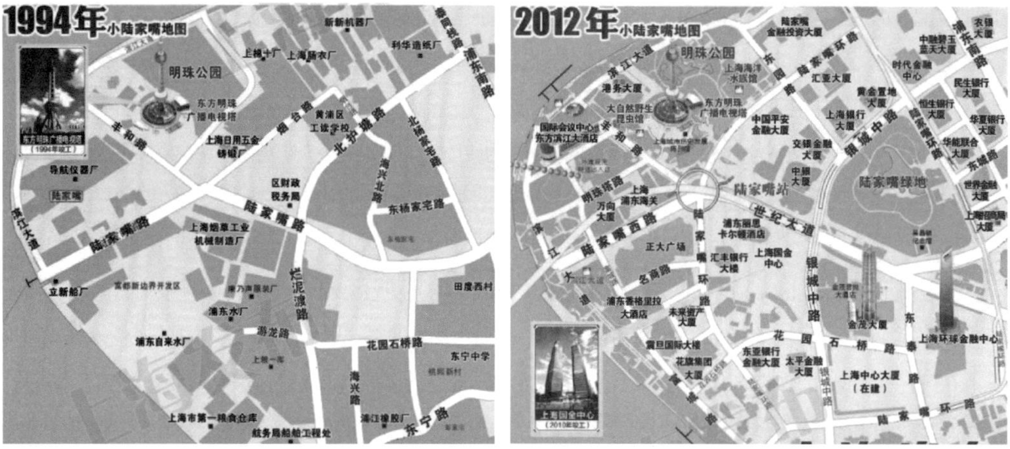

(a) 20 世纪 90 年代的上海陆家嘴地区(再开发前)　　(b) 2012 年的上海陆家嘴地区(再开发后)

图 2-2　上海陆家嘴地区的再开发变迁

图片来源：上海发布 http://weibo.com/2539961154/AjzBY8LWZ? mod=weibotime。

(3) 重大项目(事件)的催化作用。城市的发展过程是由内部经常性动力构成的底线增长和由外部突发性动力构成的跨越提升组成的。城市举办的重大项目(事件)正是一种非常重要的外部突发动力，它在对城市发展的推动过程中，催化了城市的再开发。从对再开发的作用机制来看，城市重大项目可以看作是一种“城市触媒”。城市触媒类似于化学中的“催化剂”，作为城市导入的新元素可以激发相关元素的作用，即一项开发能够引起多项开发的连锁反应，并将触媒中的优秀品质渗透到后续项目的发展中。城市触媒能够带动和激发城市的建设与复兴，对城市开发有着激发和引导作用。通过这一机制，城市重大项目对城市重点地区再开发发挥着重要的催化作用，例如温哥华、北京借机奥运会对局部地区进行了再开发，而上海则借助于世博会的项目建设启动了上海黄浦江两岸的综合再开发将上海造船厂的老厂区、老码头“变身”成为世博园区(图 2-3)。

(a) 上海造船厂地区(再开发前)

(b) 2010年的世博园区(再开发后)

图 2-3　上海造船厂地区的再开发变迁

图片来源:http://www.dfdaily.com 东方早报。

(4) 最内在的动因还要归结于人的需求的变化。城市是人类社会实践的产物,人是城市的主体,城市的发展是人的主体行为的结果。当城市的社会、经济、文化发展变化,作为物质载体的城市空间是静止的,并不会自动调整去适应新的需求;人是城市的主体,真正具有"弹性和调整能力",当城市的空间结构与人的活动不相适应的时候,人会调整其活动来适应城市空间结构;但这种人的调整能力是有限度的,随着经济社会发展新阶段的来临,人的需求不断变化、需求层次不断提高,人的调整能力门槛突破,原有的城市结构就会成为一种约束,对其更新是一种必然。

例如,人对城市空间和人居环境的需求层次的提升,会发现原本的居住或办公环境无法满足其空间、日照通风、私密性等生理需求,于是这就需要对住区环境进行改善,再开发成多层高楼增加土地的利用率来增加人均居住面积等。随着经济和社会的发展,各大城市均对一些破旧的住宅区进行再开发改造。如图 2-4 所示为上海梅陇地区的再开发变迁。

(a) 1986年的上海梅陇地区(再开发前)

(b) 2004年的上海梅陇地区(再开发后)

图 2-4　上海梅陇地区的再开发变迁

图片来源:徐喜先,徐建荣的《百变上海》[145]。

从再开发的动因来看，再开发既是社会经济以及城市发展的需要，也是人追求更高层次的生理安全等需求的结果。所以，再开发成为城市前进道路上的一种主动选择，也是提高人民生活水平、改善居住和工作环境的一种重要途径。

再开发的源动力有三种来源：政府、开发商和社区居民。

(1) 以政府为主体的城市更新，是为了提升城市功能，考虑的是城市的经济效益、社会效益和环境效益的综合，虽然用地再开发过程中会或多或少损坏原有用地居民的利益，但其再开发往往是成片的，一般是经过规划的，通常在再开发时会考虑到交通的需求。

(2) 以开发商为主体的再开发，是以追求经济效益和利润最大化为目的，考虑更多的是经济利益而非环境和社会效益，而且往往只考虑地块本身的效益，而忽略了旧区保护以及城市整体的结构和功能，即使经过统一规划也有可能偏离规划意图，导致各种交通问题的产生。

(3) 还有一些小规模的再开发是源于社区居民的自我更新，这种小规模渐进式的更新改造在国外有利于可持续发展各项目标的实现，但是在我国城市较为少见，更多的是私下的违章建筑和改造，容易产生安全问题，还需要政府的统一协助和管理来进行旧住宅区的更新，建议鼓励社区居民参与更新计划。

总之，虽然政府、开发商、社区居民等不同主体的出发点不同，但从根本上来看，城市用地再开发的内在动因在于人的需求层次和要求的提升，而外部动因则无非是来自城市和社会发展的需求和获取更大的收益(经济效益、社会效益、环境效益或其综合效益)。因城市社会经济发展的要求，从效益最大化的角度出发，对原有的用地类型、结构及空间布局等进行置换升级，尤其是对城市建成区中的衰退地区进行改造重建等，其目的是改变用地的功能或提高土地的利用率，以获取更大的收益。

2.2.2 用地再开发的特征

从经济学角度来说，一个地块是否进行再开发，取决于其再开发后的土地收益是否不小于再开发前的土地收益加上再开发成本。在城市某地段，供新开发项目的土地的价格，超过有目前用途的土地的价格、加上拆除现有建筑物成本情况下，会发生城市用地再开发。这是由韦顿在1982年所提出的再开发理论，并在1994年由罗森孚和赫斯勒进行了计量经济检验得到证实，用模型来描述即[146]：

$$\frac{F_1}{F_0} > \frac{\alpha - \beta F_0 + \delta}{(\alpha - \mu) - (\beta + \tau)F_1} \tag{2-1}$$

式中 F_0 ——城市某地段现有单位土地面积建筑密度；

F_1 ——城市某地段单位土地面积最佳建筑密度，可用 $\frac{(\alpha - \mu)}{2(\beta + \tau)}$ 获取；

α ——影响一建筑资产单位楼面积价格的各种区位、特征因素的总价值，可以理解成用地再开发后建筑资产单位楼面价值；

β——随着建筑资产占用土地面积减小、建筑密度或单位土地面积建筑密度增加，城市某段建筑资产价值的边际递减量；

δ——为城市某地段拆除现有建筑物的单位楼面成本；

μ——城市某地段单位面积基本建筑成本；

τ——随着建筑密度增加，建筑的附加成本。

从城市的发展角度来看，假设城市是按照市场经济规律进行扩展和改造的，并且城市是分阶段建设发展的[147]。则在阶段一，靠近中心区的地段，地价高而开发强度大；远离城市中心区的地段地价低而开发强度低(图 2-5(a))。在阶段二，人口进一步的聚集，中心区土地供不应求，地价上涨，但是拆除重建并不经济，所以城市发展逐步地外缘扩展。靠近城市边界的地区，由于其区位优势，地价上升快，开发强度大，而远离建成区的地带，无区位优势，所以开发强度也小(图 2-5(b))。在阶段三，城市继续扩展，但第一阶段发展的地方，当土地再开发后的土地收益大于或等于土地开发前的土地收益加土地开发成本之和，那块土地就会拆除重建，开发的强度与第三阶段的土地价格相一致(图 2-5(c))。

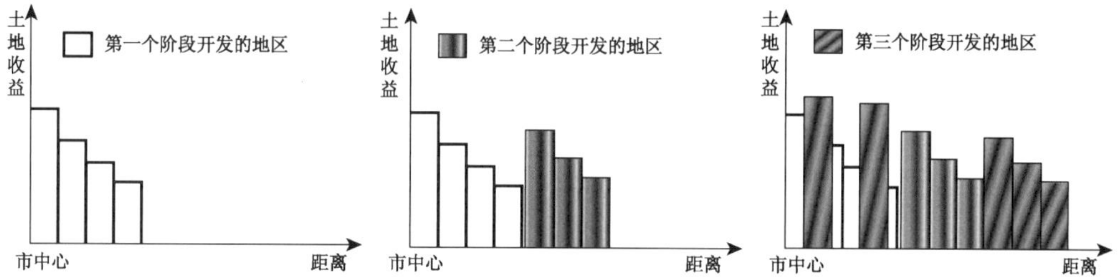

(a) 阶段一　(b) 阶段二　(c) 阶段三

图 2-5　城市发展阶段用地开发与再开发示意图

所以，城市用地再开发具有明显的空间层次性和递进性，通常顺序是地质好、区位好的优势地段先被再开发，然后是区位较偏远地段，在空间分布上是层层推进的。区位是城市用地再开发的核心价值。此外，城市用地再开发具有鲜明的空间重塑性。空间结构调整是城市用地再开发的重要组成部分，是城市形态在空间上的具体物质安排，它对城市用地再开发的集聚与扩散程度起着基础性的作用。城市用地再开发的空间特性在理论上主要体现在集聚效应和区位性，其他特性都由此产生或者在此基础上得到充分阐述。

这在一定程度上也符合土地级差地租理论，从中同样可以发现再开发的本质。城市用地再开发是在土地开发级差基础上的深化。当土地开发量达到一定数量时，土地开发开始向再开发转变，出现了城市局部区域土地用途、方式、布局的更新。城市用地再开发是在初始开发基础上，深入挖掘土地资源内在潜力，不断提高利用使用效率的过程。这种转变过程的强度和幅度取决于建筑行业的技术水平以及土地开发的投资成本,同时也取决于城市地租。而且城市用地再开发的地租是由于土地位置而引起的,因而在土地再开发过程中,土地所在区位决定了土地产出的不同。靠近市中心的土地和远离市中心的土地在产出方面存在巨大的差异。由于市中心土地的巨大级差地租的存在以及其有限性,按照市场经济的价高者得到的原则,在土地再开发过程中,其土地的价值将逐步显性化,通过较高的价格表现出来。土地的再开发正是针对有限的土地,通过重新开发挖掘其级差地租。

所以,城市用地再开发受到土地利用现状的限制,即土地一次开发和其后累积沉淀的土地利用结构和布局形态。一次开发所形成的现状常常是土地再开发的障碍。另外,能否建成与再开发目标相适应的交通、通信、电力、给排水等基础设施和科教文卫等公益设施,也是土地再开发的门槛。这两项都是经济因素的限制,此外与新开发不同的是,再开发不能只用经济因素来衡量,还要受到城市容量和包括文化、生态等在内的社会综合环境的制约。而从经济的投入者(主要是开发商)来看,其考虑的主要是经济方面因素,即投入与产出比是否经济,经济即可能付诸实施再开发,不经济即不实施再开发。而从政府和社会管理者来说,除了从经济因素考虑外,必须更多地考虑非经济因素。所以,城市用地再开发通常受城市发展规划的要求和效益最大化双重目标驱动。

于是,城市用地再开发表现出不同于城市用地新开发的一些特征,首先在时空上表现如下特性和规律:

(1) 后续性。从开发的时序上来看,城市用地再开发则是在原有开发的基础之上间隔反复的再开发利用过程,具有承继性和后续性。再开发过程是与城市化进程的不断深入以及对城市发展内涵的不断升华相辅相成的,注重对城市原有土地开发中低效、衰退等地区进行功能置换,挖掘土地的内在经济、社会和环境潜力,从而达到新的发展目标。

(2) 区位性和集聚性。从开发的空间上来看,再开发具有明显的空间层次性和递进性,通常顺序是地质好、区位好的优势地段先被再开发,然后是区位偏远地段,在空间分布上的层层推进。同时,再开发又具有集聚效应,一般再开发往往是非单一建筑的成片区域的更新。

(3) 不断更新性。在不同时期和不同地段,城市再开发的目标、侧重点和具体运作模式有所差异。即使同一地块,在长期内也会经历多次不同的再开发。应该说,城市土地的再开发过程是永无止境的,城市正是通过这种不断的再开发过程,才焕发出无尽的活力,历久弥新。

(4) 时空差异互补性。城市用地新开发和再开发是相互联系,交织在一起的。城市建成区内在不断进行再开发的同时,外围边缘区也在不断开始新的城市化过程,进行新的土地开发过程,即城市空间在内部优化的同时,也在不断向外围扩展。新开发和再开发在时空分布上一般存在如下规律:从城市的生长期到成熟期,新开发活动递减,再开发活动递增；从城市的中心区到边缘区，新开发活动递增，再开发活动递减，如图 2-6 所示。

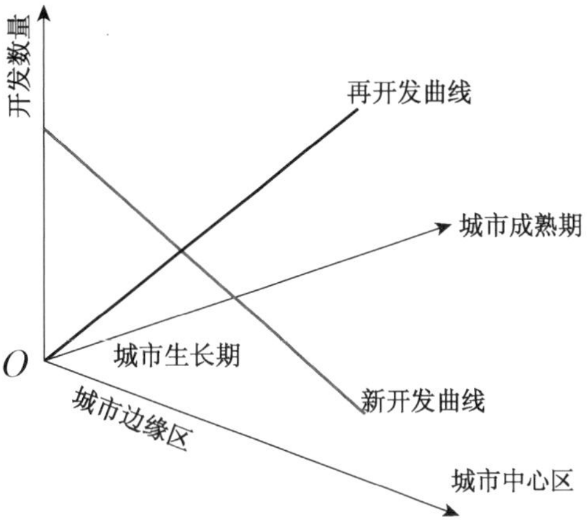

图 2-6　城市开发与再开发的时空分布示意图

另外，再开发在土地利用方面，还表现出相对理性和集约性。大多数城市在最初的土地开发时，规划设计理论不完全成熟，所以开发不完全理性，导致城市整体布局的不尽合理、土地使用的低效性等一系列问题，这也是进行土地再开发的主要原因。城市用地再开发则是针对前期开发存在的薄弱环节所进行的有针对性的矫正和置换过程，目标明确集中，开发必然更为理性。而且从城市化内在发展规律来看，城市开发会自然进入愈来愈理性化的发展阶段，先进规划理念和对经济、社会、环境的综合考虑，都会使得后续的再开发过程更趋理性。同时，初始的城市土地开发由于欠缺理性的整体规划和考虑，一定程度上表现为粗放性的开发。用地再开发则在不断积累和完善的基础上，更趋集约性，城市用地的增值效益得以显现(表 2-1)。

表 2-1　城市用地新开发与再开发的差异比较

要素	城市用地新开发	城市用地再开发
用地类型变化	其他用地转为城市用地	不同城市用地类型转化
之前土地利用	农田等非城市用地	城市建筑物和设施
发生位置	城市新区或郊区	城市建成区，区位好
规模	宏观大区域	成片的小区域
土地利用强度	相对较低，粗放性	通常较高，集约性
土地价格	地价低	地价高
开发难度	较易	较难
主要限制因素	经济因素	经济与非经济因素

总的来说，用地再开发在时空、强度等方面具有以下特点：一方面，城市用地再开发往往是非单一建筑的成片区域的更新，而且对再开发的时间、类型和强度有统一的规划和安排，不同时期再开发的主要类型不同，不同类型用地的再开发强度也不同；另一方面，区位条件优良、地段较好的区域更新速度一般较快，土地功能置换也较频繁，再开发的目标类型则以较高强度的居住和商业办公为主，而城市区位条件不好的边缘地段再开发则相对缓慢，再开发的强度也相对较低，再开发的目标类型以工业用地为主。通常

在用地再开发过程中，往往伴随功能转换，如从居住用途转变为商务用途，或者从单一用途转变为综合用途，同时还可能以高强度发展替代低强度发展等。

除此之外，城市用地再开发还有一个最重要的特征，即被再开发的区域或地块原本就具有一些建筑和交通设施，建筑的文化以及历史价值可能是无法用经济效益来衡量的，而且交通等基础设施的处理也是城市用地再开发的关键。

2.2.3 用地再开发的流程

我国城市土地使用制度的市场化改革，被视为推动我国城市空间结构调整和功能布局完善的强力推进器。再开发就是依托土地市场这一基础平台而展开的。

我国现行的土地市场可以分为两个层次：土地一级市场和二级市场。其内在逻辑体现为："政府→土地一级市场→开发商→土地二级市场→新的开发商"，其实质可以抽象为"政府→开发商"的单一向度关系，两者之间的传导媒介就是土地市场。

旧城再开发过程中，首先，为了开展"旧城改造"或者"危房改造"，地方政府需要把历史上划拨出去的分散土地使用权重新集中起来，以便通过一级市场统一向投资者进行转让。为此，地方政府成立并授权特定的国有背景公司，或者通过土地储备中心，负责征收旧城土地。这一过程中所遵循的制度被称为"土地收购储备制度"。接着，被集中储备的土地将正式通过招标、拍卖或者挂牌的方式实行有偿出让。这一制度被称为"土地交易制度"[148]。

其中，两个关键性的环节对于旧城形态具有重要影响。其一，在土地收购储备阶段，土地将经过收购→整理→储备→出让四个步骤。其中的收购阶段，土地及其上的房屋产权将实现集中转让，从分散的居民手中转移到政府或代理机构手中；在整理阶段，将对土地开展房屋拆迁、土地平整归并等工作。由此，旧城原有房屋不可避免地将遭到大量拆除，即使对于少量具有历史价值的房屋来说，也必须实现"人房分离"，即原居民搬迁，产权统一上交政府部门。其二，在土地招标出让阶段，由于当前土地出让主要采用一次性交纳高额土地出让金的方式，同时遵循"价高者得"的市场机制原则，只有将零散和不规整的旧城土地集中起来、成片开发，才有可能获取土地价值的最高回报。这样就会导致旧城原本分散的土地使用权倾向于流向少数实力庞大的开发商，土地的大规模再开发成为必然的首选方式，这样，旧城由于传统土地产权多样化而造就的细腻肌理(如职住平衡)将不可能留存或重现。土地再开发机制及其影响如图 2-7 所示。

总而言之，现行土地再开发机制遵循的内在逻辑就是谋求土地价值最大化的市场原则。这符合土地利用的经济原理，也考虑了再开发的经济限定因素，却无法满足再开发非经济制约因素的要求。

这种土地开发方式与开发制度，使得规划操作与规划意图偏离，主要体现在：①不管规划思路是否渐进式的更新，而开发商实施的往往是大拆大建的再开发方式，这是因为土地一级开发中所必经的土地整理环节要求凡是准备进入土地市场交易的地块，必

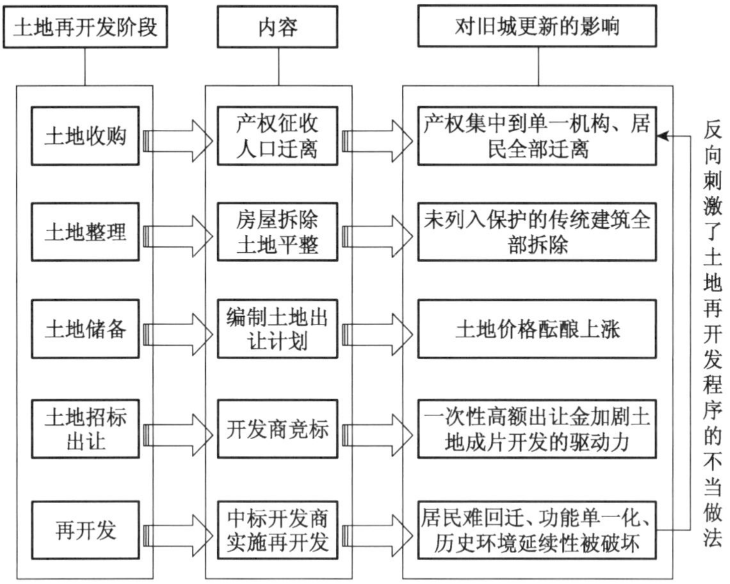

图 2-7 当前土地再开发流程及其影响

图片来源：郭湘闽. 土地再开发机制约束下的旧城更新困境剖析[148]。

须拆除现有房屋进行土地平整。②不管规划思路是保留还是部分疏散原有居民，开发商采取的第一步均为完全迁移，最后能成功回迁的居民往往只占少数。

此外，这种再开发机制缺乏公众参与，使得旧城更新工作缺乏群众基础。由于大规模的房屋拆迁力度摧毁了原有旧城生活环境、再开发理由得不到群众认同、缺少透明度、再开发过程忽视了收益分配的公平性特别是原居民的利益，使得原居民对于当前土地再开发方式的不满，也就造成了再开发搬迁难等问题。

再开发不同于首次开发，首次开发土地上没有附着建筑，表现为纯粹的自身价值，可以作为市场化交易的商品，然而旧城土地的特征是已建成房屋的价值与土地价值紧密相联系，单纯用土地本身价值为尺度的现行土地交易制度，只适用于新区未开发土地的评估。旧城土地再开发的程序设计应有别于新区，以往通过市场手段向少数开发商整体移交土地产权的方式不宜在旧城中简单沿用，不利于推动当地居民参与旧城更新，也会给交通系统带来较大影响。

这种制度下的再开发，一方面由于大拆大建原有居民很少会搬回，会使得再开发地块上所承载的城市活动完全改变，无论是其上的居民（家庭组成、收入、数量等）还是所提供的就业岗位（种类、数量等）均会发生彻底性的变化，因而所引发的交通需求也完全不同，可能破坏原来的交通均衡；另一方面由于遵循市场原则，所以开发商在建设时往往过于追求经济利益而忽略土地整体效益，对相应的配套交通设施的建设滞后或者不够重视。

2.3 用地再开发与交通系统的协同

城市用地和交通系统密切相关，城市用地即是交通系统设施的承载者，也是交通需求的源头，城市用地再开发势必会影响到交通系统的设施和需求，而交通系统设施的自身及其运行状态的变化或也会引发城市用地的变动。

2.3.1 城市用地与交通系统的要素关联

2.3.1.1 城市土地利用相关要素

城市土地利用是人们依据土地资源的特殊功能和一定的经济目的，利用土地的特性和功能来满足自身需求的活动方式和过程，包括对土地的规划、开发、使用、收益、保护和整治等，是一个比较复杂、综合的概念，涉及众多要素，如土地功能、开发强度、居住人数、人口密度、住宅与工作岗位数、汽车拥有量、货物流通量等都应包括在内。其中土地功能，是指土地具有的满足人类生产、生活等方面需求的能力，包括土地的承载功能、生产功能与生态功能等。正是由于土地的多功能性，使得土地利用具有多样化，城市土地利用的相关要素概括起来主要体现在以下几个层面。

(1) 就微观层面单一城市用地来说，土地利用的直接要素主要包括土地利用性质、类型和强度。

土地利用性质，是指城市规划管理部门根据城市总体规划的需要，对某具体用地所规定的用途。土地利用类型，是人类在改造利用土地进行生产和建设的过程中所形成的各种具有不同利用方向和特点的土地利用类别，反映土地用途、性质等。我国现有的城市用地分类是以土地的使用功能为主导因素、以土地使用的主要性质作为分类依据进行逐级划分的，共分为 8 大类(表 2-2)、35 中类、44 小类[149]。

表 2-2 《城市用地分类与规划建设用地标准》用地分类

R	A	B	M	W	S	U	G
居住用地	公共管理与公共服务用地	商业服务业设施用地	工业用地	物流仓储用地	交通设施用地	公用设施用地	绿地

土地的利用强度，是经济活动在空间上的集聚体现。一般而言，城市土地利用强度指标可以用城市的平均建筑密度和平均建筑容积率来表示。各类用地由于其类别不同、用途不同，因此土地的利用强度也有差别。目前，通过对城镇地籍调查成果统计分析，得到商业金融、住宅、工业仓储、市政、公共建筑、交通、水域、特殊、农业及其他用地的平均建筑密度和平均建筑容积率，与城市规划比较来判断城市土地利用强度的合理性。

(2) 从宏观组合层面来说，城市土地利用是对城市的土地进行不同层次及功能的配置，相关概念主要包括土地利用结构、布局、形态与模式等。

土地利用结构，是指某一区域范围内各类用地在总用地中的比重及各类用地的构成和比例，也可以说是各类用地在该范围内的搭配关系。土地利用结构即从静态方面反映一定时期内同一总体内部分所含的比重，表示在一个总体内部多元的比例关系，也从动态方面反映不同时期内同一总体中各个部分动态变化的相互关系。城市土地利用结构对应于土地在城市内的配置，主要指标有：城市土地利用数量结构指标、城市土地利用空间结构指标、城市土地利用强度指标及城市土地利用潜力指标等。

土地利用布局，是一定区域范围内各类用地在空间上的配置及其所反映的土地利用基本状况，通常用各类用地的区位表示，包括各类用地性质、规模和空间分布，及其开发建设的密度和强度等。

土地利用形态以及土地利用模式，则是指土地利用结构在时空上的布局形式，各类用地的功能组织和布局形态。其中，城市土地利用的空间形态则表现为城市用地在空间分布上的几何特征。具体地讲，城市土地利用模式是根据城市的性质和规模，在分析城市用地和建设条件的基础上，将城市各组成部分按其不同功能和用地的要求有机组合起来，形成的城市用地布局。这实质上是区域内城市结构、城市类型在土地上的空间投影，例如单中心、多中心等城市形态均是土地利用布局的空间形态。

这里还需要提到的是城市土地利用的功能分区。城市土地利用中存在着明显的功能分区，按产业结构进行分类，主要可以分为商业区、工业区和居住区三大功能区，每个功能区因其不同的功能形态，利用着不同的城市土地区位，占有着相对固定的空间位置。三大功能区在每个城市中的区位都不尽相同，这就产生了城市土地利用的不同模式。一般来说，一个城市土地利用模式是多种因素共同作用的结果，取决于城市土地市场的自发力量、城市土地利用的自然规律以及城市规划和城市土地利用政策等。如果对城市土地利用不同模式进行分类，那么大致可分为同心圆模式、扇形模式和多核心模式。

此外，衍生出来的土地混合利用程度也是衡量土地利用结构及其布局形态的一个重要指标。

(3) 与土地利用相关的因素还包括土地价格、所承载的人口密度、住宅及工作岗位密度、景观与环境设计等。

其中土地价格是指土地价值(有时用房产价值代替)的货币表现，而人口密度、住宅及工作岗位则既是土地利用强度的重要表征指标，也是土地利用的最终表现结果。景观与环境设计则直接与环境相关，是影响土地利用的间接指标。

同时，城市土地利用的以上这些要素又具有以下特点和变化规律：

① 短期内城市土地利用具有较强的固定性，由于依附于其上的建筑、设施具有一定的使用期限，并形成了一定的社会、经济关系和网络，要改变则相当困难。而从长远期来看，变化是绝对的，一方面由于建筑、设施的使用年限有限，另一方面不同时代的城市

规划也会做调整，例如旧城改造等。相对而言，土地利用的性质较难改变，土地利用的强度较易改变。

② 由于城市活动从简单向复杂发展，所以土地需要承担的活动也更多，于是城市土地利用的性质随着土地使用的时间的增长而由单一向多元转化。

③ 一方面为了用有限的城市土地来满足日益增加的城市人口，另一方面为了追求最大的经济效益，所以土地利用强度逐渐由低向高发展。利用强度越低，土地利用的易变度就越高。

④ 某地块土地利用性质和强度的变化也会影响周边地块的土地利用性质和强度的变化，同时也会受到周边土地利用性质和强度变化的影响。这主要是由城市土地使用的区位特点所决定的，区位竞争会导致土地使用的转化。

当然，土地利用要素以及要素的变化均离不开交通系统的作用。交通要素也是土地利用的一个重要作用因素。

2.3.1.2 交通系统相关要素

交通是随着人类生活和生产的需要而发展起来的，是城市化发展的重要条件，城市的发展离不开交通系统的支撑，城市交通系统是城市的一个重要组成部分。城市交通系统是一个开放的巨系统，涉及的要素很多，从供需角度概括起来主要体现在以下两个层面。

(1) 交通供给层面：是指交通生产者所提供的交通服务的总和，包括交通基础设施和交通工具的供给(如城市道路系统、公共交通系统等)以及为交通需求提供的其他相关服务(如交通系统设施的管理、控制等)，相关指标包括容量、结构与布局等。

其中，交通设施容量是指交通设施及服务所能提供的最大的交通运输能力，包括整体和局部多方面的交通设施容量，也有动态和静态容量之分。

交通设施结构是指交通设施及服务的构成比例，如交通网络的几何或拓扑结构或者等级结构等，可以用来比较不同地区或不同运输方式网络的空间结构。

而交通运输布局则是指交通运输生产的空间分布和地域组合，即各种运输方式的线路和港站组成的交通运输网的地理分布，是整个生产布局的有机组成部分，包括多种运输方式布局和地区交通运输布局等，其任务是通过合理布局，实现运输合理化，获得最大的经济效益和社会效益。

(2) 交通需求层面：是指社会活动所提出的对交通设施和交通工具的需要，包括人和物的空间位移两个方面，相关概念包括出行与出行量、出行时间与出行距离、出行方式与出行方式结构、出行分布以及交通量和交通模式等。

出行指人、货物或作为交通方式的交通工具(如汽车等)从出发地向目的地移动的交通行为。一次移动，称为一次出行，一次出行可以利用若干种交通工具，但只具有一个交通目的。按出行目的，出行可以分为上班出行、上学出行、购物出行、业务出行和回家出行等。出行量则是对出行的数量统计，可以是区域的出行量，也可以是个人的出行量，常用的指标有出行次数、出行强度、出行频率等。

出行时间是指完成一次出行，从起点到终点所花费的时间，常用的指标有人均出行时间；而出行距离则是指一次出行起讫点之间的距离，常用的统计指标是人均出行距离等。

出行方式是指人或货物从出发点到目的地的移动方式。出行方式结构是指某时期、某区域内利用各种出行方式出行量的比例构成。

出行时空分布是指出行量在时间和空间上的分布。

交通量通常是在指定时间内通过某地点或某断面的车辆、行人数量，按统计对象分为机动车交通量、非机动车交通量及行人交通量等，按计时单位可分为小时交通量、日交通量、年交通量等。交通量是随时间变化的，常用代表性指标有平均小时交通量、高峰小时交通量和设计小时交通量。

交通模式是相对城市整体而言的，通常由出行方式结构来度量，是城市各种交通方式的抽象概括，常见的有公交模式、小汽车模式等，是判别城市交通整体状态的关键性概念，与城市用地和空间布局极为相关。

当然，交通需求和交通供给是相互影响和相互作用的，需求是供给产生的原因，而供给存在的意义就是更好地为需求服务。但需求并非交通系统本身产生的，交通需求来源于土地利用，所以土地利用要素会对交通系统产生较大影响。

2.3.1.3　土地利用与交通系统的关联分析

城市用地是城市社会经济活动的载体，不同性质和类型的用地在空间上的分离引发交通生成（或出行），可见土地利用是交通需求的源头。而不同的土地利用类型和强度所引发的出行目的和方式选择不同，城市用地在空间上的分布决定了各类活动在空间的分布，也决定了交通出行的时空分布。与此同时，交通系统的供给提供了交通需求实现的可能和途径（通常用可达性来衡量），作用于交通需求并反过来影响着用地及其活动。如提供了交通设施即存在可达性，交通需求才得以实现；交通系统供给条件影响着可达性（即影响着交通需求的实现程度）也影响着出行路径的选择，交通设施完善程度较高的地区，可达性较高，具有更大的吸引力，能吸引更多的出行，从而提高土地的利用价值，影响着土地的利用包括类型和强度等。

可见，土地利用通过影响交通需求（出行活动）而对城市交通系统产生作用，城市交通则通过交通供给（可达性）对土地利用系统产生反作用。

1. 两者相关要素循环关系

城市交通从供给与需求两个方面与土地利用之间构成一种互为反馈的循环关系，如图 2-8 所示。

这种循环反馈关系，也可以用要素关联来进行概括分析。土地利用是通过土地利用性质、土地利用强度、土地利用结构、土地利用规模以及其所承载的人口密度岗位数等因素，对交通系统的出行数量、出行方式和结构、出行路径以及出行时空分布等因素产生影响,然后通过交通需求间接影响着交通系统的设施结构、布局以及服务的供给等。同样,交通对土地利用的影响也是通过设施和服务的供给情况来体现对交通需求的满足程度,从而影响土地利用状态。土地利用与交通系统密不可分,而且交通设施用地本身就是城市用地的一个重要组成部分。因此,二者的相关要素具有对应关系。

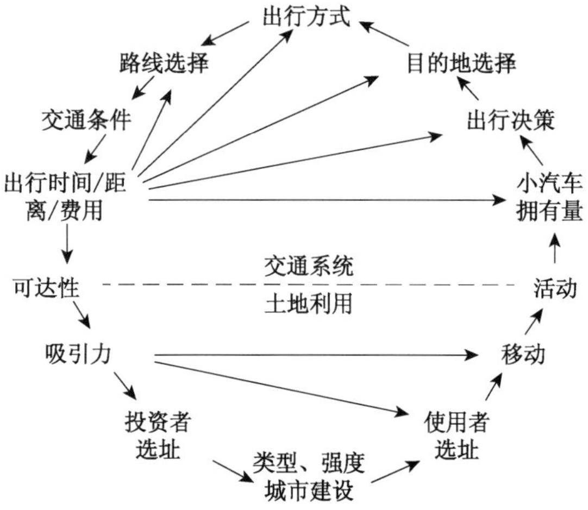

图 2-8 土地利用与交通系统的互动循环关系

图片来源:Wegener M. Current and future land use models. Land Use Modeling Conference Proceedings, 1995[150].

2. 两者相关要素对应关系

而从循环关系作用的结果来看,不难发现,土地利用与交通系统要素间所具有的对应与匹配关系。

在宏观上,土地利用模式通常与交通模式相对应,特定的土地利用模式可以导致某种相应的城市交通模式。高密度集中土地利用模式的城市用地开发强度大,利用密度高且城市布局集中,这种土地利用状况必将导致大量且集中分布的交通需求,从而要求与高运转能力的公共交通模式相适应。而低密度分散土地利用模式的城市,单位土地面积产生的交通需求量小且分散,大容量的公共交通不易组织,则往往对应的是自由分散的私人小汽车交通模式。如美国洛杉矶就是一个典型的土地低密度分散利用城市,其小汽车方式分担比高达 80%~90%。而香港等作为典型的土地利用高密度集中的城市,全方位优先发展公共交通,每日 80% 以上的客运出行量由公交承担[151]。

同时,城市土地利用布局决定着出行的空间分布,从而与交通设施的布局相吻合[152]。单中心辐射式的土地利用布局对应着放射形或环+放射形的路网布局,如北京、成都等城市。带形城市的特点是城市由数个分布在同一带上的多个中心组团构成,与之相匹配的路网就应为连接各组团的平行线构成的路网为带形。组团形城市和环+放射线相匹配,一般的分散组团城市由环形相互连接,通过放射线与其他组团连接。而星形城市(指状)往往与放射线城市路网相匹配。

另外,土地利用混合程度也会影响交通的出行时空分布。在混合程度达到一定程度后,提高土地混合利用程度有利于减少跨越片区的出行活动和居民出行距离,减少对片区间天然屏障上的有限通道的交通压力,降低片区与片区间通道的交通拥挤。

具体到微观要素,对应关系则相对较为复杂。不同的土地利用强度对应着不同的出行数量和强度,于是要求不同的设施容量相匹配,而土地的利用结构又与出行结构和分布具有某种关系,土地区位与交通可达性又紧密相连,土地价格又受交通设施的供给的影响。

总之，土地利用要素与城市交通系统要素相互关联和作用，并相互影响和促进，如图 2-9 所示。

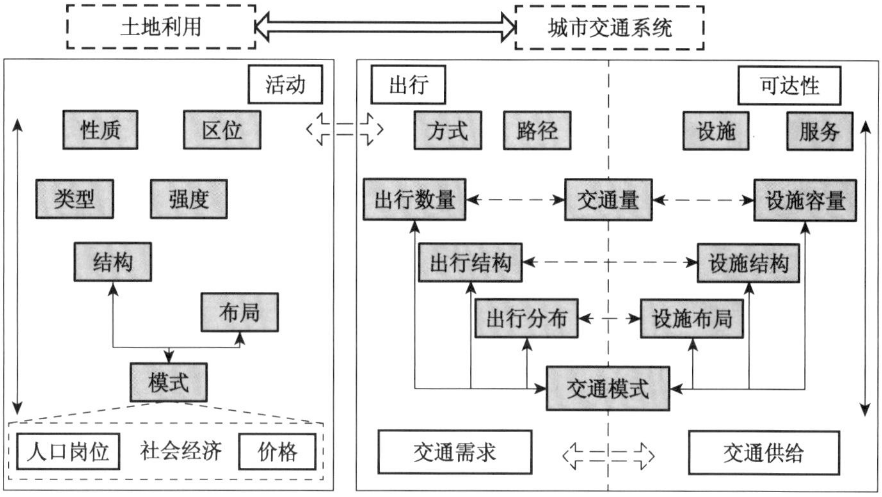

图 2-9 土地利用与交通系统的要素关联

正是由于土地利用与交通系统的这种相互关联与互动关系，所以诸如交通拥挤等交通问题的产生，在很大程度上受到土地利用要素的诱发与影响。因此，对于交通问题的研究，土地利用要素是必须考虑的主要因素，而探寻再开发下的交通拥挤机理与对策，则更需要从土地利用与交通系统的作用关系入手，只有明确了土地利用与交通系统要素具体关联之后，才有可能揭示用地再开发下交通拥挤的形成过程。

2.3.2 土地利用变化与交通系统的相互作用

根据土地利用与交通系统的关联分析，可以很清楚地获悉，土地利用与交通系统间是相互联系的，一旦土地利用发生变化，即土地利用的相关要素发生了改变，就会影响交通需求和交通系统运行状态，从而对交通系统的供给提出相应的要求，如图 2-10 中实线所示。同样，如果交通系统要素如供给设施发生了变化，也会影响到交通需求和系统运行状态，从而引发土地利用的变化，如图 2-10 中虚线所示。

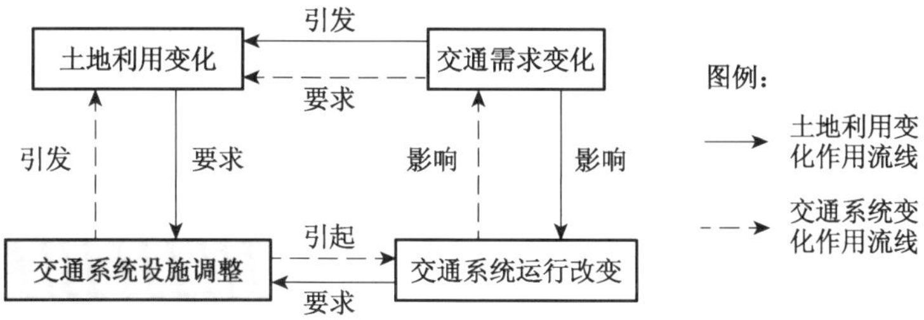

图 2-10 土地利用变化与交通系统的作用关系

2.3.2.1 土地利用变化对交通系统的需求及影响

土地利用要素如土地利用性质、土地利用强度、土地利用结构、土地利用规模以及其所承载的人口密度岗位数等的变化，会引起交通系统的出行数量、出行方式和结构、出行路径以及出行时空分布等要素的变化，然后要求交通系统的设施结构、布局以及服务等供给条件发生相应的调整来适应新变化的交通需求，否则土地利用变化就会对交通系统的运行状态产生负面影响。

具体从微观角度来看，土地利用强度的变化会引起出行量的变化，土地利用强度越高，出行量也会越大，在设施条件不变的情况下，就会使得设施的服务水平下降。如果土地利用强度增加的幅度较大使得出行量的增加超过了设施的剩余承载力，这就需要对交通系统供给进行改善，例如提供更大的容量或者承载力的交通设施，改进交通系统以适应土地利用的变化，否则就引发加剧了交通拥挤。在这个过程中，也可能会引起对出行方式选择的变化，例如当土地利用强度增加使出行增多道路交通拥堵时，如果配套提供了良好的公交服务设施如地铁等，则部分居民出行可能由小汽车转向公共交通。这种变化对交通系统的影响是积极的，因为当土地利用发生变化时，交通系统也同时进行了改善。如果在土地利用发生了较大变化时，交通系统并没有做相应的变动，这时就会产生各种交通问题。

土地利用性质的变化则会引起出行距离以及出行方式的改变。增加土地的多样性，有利于减少长距离的出行并减少对小汽车的依赖性。例如，在一个以居住为主的新城中，某个居住地块变成大型商业广场后，这时原本需要开车或坐公交去市区购物或上班的居民，将有部分会选择就近购物或上班，减少跨区的交通压力。在出行距离缩短的同时也会影响到出行方式的选择，短距离的出行有利于促进公共交通以及步行或非机动车交通的发展。而如果在土地利用性质变化时，并没有考虑到步行、非机动车以及公共交通需求，缺少步行或非机动车交通设施（如大型非机动车停车场）或公交设施（公交站点或者线路）等，则会增加小汽车的依赖性，加剧该地块附近道路的交通拥挤。

例如，在前文中所提到的北京的商业中心区（CBD），在 20 世纪初土地利用强度和性质均发生了较大变化，建立了大量的高层写字楼和酒店等，而地铁和公交系统的建设相对滞后，所以使得该区域的交通曾经一度严重拥挤，后期随着路网的改造和设施建设以及地铁站的开通，交通状况有所改善，但由于改善后的交通供给提高仍无法满足高强度的需求，故而依然常发生交通拥挤[20]。还有如 2000 年开始建的中关村西区以及上海不夜城地区，均是由于土地利用变化过大，而交通系统相应的调整较少，使得该区域的交通压力较大，常发生交通拥挤。

还有如前文中提到的上海杨浦区的五角场地块，在 20 世纪 90 年代后该区域土地利用发生了巨大变化，增加了大量的商业大厦，单纯靠增加常规地面公交已经无法满足大量的交通需求，这就需要大容量的公共交通来匹配高强度的土地利用，当时由于还没有建成地铁，原本通畅的道路交通开始出现拥堵，特别是当 2006 年万达商业综合体建成后道路更加拥堵。直到 2010 年后，该区域轨道交通十号线建成并通车，同时对该区域道路交通进行了改善，并加强了停车管理，使得进出该区域的很多小汽车出行转为地铁出行，该区域的交通拥挤状况才得以缓解。

所以，在对一个地块的土地利用进行变更时，需要考虑其对交通设施的需求和影响，一方面应配以恰当的交通设施来满足其交通需求的变化，另一方面对土地利用进行变更也要慎重，不能只考虑短期或者临时效益。例如在进行商业开发时，若过分强调利用金角银边，把商业设施或营业性公共设施建在道路交叉口的 4 个角上，这样会使本来已相当复杂的交叉路口的交通情况进一步复杂化。再如我国很多城市在内部功能演化历史中，曾经一个时期出现过工业等设施外迁而居住区仍在市中心的现象，而另一个时期又由于各种原因开始出现办公区在市中心、居住区外迁的现象。无论是工厂外迁还是居住区外迁，这种土地利用结构的调整均会对交通系统产生较大影响，增加居民出行范围和出行距离，增加路网交通强度，造成进出城市中心区的困难。如果在工厂或居住区外迁的同时，考虑到职住平衡，则会在一定程度上减少进出城区中心的交通压力。

这些案例充分说明了最关键的还是需要从长期和区域的宏观角度进行土地利用与交通规划以及建设时序的安排，并在对土地结构进行合理变更的同时，应充分考虑土地的混合使用比例以尽量减少诱发额外的交通需求。

总之，土地利用变化会对交通系统产生影响，需要从长远与区域角度进行综合考虑，慎重进行土地利用变更即再开发，一旦进行变更则需要交通系统进行相应的调整以适应土地利用要素的变化，以减少对交通系统的负面影响。

2.3.2.2 交通系统对土地利用变化的需求及影响

土地利用变化与交通系统的作用关系是双向的，一方面土地利用变化要求交通系统与之相适应，另一方面，交通系统又会对土地利用变化产生需求与影响，从图 2-10 中可以看出交通设施供给的变化直接与间接地影响着土地利用的调整。

从历史角度来看，每一次交通方式的改进、交通线网的建设都会推动城市空间格局的演化、促进土地利用布局的调整。交通方式的改进和交通线网的建设提高了交通速度、节约了交通时间、改变了出行可达区域大小、引起空间可达性的变化，进而引起各种生产、生活活动的区位重新选择，并直接表现在土地利用上，引起土地价格、土地区位、空间分布等特征变化，使整个土地利用布局发生改变。

美国是城市交通模式变化导致了土地利用模式调整的典型国家。美国在 20 世纪 30 年代以前，城市的交通模式一直是以有轨电车和公共汽车为主的公共交通模式。在此时期，城市布局集中，城市土地以高密度集中利用为主要特征。20 世纪 30 年代特别是二战后，大批复员军人被安置到郊区居住，并随着小汽车制造业技术的改进，以小汽车交通为主的私人交通模式迅速发展。到 20 世纪 70 年代中期，公共交通已经严重萎缩，小汽车拥有量达到户均 2～3 辆[153]。当城市的交通模式从公共交通模式向私人交通模式转变的过程时，美国大多数城市的土地利用模式也从高密度集中模式发展为低密度分散模式。但是，随着城市用地向城市边缘扩展，那些促使这种趋势发展的道路开始变得拥挤，于是增加道路容量又促使土地利用向更低密度发展，交通拥挤加剧。政府试图改变交通出行模式，加大公共交通建设，但代价巨大，收效甚微，短期内以小汽车为主的私人交通模式难以改变，除非长期对土地利用进行改变。这在另一侧面反映的则是土地利用对交通的影响。

对于交通线网的建设，当前轨道交通建设对土地利用变化的影响最受关注。轨道交通的建设加速了土地利用形式的转换，增加了土地利用的程度和效率，加大了土地开发强度，并促进和引导土地向居住、商业等收益高的用地类型转化。这种互动关系几乎是世界各国轨道交通与土地利用关系的共同特征，而这些特征可以从土地面积的变化数量、年变化速率以及土地利用动态度等指标上得到明显体现，以上海轨道交通1号线为例，如图2-11所示。轨道交通的开通减少了通勤时间，加大了运输能力，从而吸引了居住和商业用地的开发，其他用地以年均90%以上的转化率转化为居住用地和公共设施用地，土地利用集约度提高。但这并不是说所有的轨道交通建设都会带来土地利用布局的变革，如果轨道建设先行，而土地利用规划与政策没有同时实施，那么短期内的交通需求可能将无法支撑轨道交通运行，从而极大降低轨道交通的利用率，这时就迫切需要土地利用布局的调整以适应轨道交通的建设。

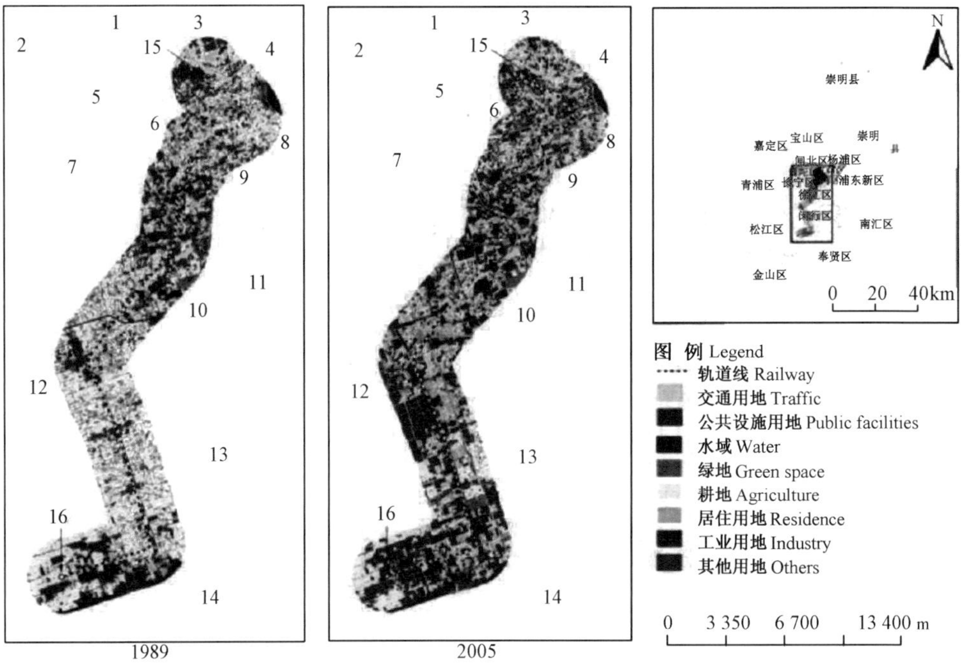

图2-11 1989年与2005年上海轨道交通1号线沿线2 km缓冲区内的土地利用情况

图片来源：李铖等的《上海轨道交通对城市土地利用变化的影响》[154]

所以，交通系统虽然在一定程度上会影响并引导着城市土地利用的发展，但仍然需要相应的土地利用规划和政策与之配合。

综上所述，土地利用和交通系统是相互联系、相互影响、相互促进的，土地利用变化影响交通系统、对交通系统提出要求的同时，交通系统也会引起土地利用变化并需要与之相应的土地利用规划和政策加以匹配。

通过对土地利用及其变化与交通系统作用关系的分析，有利于协调二者之间的关系，缓解交通拥挤，促进土地和交通的一体化发展，也是城市用地再开发下拥挤机理探寻的关键基础。

再开发情况下用地要素的变化使得交通需求发生变化，而用地再开发下交通供给条件的变化又会引发并制约着需求的变化。城市用地再开发与交通系统的相互关联和作用如图 2-12 所示。

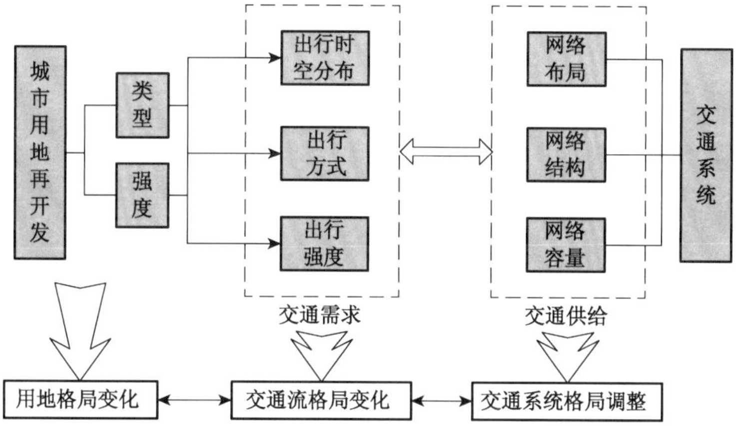

图 2-12　城市用地再开发与交通系统的作用关系图

2.3.3　用地再开发对交通系统的影响因素

根据前文的分析，城市用地再开发作为土地利用变化的一种形式，对交通系统产生影响和需求，同样交通系统也作用于再开发并对再开发提出要求。而要详细获悉城市用地再开发如何对交通系统产生影响，则要具体分析城市用地再开发下的变化要素。这些变化要素正是引起交通状态改变从而对交通系统产生影响的因素。对于城市用地再开发而言，发生变化的要素无非体现在土地利用和交通系统供给两个方面，交通需求的变动则是这两个方面共同影响的结果。

2.3.3.1　用地要素变化

用地要素决定了交通需求的生成以及需求在时空上的分布，城市用地再开发使得用地要素发生了变化，由此必然会导致交通需求生成量的增大或减少，同时也会使交通需求在时空上的分布发生变化。下面从宏、微观两方面来分析城市用地再开发下用地要素的变化对交通需求产生的影响。

从微观角度来说，用地要素包括用地功能、性质和开发强度，这些要素的变化直接关系到交通出行的产生和吸引以及时空分布。城市用地再开发下用地功能的转变将导致交通需求量和需求分布特性的改变；用地开发强度一般用建筑容积率来表征，高开发强度无疑将产生更多的交通需求，而低开发强度则相对地会减少交通需求的产生。因而，城市用地再开发可以通过用地开发强度的转变对交通需求产生影响。

具体就某一地块而言，城市用地再开发改变的土地要素主要为类型和强度两个方面，不同的用地类型和强度对应着不同的交通出行生成需求，土地利用的改变将导致出行特性的变化，除出行起讫点以及交通量的大小外，还涉及交通方式（工具）的选择以及交通路线的确定等。而大规模的再开发则改变了城市用地在空间上的分布，表现为土地利用格局的变动，同时也间接改变了交通出行在时空上的分布，即交通格局随之发生了变化。

从宏观角度来看，用地密度、用地结构布局及综合程度（或称用地功能互补性）等宏观用地要素，均与交通需求有着密切关联，如用地密度影响单位面积的交通需求生成量、用地结构布局影响交通出行的时空分布，所以城市用地再开发下，宏观用地密度的变化会导致交通需求的大规模变动。例如，再开发后的土地利用由低密度转向高密度，这会使得交通需求趋于集中；反之则使交通生成在空间上的分布较为离散。同时，用地结构的变化也会从出行目的、出行距离和出行方式等几个方面影响交通需求。如果城市用地再开发后能够实现用地功能的合理互补则可以减少不必要的机动化出行，同时减少出行的距离，而若再开发后加剧了土地利用的单调性则在增加交通需求的同时也将引起需求在时间分布上的集中如潮汐交通。

无论是宏观还是微观用地要素的变化，均会使得交通需求发生变化，而这些变化的交通需求直接与交通系统网络的布局、结构和规模等供给要素发生作用，必然会对不变或者变化（如果再开发时配以交通设施的改善）的交通系统产生影响或者打破原有的平衡状态引发波动。而交通系统的供给一方面为变化的交通需求提供实现途径，另一方面又通过容量限制、可达性等供给条件制约着交通需求的增加或变化。

2.3.3.2 交通系统供给要素的变化

交通系统供给要素主要是交通基础设施和交通工具的供给条件以及管理控制水平。城市用地再开发对交通供给条件的影响主要体现在两个方面：一是再开发地块本身交通供给条件的变化；二是用地再开发对地块周边交通供给情况的影响。

1. 再开发地块本身交通供给条件的变化

用地再开发必定会引起再开发地块内部交通供给条件发生变化，因为地块再开发不会完全沿用再开发之前地块内部的土地布局和交通设施，大多再开发属于推倒重建型。再开发后地块内部的用地布局及配套的交通设计方案与先前往往不具有延续性，即使不是重建型的再开发也会对原有交通设施进行改造完善。再开发地块内部交通条件的变化主要体现在以下几个方面：

1）地块的出入口位置、数量以及出入方式

出入口包括混合出入口（即车行、非机动车、行人均可通行）和机非分离出入口两种。混合出入口的设置位置对外部交通系统的影响较大，一方面地块所产生的车辆进入出入口所在道路会对其产生一定的交通压力，如果高峰小时流入的交通量经常超过该段道路的剩余容量，则会导致出入口所在道路的经常性拥挤；另一方面机动车与非机动车进出地块会与直行交通产生交织和冲突，极易发生事故引发突发性交通拥挤。这也是在进行交通影响分析时需要对地块出入口位置进行深入分析确定的原因。一般地块还会设置单独的非机动车出入口或人行出入口以减少绕行距离增加出行的便捷性，通常这类出入口会靠近交叉口或者公交站点，以鼓励采用非机动车、步行或公共交通出行。当然出入口的数量也会对交通系统产生一定影响，出入口过少使得内部出行需求过于集中到某一段或两段道路上，增加诱发经常性拥挤的可能，而出入口过多又会增加交通的交织冲突点，不利于交通的安全、有序，也会增加突发拥挤的可能。此外，出入口进出方式的组织管理如右进右出等的变化也会影响到交通系统的安全与通畅。

2）地块内部停车设施的形式、容量以及位置

停车包括车辆到达目的地后的存车（分路边停存和路外停存两种），与上下乘客或装卸货物及其他原因所需的临时停车。路边停车的设置能充分利用空间满足部分停车需求并增加车辆出行的便捷性，但是会在一定程度上影响到地块内部的车辆行驶，特别是会对非机动车与步行交通产生较大影响。一般再开发的公共建筑、商业街区、居住区、大（中）型建筑等，应当配建、增建停车场。路外停车场（库）对道路交通影响最大的是出入口，出入口位置的设置必须远离交叉口、远离地块出入口，以避免高峰时排队过长对停车场（库）出入口交通产生影响。临时停车位（如出租车上下乘客或装卸货物车位等）的考虑和设置也会对内外交通产生影响。如地块内部无出租车临时停车位，则出租车停在地块出入口或路边则会影响到相关道路的交通畅通。而地块停车位数量以及有无非机动车停车设施也会通过影响停车需求影响到交通方式选择和地块的机动车出行数量。如果地块内部机动车位过少，虽然会在一定程度上抑制机动车出行，但是停车的供需矛盾会导致乱停车现象从而引发新的交通问题。

3）地块内部的其他设计

地块内部的道路设计包括交叉口设计（如有无人行横道）、车道数（如双向两车道还是四车道）、车道划分（如有无机动车道）、车道宽度（如人行道的宽度）、非机动车或步行环境（如有无绿化设施）、无障碍设计等都会对交通系统的方式选择、路线选择等产生影响。非机动车或步行出行通常会选择非机动车或步行环境和设施较好的道路，良好的非机动车或步行交通环境有利于增加非机动车或步行交通的出行比例、减少机动车出行。

2. 再开发地块周边交通供给情况的变化

城市用地再开发一般会对周边的交通设施配套实施一定的改善或者管理，体现在

两个阶段：再开发项目建设过程中和再开发项目建成后。

（1）再开发项目建设时，往往会需要进行封闭施工，这会对相邻道路产生一定的负面影响，同时这也是再开发和首次开发的一大不同。因为再开发项目周边已经存在交通设施和交通流量，而通常地块首次开发时，一般周边设施大多为新建，交通量较少，则影响也较小。

（2）再开发项目建成后，那些建成过程中因施工等原因对交通系统的影响基本上可以消除，但是除了再开发地块本身配套的交通设施外，再开发后有时还引起相邻道路的变化，一般而言改变的初衷是为了改善区域的交通，但变化的影响效果则可能是正负两方面的。

如图 2-13 所示为上海市某地块再开发前后的土地利用和周边道路情况，对比开发前后的道路情况可以看出，长宁支路的形状发生了变化。这一改变虽然使其与长宁路交叉的位置较之前更适宜，但是在其背后，还存在着非机动车与步行交通设施的问题，原本的交叉口处有一人行过街天桥为行人服务的，而新建交叉口位置将不利于天桥功能的正常发挥。此外，与再开发同时竣工的往往还有对周边道路的改善（如交叉口改善、道路拓宽等）以减少再开发对交通系统的冲击。这些改善都会影响到交通系统原本的运行，一般而言，这些改善会在一定程度上缓解影响，但并不能完全消解影响，至于那些具有较大影响的用地再开发，若没有及时对周边交通系统进行改善，则可能会引发周边道路交通的拥挤。

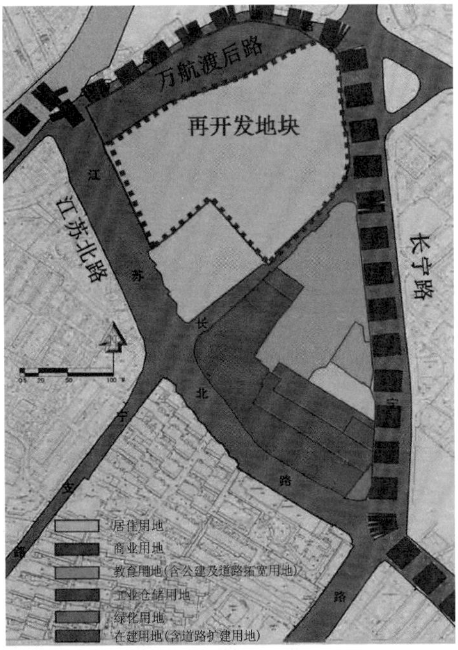

（a）再开发前

（b）再开发后

图 2-13　上海市内环以内某地块再开发前后周边道路设施的变化

总之,城市用地再开发对交通供给条件的影响,会使得交通设施所提供的承载力发生变化,既可能提高交通承载力,也可能使得交通承载力下降,从而对交通需求产生促进或制约作用。因此再开发需要在"提供足够的交通容量来满足再开发的交通需求"与"以交通承载力限制再开发"中寻找合理的平衡点。

2.4 用地再开发对交通系统的影响途径

城市用地再开发对交通系统影响的关键在于通过对用地和交通供给要素的变化来作用于交通需求从而影响着交通流格局的变化。所以,再开发对交通系统的影响过程(图 2-14)体现在对需求的影响即交通生成、交通分布、方式选择和路线选择的影响,而影响结果则是对交通流的格局即交通需求的最终分配的影响,如出行状况、交通状态、拥挤情况等。当然,交通状态的变化反过来也会影响着城市用地再开发的最终效果,这里重点分析的是城市用地再开发对交通系统的影响。

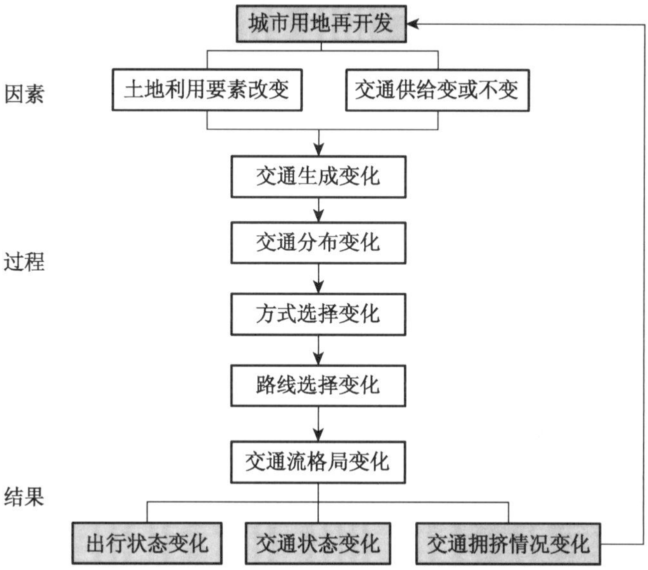

图 2-14 城市用地再开发对交通系统的影响路径

交通拥挤属于交通状态的一种特殊表现,交通拥挤的形成或加剧均属于交通状态变化的一种。可见,若要了解城市用地再开发情况下交通拥挤的形成机理,就需要明确城市用地再开发如何作用于交通需求,如何影响着交通流格局,并从中寻找再开发下交通拥挤的形成脉络。最后,对用地再开发下交通拥挤的成因进行剖析以清晰展现拥挤的各层原因,进而后续提出相应的对策。

2.4.1 交通生成阶段

不同类型城市用地的功能不同所承载的活动不同,所以交通生成也不同,即交通出行的产生和吸引量不同。即使是位于同一区位且具有相同建筑面积的地块,因为用地功能的不同,总体以及单位面积所承载的各类型家庭数、各类别就业岗位数的不同,其所形成的交通出行的产生和吸引量以及出行产生和吸引率均不同。

表 2-3 为上海第三次交通大调查所得到的不同用地的出行吸引率的统计结果。从

中可以看出，居住用地的出行吸引率最低，其次是工业用地和仓库、物流基地以及部分其他类型用地，而公共管理与公共服务用地、商业服务业设施用地以及交通设施用地单位建筑面积的吸引人次相对较多。

表 2-3　　2004 年上海不同用地出行吸引率

场所(用地)类型	人次/m^2(建筑面积)	车次/m^2(建筑面积)	所属城市用地大类	代码
1. 饭店酒店	3.493	0.113	商业服务业设施用地	B2
2. 客运集散地	2.455	0.251	交通设施用地	S
3. 商场店铺	1.033	0.113	商业服务业设施用地	B11
4. 银行邮局	0.49	0.01	商业服务业设施用地	B2
5. 医院	0.397	0.021	公共管理与公共服务用地	A5
6. 行政办公地	0.303	0.035	公共管理与公共服务用地	A1
7. 娱乐场所	0.183	0.008	商业服务业设施用地	B3
8. 学校	0.097	0.004	公共管理与公共服务用地	A3
9. 宾馆旅馆	0.096	0.03	商业服务业设施用地	B1
10. 仓库、物流基地	0.067	0.004	物流仓储用地	W
11. 工厂(重工业)	0.055	0.013	工业用地	M
12. 工厂(轻工业)	0.028	0.009	工业用地	M
13. 住宅	0.024	0.012	居住用地	R

来源：2004 年上海第三次综合交通大调查。

因此，用地功能是决定出行吸引率的重要因素，一旦城市用地类型发生了变化，其出行吸引率也随之发生了变化。从表 2-3 中可以看出若市中心的轻工业用地被再开发为商场店铺，则每平方米建筑面积所吸引的人次则由 0.028 迅速增大到 1.033，如果同样的建筑面积，则总的日吸引人次将变为原来的 40 倍，这对交通系统将是很大的压力；而如果是商铺被再开发为住宅，则出行吸引率就会降低，同样的建筑面积，总出行人次会缩减到原来的 1/10 左右；当然小汽车的出行吸引率略有不同，但也是同样的剧增或剧减。所以，城市用地再开发在变更用地性质的时候，需要考虑到交通系统的容量，一旦变更不当将会引发或加剧交通拥挤。

同时，同一功能用地不同开发强度，其建筑面积不同，所承载的总的各类型家庭数、各类别就业岗位数不同，出行的产生和吸引量也不同，故开发强度也是影响交通生成的主要因素之一。同功能用地下，强度的变化会导致总的出行生成量发生变化。例如表 2-3 中的住宅用地，由原来普通的 1 幢 6 层住宅 1 200 m^2 的建筑面积被再开发为 1 幢 18 层的高档住宅，建筑面积多达 3 600 m^2，其所承载的家庭数量和工作人员增加，如果出行率不变，则交通生成量会增为原来的 3 倍，对周边交通系统会产生较大冲击。

所以，再开发因其前后土地性质、功能、开发强度和建筑面积的差异导致了交通生成量发生了变化，土地利用由低吸引率性质用地变为高吸引率，或者由低强度开发变为高强度开发，由此都将增加交通出行量。交通生成量的剧增是引发交通拥挤的源动力。

2.4.2 交通分布阶段

各类性质用地在区域中的配置情况即城市用地结构与布局，是交通分布的根源，所以，城市用地再开发改变了局部用地性质使得区域的用地结构布局随之变化，从而使交通需求的时空分布发生变化。

就地块本身来看，不同性质用地具有不同的时空出行特性，即出行的起讫点以及出行的时段。这两个属性直接与出行的目的相关，而出行的目的正与用地的功能相一致。具体各属性用地的出行时空特征归纳如表 2-4 所列。

表 2-4　　各类城市用地的出行时空特征分析

名称	功能	空间特性	时间特性
公共管理与公共服务用地(A)	普通日常活动(行政、文化、教育、体育、卫生等)的场所	一般是基本日常活动如上班、上学等的目的地，也是一日出行链中的暂停逗留地；出行多源于居住用地，是基家出行的目的地，又是大部分非基家出行的起点	不同功能用地，出行时间特征不同。行政办公用地 A1 和教育科研用地 A3，主要是通勤或上学交通，早上到达傍晚离开，呈潮汐性，部分访客是随机的到达离开；文化设施用地 A2，非工作日到达较多，多上午到达下午离开，潮汐性不显著；体育用地 A4，平时较为随机，当有赛事时则是大规模的、集中性的到达和离开；医疗卫生用地 A5，包括小部分潮汐通勤交通和大部分的离散访客出行，在时间上早高峰较为突出；其他用地则主要是访客，出行较为随机或有活动多发生在周末的集中到离开
居住用地(R)	日常居住的主要场所	往往是一日出行链的起点和终点(称为据点)；涉及的出行均为基家出行，但出行的空间指向以及出发和结束的时间则因出行目的不同而不同	一般来说，较多的基家出行目的是工作或上学，呈现早出晚归的潮汐特征，少部分基家出行是文化娱乐等，出发时间则较为不固定等。总体上居住用地工作日的出行是早上离开傍晚到达
商业服务业设施用地(B)	各类商业经济活动(商业、商务、娱乐康体等)的场所	通常是一日出行链中的暂停逗留地，但因其包括旅馆类用地故也有可能是出行链的起点或终点。该类用地引发的出行时空分布较为复杂	商业设施用地 B1，出行到达离开的时间较为离散和随机；商务设施用地 B2，到达离开呈早上到达傍晚离开的潮汐型；其他的娱乐康体以及公用设施营业网点和其他服务设施用地，所诱发的出行到达离开较为随机、离散性较高
工业用地(M)	工作生产商品货物的场所	通常是一日出行链中的暂停逗留地，其出行的空间源于居住用地，工业用地也是货物出行链的始发点和终点，货物运输则依据产业类型指向不同空间	人出行在时间上表现为早上到达傍晚离开，呈现潮汐特征；货运在时间上多为非早晚高峰时段的随机或集中性

（续表）

名称	功能	空间特性	时间特性
仓储用地（W）	货物的存储、中转、批发交易等的场所	人的出行较少，主要是货物的中转运输，依据货物类型指向不同空间	时间上多为非早晚高峰时段为随机或集中性（大多城市，对货车的通行会在时间和空间上进行部分限制，以避开早晚高峰）
交通设施用地（S）	承载各种出行的场所，用于人和物的流动和休憩	是客货出行的中转、流通点，在出行链中一般不是起点也不是终点而是属于出行过程	一般所承载的交通有潮汐现象
公用设施用地（U）	安放公用设施的场所	主要是工作人员上班作业出行，属于出行链的暂停逗留地	出行主要源于居住用地的部分具有一定的潮汐性，但源于其他用地的部分则更多的是随机性
绿地（G）	种植草木及供人类游憩的场所	除了防护绿地几乎没有交通出行外，其他类型的绿地主要是出行链的暂停和逗留地，空间上平时的出行分布多来源于近距离的居民或上班族，周末节假日多源于不同空间的游客	时间上分布离散较随机

另外根据广州的调查[155]，得到了不同起点出行的出发分布统计图，如图 2-15 所示。可以看出从家里出发的出行主要是早上离开，而从单位出发的出行则主要是晚上离开，其他起点的出发时间则比较随机，潮汐性不明显。具体对基家和基于单位的出行进行目的细分后，分别统计得到了图 2-16 和图 2-17。图 2-16 中的基于家的工作出行与图 2-17 中的基于单位的回家出行，正好构成出行链，表现为居住用地的早出晚归与单位的早到晚出，潮汐性非常明显。这也正与表 2-4 中所分析的一致。

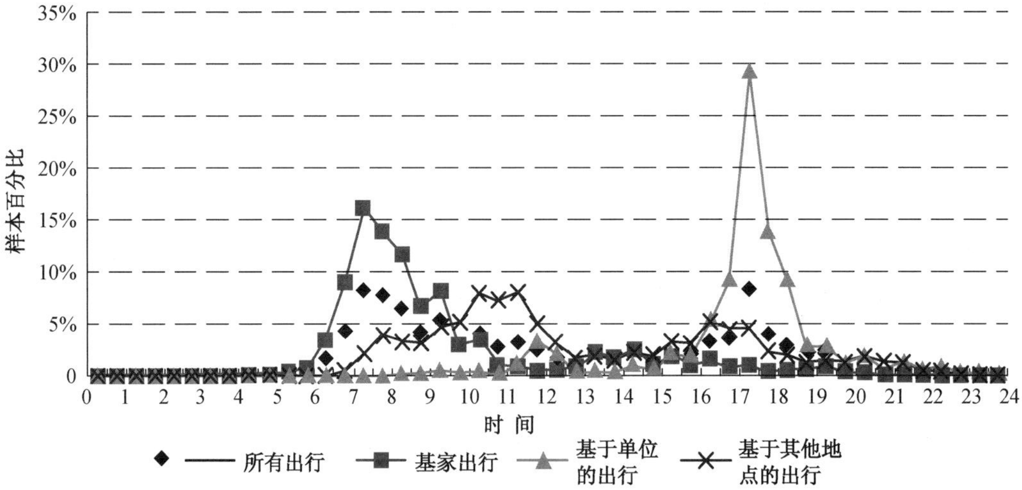

图 2-15　不同起点的出行时间出发分布

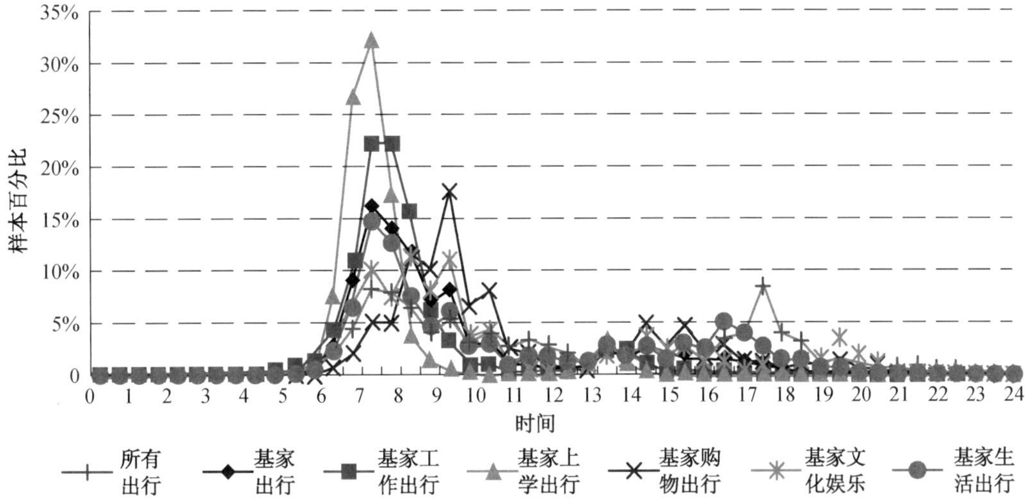

图 2-16 基家出发的出行时间分布

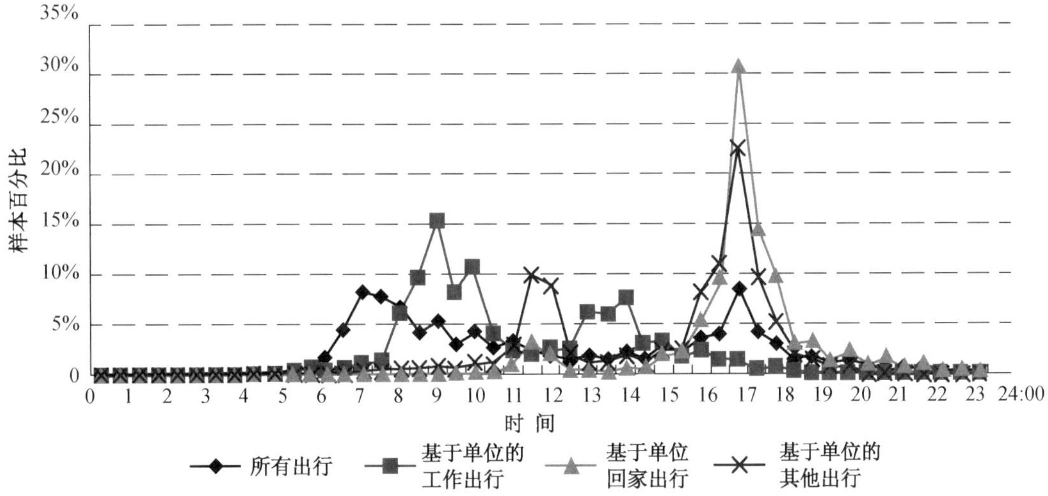

图 2-17 基于单位出发的出行时间分布

各类用地出行的时间分布差异可以用高峰小时出行系数来衡量。高峰小时系数越大，说明出行越集中，对交通系统的冲击也越大，就越容易引发交通拥挤。以上海市为例，根据资料统计整理得到上海市的市级中心地区各类用地的高峰小时出行系数以及早高峰小时系数如表 2-5 所示。同样可以看出，住宅用地再开发、行政办公用地、商业设施用地等，早高峰小时的出行系数较高，潮汐特性明显。此外，还可以看到体育用地的高峰小时系数较高，但是早高峰小时系数较低，说明出行不具有潮汐性，是大规模的、集中性的到达和离开，这也与分析相一致。

表 2-5　　上海(市级中心区)各类用地的高峰小时系数

大类	中类	高峰小时系数	早高峰小时系数
居住用地 R	住宅用地 R1\R2\R3	0.25	0.2
公共管理与公共服务用地 A	行政办公用地 A1	0.26	0.25
	文化设施用地 A2	0.25	0.04
	教育科研 A3	0.18～0.5	0.05～0.1
	体育用地 A4	0.3	0.02
	医疗卫生用地 A5	0.2～0.22	0.1～0.17
商业服务业用地 B	商业设施用地 B1	0.14～0.26	0.05～0.08
	商务设施用地 B2	0.28	0.25
	娱乐康体 B3	0.2～0.3	0.04
绿地 G	公园绿地 G1、广场用地 G3	0.25	0.1

数据来源:《上海市建设项目交通影响评价技术标准》[156]。

而各类用地出行的空间分布差异,除了用出行的到达与离开来反映外,更多的是从区域角度用出行活动的空间分布来体现。如图 2-18(a)是广州市居民在早晨 5:00 时刻的空间分布密度,此时居民主要位于家中,反映的是居民在居住区分布的状况。图 2-18(b)则是广州市居民在上午 10:30 分布的密度,此时多数居民离开自己的居住区进行一天中的主要活动,反映的是居民从事日常活动时的分布状况。通过断面人口密度的对比可以看出居民出行目的地空间分布指向公共管理与公共服务用地以及商业服务业用地集聚的城市中心区。同样,图 2-19 所示的是上海市工作日早高峰轨道交通进出中心区断面的客流分布也显示了这一空间分布特征。

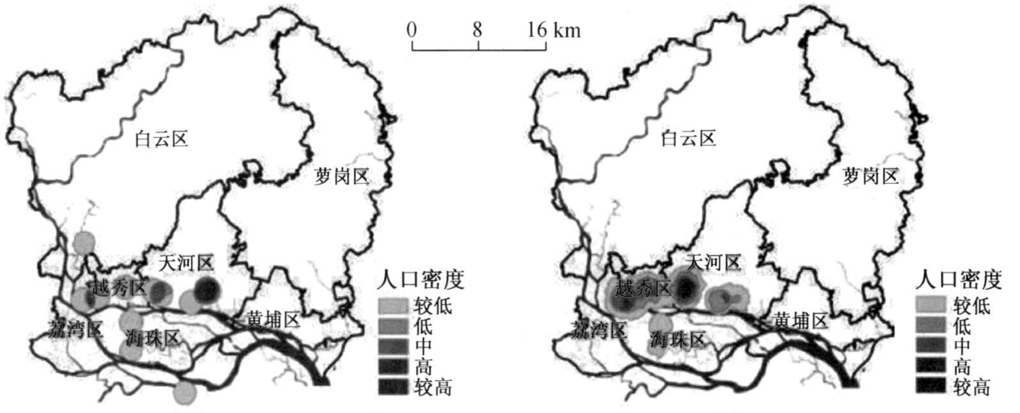

(a) 早晨5:00　　(b) 上午10:30

图 2-18　广州市不同时间人口密度分布

数据来源:古杰等.居民日常出行时空集聚视角下的城市交通拥堵形成机制研究[155]。

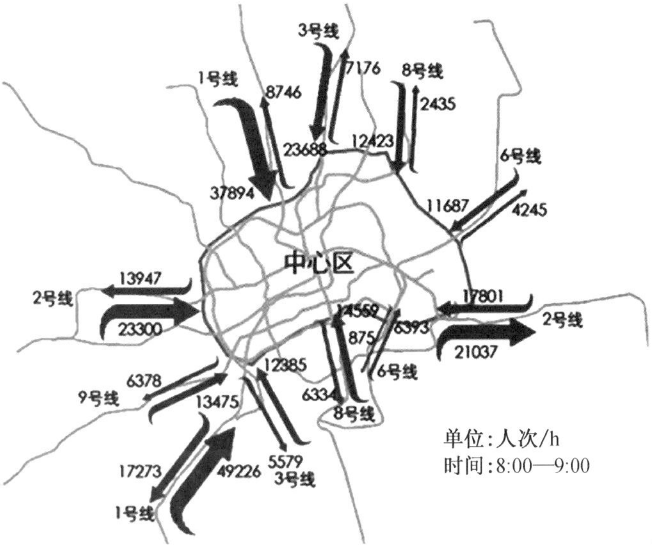

图 2-19　上海市工作日早高峰中心城轨道交通进出中心区断面客流分布

数据来源:2009 年上海第四次综合交通大调查

所以,当城市用地再开发,用地类型或功能发生变化时,其出行的时空特性也就发生了变化。如住宅类用地再开发为行政办公用地,其出行由早上离开晚上到达型变为早上到达晚上离开型,出行的高峰小时也将向后延迟,同时出行集中程度相对下降。另外,虽然出行均具有潮汐特性,但是出行的起讫点和目的地是相反的,所以,交通出行的时空特性差异较大。如果再开发后的用地和周边用地具有同样类别的潮汐特征,则会对交通系统产生较大的冲击。

从区域来看,不同区域的用地结构布局对应着不同的出行时空特性,可以更形象地用区域出行的时空路径来表现。图 2-20 所示的为广州居民日常活动的时空路径,在 6:00之前和 21:00 之后,居民的时空路径处于一种相对静止状态,在此之间,居民的时空路径较为凌乱,一天中的出行行为在此时间内完成,活动的目的地主要分布在城市中心区,所以中心城区的时空路径尤为稠密,通过中心城区向郊区发散的时空路径曲线则较为稀疏,并呈现出束状和群簇状特点。区域的出行特性具体还可以用相对简单的出行 OD 矩阵(或 OD 期望线)来更直观地表示,不同时刻的出行 OD 矩阵(或 OD 期望线)不同。

当城市用地再开发时,区域高峰小时的 OD 出行表或期望线就会发生了变化。如当工业用地变为居住用地,其出行由原来早上到达、晚上离开型,变成早上离开、晚上到达型,所以 OD 会发生根本变化。如图 2-21 所示为上海某地块(图中的 6 号小区)由工业用地再开发为居住用地前后高峰小时 OD 期望线的变化。从图中可以看出,不仅 6 号小区、8 号小区、10 号小区以及 11 号小区的 OD 期望线变化明显,而且其他交通小区的 OD 出行分布也发生了一些变化,比较明显的如 7 号小区至 10 号小区等。

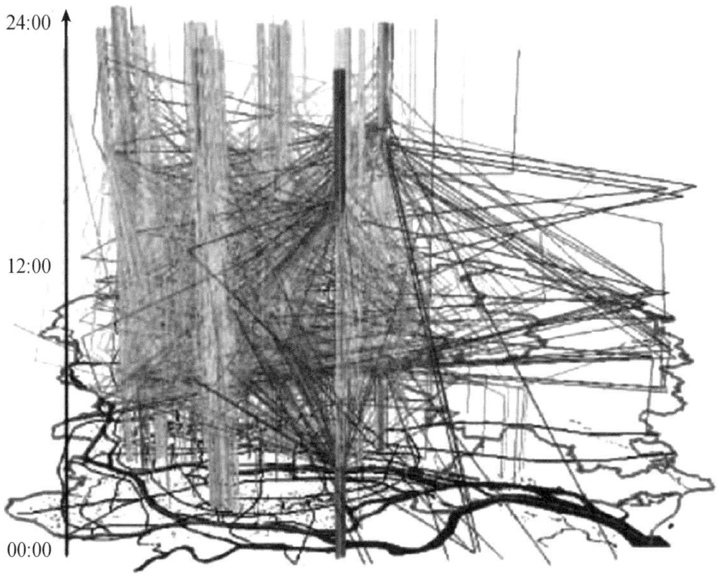

图 2-20　广州市居民日常活动的时空路径

数据来源：古杰等. 居民日常出行时空集聚视角下的城市交通拥堵形成机制研究[155]。

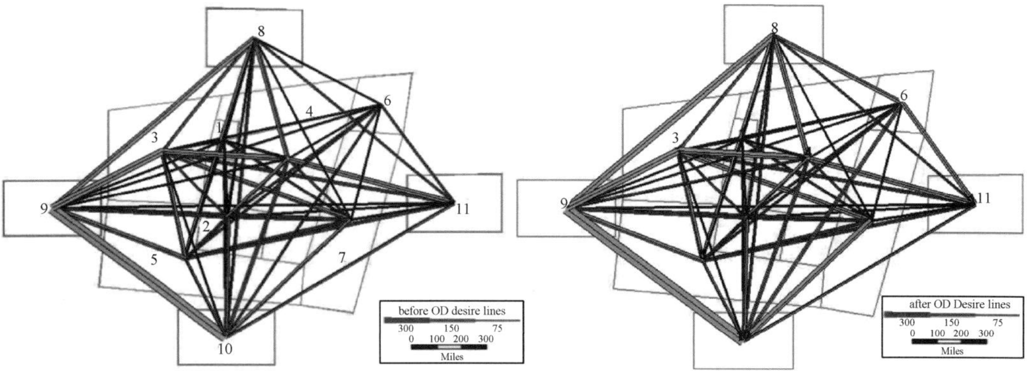

图 2-21　某地块再开发前后 OD 期望线变化示意图

城市用地再开发对出行分布的影响是根本性的，因为再开发后原来的居民或员工迁回的可能性较小，地块本身所承载的家庭类型和数量以及岗位类型与数量发生根本变化。再开发后出行的分布直接与再开发后地块所承载的居民与员工特性以及区域用地的布局相关，并不受再开发前原地块功能或强度的影响。例如，当一片居住用地中的工业用地被置换为(即再开发)为居住用地时，则原本在工业用地上班的附近居民则需要到迁到郊区的工厂上班，打破了原本构成的局部职住平衡，从而大大增加了出行距离，也加剧了道路的潮汐特性，增加了交通压力和交通隐患。

2.4.3 交通方式选择阶段

1. 影响交通方式选择的因素

出行者的交通方式选择主要受到出行者自身特性、出行者出行特性和交通系统特性以及出行区域与目的区域特性等几大因素的影响，如图 2-22 所示。

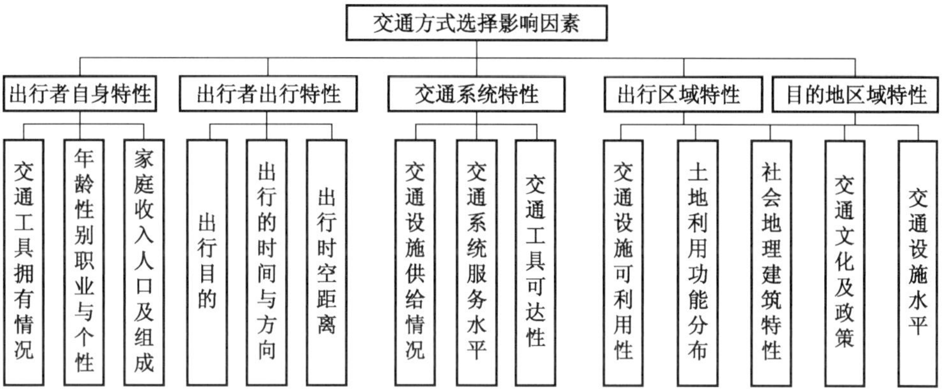

图 2-22 交通方式选择的影响因素

(1) 出行者自身特性包括交通工具的拥有情况(如小汽车、自行车的保有量)、出行者的个人属性(如年龄、性别、职业、收入、性格、对交通工具的使用能力、有无机动车驾照等)、出行者的家庭属性(如家庭的收入高低、人口组成、工作人数)等。出行者自身特性对交通方式的选择是显而易见的，例如没有小汽车或非机动车的家庭，在日常出行时就无法选择该种出行方式，而收入高的家庭选择非机动车的比例就会降低。

(2) 出行者出行特性主要包括出行目的(如购物、上班等)、出行的时间(如早高峰、中午、晚高峰等)与方向(市区方向或郊区方向)、出行的时空距离(如半小时内可达、5 km范围内)等。出行者的出行特性是影响交通方式选择的主要因素之一。从表 2-6 可以看出交通方式选择因出行目的的差异而显著不同。此外，在上海市第四次交通大调查中还得到了不同出行时间段交通方式的选择偏好情况，从中可以看到出行时间对交通方式选择的影响，例如在高峰期间(7:00—9:00，17:00—19:00)，公共交通的选择比例明显要大于其他时段。

表 2-6 2009 年上海不同目的的出行方式结构

交通方式	上班	就学	购物	娱乐	业务	生活	接送人
轨道交通	8.0%	7.4%	2.8%	5.3%	6.6%	5.9%	1.8%
地面公交	14.8%	22.1%	7.7%	9.1%	7.8%	16.8%	4.5%
出租汽车	5.0%	4.1%	4.3%	14.0%	17.0%	16.6%	8.5%
大客车	3.9%	2.0%	2.9%	0.5%	1.5%	0.6%	0.4%

(续表)

交通方式	上班	就学	购物	娱乐	业务	生活	接送人
小客车	15.3%	10.4%	6.3%	11.1%	44.9%	16.9%	31.0%
摩托车	5.9%	2.1%	2.9%	2.5%	4.4%	3.7%	5.7%
助动车	19.7%	10.7%	10.6%	5.1%	8.8%	8.5%	21.9%
自行车	15.7%	15.2%	13.6%	8.1%	4.5%	8.8%	11.2%
步行	11.8%	25.9%	48.9%	44.2%	4.5%	22.2%	14.9%
合计	100%	100%	100%	100%	100%	100%	100%

数据来源:2009年上海第四次综合交通大调查。

(3) 交通系统特性包括交通设施和工具的供给情况(如路网布局、道路等级与车道设计与匹配、设施容量、道路或方式衔接)、交通设施和工具的服务情况(如道路或设施的拥挤程度)以及交通设施和工具的可达性等属性,涉及出行时耗、出行费用、出行便利性、出行安全性、出行舒适性等多个方面。这些均会影响到出行者的交通方式选择。如图2-23所示为出行距离对出行方式选择的影响。

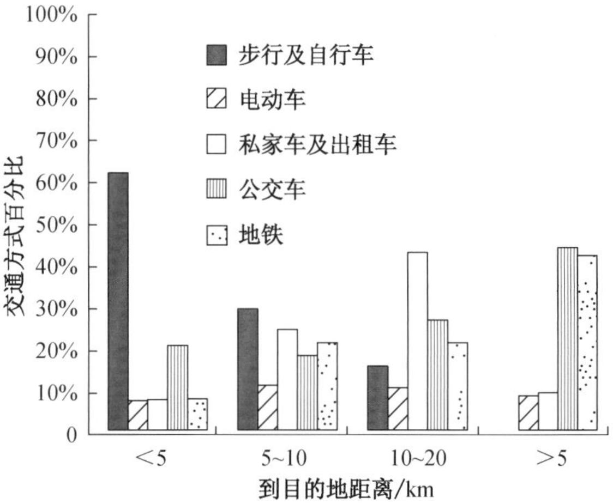

图 2-23 不同出行距离交通方式的选择比例

数据来源:张飞飞等.城市居民交通方式选择及其影响因素分析——以南京市为例[157]。

(4) 出行区域特性包括出行区域交通设施的可利用性(如是否有公共交通可供选择)以及设施供给和服务水平、出行区域的土地利用和功能布局、区域的文化氛围和交通政策、区域的社会、经济水平、地理位置以及建筑布置形式与密度等。出行区域特性对方式选择的影响,从表2-7可以看出。在中心区公共交通设施较多服务较好的区域,公共交通的选择比例较高,而在郊区公交相对不发达,出行更多地依靠非机动车方式。

表 2-7　2004年上海常住人口分地带出行方式结构

出行方式	中心区	外围区	郊区	全市
公共汽(电)车	20.00%	21.40%	8.60%	16.00%
轨道交通	3.80%	3.50%	0.70%	2.50%
社会客车	9.30%	12.10%	11.80%	11.30%

（续表）

出行方式	中心区	外围区	郊区	全市
出租车	6.90%	5.60%	3.60%	5.20%
自行车	19.40%	21.80%	32.30%	25.20%
助动车	3.10%	5.20%	7.20%	5.40%
摩托车	0.60%	1.60%	5.40%	5.20%
步行	36.80%	28.90%	24.30%	29.20%
合计	100%	100%	100%	100%

数据来源：2004 年上海第三次综合交通大调查。

（5）出行目的区域特性包括目的地的交通设施供给和服务水平（如有无公共交通站点、机非停车场）、出行区域的土地利用和功能布局、区域的文化氛围和交通政策、区域的社会经济水平、地理位置以及建筑布置形式与密度等。关于目的地区位特征对交通方式选择的影响，可以从表 2-8 中看出，不同的土地利用功能和目的，有不同的出行方式选择偏好。一般住宅非机动化出行较多，公共设施用地公共交通出行较多，而商务服务业设施用地则相对小汽车出行比例较高。

表 2-8　　2004 年上海不同用地出行方式构成

（a）从业人员出行方式构成

用地类型	步行	非机动车		公共交通		小汽车		其他
		自行车	助动车	地面公交	轨道	小客车	出租车	
平均	12%	23%	7%	34%	5%	7%	2%	10%
1. 住宅	11%	48%	9%	16%	4%	2%	2%	9%
2. 行政办公地	12%	18%	6%	36%	6%	10%	3%	9%
3. 商场店铺	10%	33%	9%	37%	8%	1%	1%	2%
4. 银行邮局	7%	19%	8%	41%	6%	10%	2%	5%
5. 宾馆旅馆	12%	26%	10%	41%	5%	2%	1%	3%
6. 饭店酒店	16%	43%	5%	32%	3%	0	0	0
7. 学校	13%	24%	6%	35%	4%	2%	2%	13%
8. 娱乐场所	9%	20%	7%	48%	8%	3%	2%	3%
9. 医院	9%	22%	8%	47%	6%	3%	3%	2%
10. 工厂（重工业）	17%	23%	12%	17%	1%	5%	2%	22%
11. 工厂（轻工业）	18%	30%	6%	17%	5%	4%	1%	20%
12. 仓库、物流基地	3%	19%	3%	49%	18%	3%	3%	0
13. 客运集散地	8%	24%	8%	45%	4%	4%	1%	6%

(b) 来访人员出行方式构成

用地类型	步行	非机动车		公共交通		小汽车		其他
		自行车	助动车	地面公交	轨道	小客车	出租车	
平均	22%	15%	9%	18%	4%	14%	8%	10%
1. 住宅	19%	24%	11%	15%	5%	11%	7%	8%
2. 行政办公地	14%	12%	11%	18%	5%	19%	11%	9%
3. 商场店铺	27%	17%	9%	15%	4%	13%	2%	13%
4. 银行邮局	40%	17%	10%	15%	2%	6%	3%	6%
5. 宾馆旅馆	4%	6%	6%	8%	3%	15%	19%	39%
6. 饭店酒店	44%	3%	2%	18%	8%	13%	10%	1%
7. 学校	18%	31%	5%	23%	6%	6%	3%	7%
8. 娱乐场所	31%	14%	6%	22%	4%	8%	6%	9%
9. 医院	40%	14%	4%	26%	3%	3%	6%	3%
10. 工厂(重工业)	8%	10%	10%	12%	3%	24%	13%	21%
11. 工厂(轻工业)	14%	9%	10%	17%	4%	18%	11%	18%
12. 仓库、物流基地	10%	33%	41%	4%	2%	5%	1%	3%
13. 客运集散地	0	6%	17%	8%	2%	24%	13%	30%

数据来源:2004 年上海第三次综合交通大调查。

2. 用地再开发对交通方式选择因素的影响

上述的五大类因素共同决定出行者的出行效用和交通方式选择,再开发通过改变土地利用与其配套交通设施对这些因素产生影响,从而影响出行方式的选择结果。

1) 对交通方式选择因素中的出行者自身特性与出行特性的影响

再开发改变了土地的利用情况,也就改变了其上所承载的使用者,不同的用地功能和定位承载着不同的出行者,也吸引着不同的来访者,所以出行者特性不同,方式选择结构也有所差异。例如,市中心区的一个破旧住宅区改造成了高层住宅小区,虽然同样为居住功能,但其定位不同,所居住的家庭类型不同,前者原本居住的是中低收入的家庭,而后者则对应的是中高收入的家庭,则其汽车保有量相对前者较高,非机动车出行的比例则较前者低,而小汽车的出行比例则相反。

同时,由于土地利用的功能变化,所承载着不同特性的出行者,所以出行特性也相应发生了变化。一方面,不同用地的出行目的不同,于是有不同的出行方式选择偏好,如前表 2-6 所示。另一方面,不同性质用地具有不同的时空出行特性,其出行方向和出行时段以及出行时空距离不同。所以,再开发地块所生成的出行的出行目的和出行时间、出行方向均会随用地功能的变化而变化,从而影响到出行方式的选择。

2) 对交通方式选择因素中的交通系统特性的影响

再开发必定会改变地块内部的交通系统的设施供给和服务情况,因为地块再开发不会完全沿用再开发前地块内部的土地布局和交通设施,再开发后地块内部的用地布局交通设计方案与之前往往不同。一方面,不同的土地利用布局和交通方案设计会对出行方式的选择具有较大影响。如图 2-24 所示为针对同一个地块的不同设计方案,其中图 2-24(a)是以小汽车为主体的设计,不利于非机动车或步行交通的发展;而图 2-24(b)中的用地布局和交通系统设计则是以非机动车、步行交通和公共交通为主体的设计,有利于降低小汽车的依赖性。另一方面,同一种土地利用布局,不同的道路设计方案,如道路车道的划分(有无非机动车道)、非机动车与步行交通环境设计、无障碍设计等,甚至不同的交通管理措施(如出入口管理),均会影响到出行的便捷性、安全性和舒适性,进而影响交通方式的选择。

此外,再开发配套的交通供给和服务也会影响到周边区域的交通系统特性,而影响着周边地块的交通方式选择。例如,再开发时配套增加了公交或轨道站点,则会在一定程度上增加了区域内公交的选择比例。

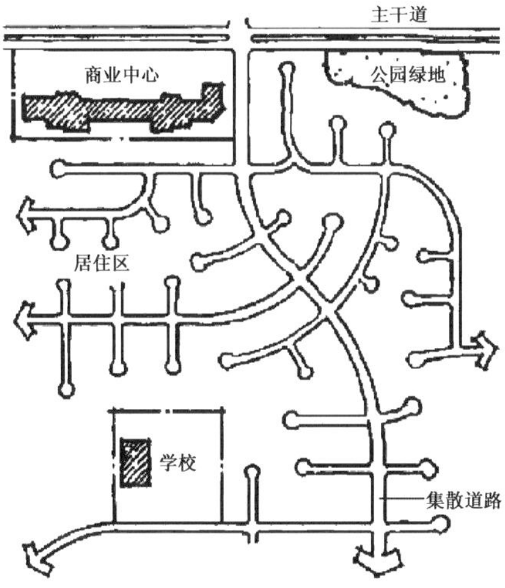

(a) 以小汽车为主的交通设计

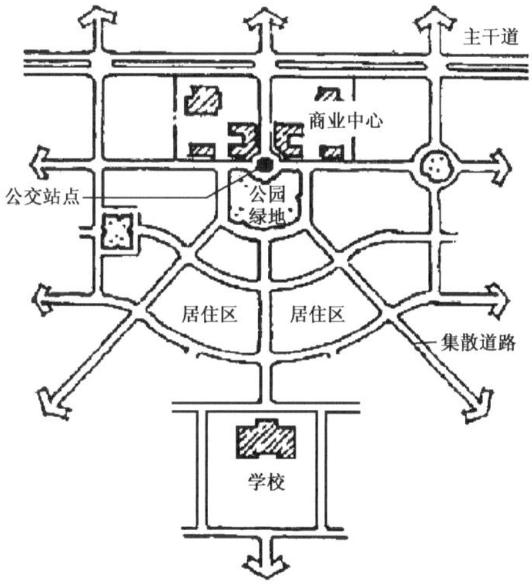

(b) 以慢行交通为主的交通设计

图 2-24　同一地块不同理念下的内部交通设计方案

图片来源:《城市形态、交通模式和居民出行方式研究》[152]

3) 用地再开发对交通方式选择因素中的出行区域与目的区域特性的影响

不管作为出发地还是目的地,再开发地块的土地利用和功能布局变化均会影响到区域的文化氛围、经济水平,甚至当用地再开发配套改变周边的交通设施时,会改变区域交通设施的可利用性。例如,前文提到的上海市五角场的再开发,使其由原先的普通市区升级为城市副中心,改变了区域特性,再开发前后的交通方式结构也发生了较大变化。

另外,不同用地功能的出行方式选择偏好有所不同,如表 2-8 所示,再开发时如果土地性质发生了变化,由住宅用地再开发为商务办公用地,则通常非机动车的出行比例会有较大比例的降低,而公交方式选择的比例将会增加;相同的用地类型,出行方式构成会因土地的开发强度不同而有所差异,一般开发强度越高,相对生成率也会有所增加，出行也会更多地选择公共交通。

图 2-25 是根据《上海市建设项目交通影响评价技术标准》[156]所整理得到的上海市目前各用地出行方式比例，可以反映不同用地所产生和吸引的出行采取不同交通方式的概率不同，可见土地性质或功能对出行方式具有较大的影响。

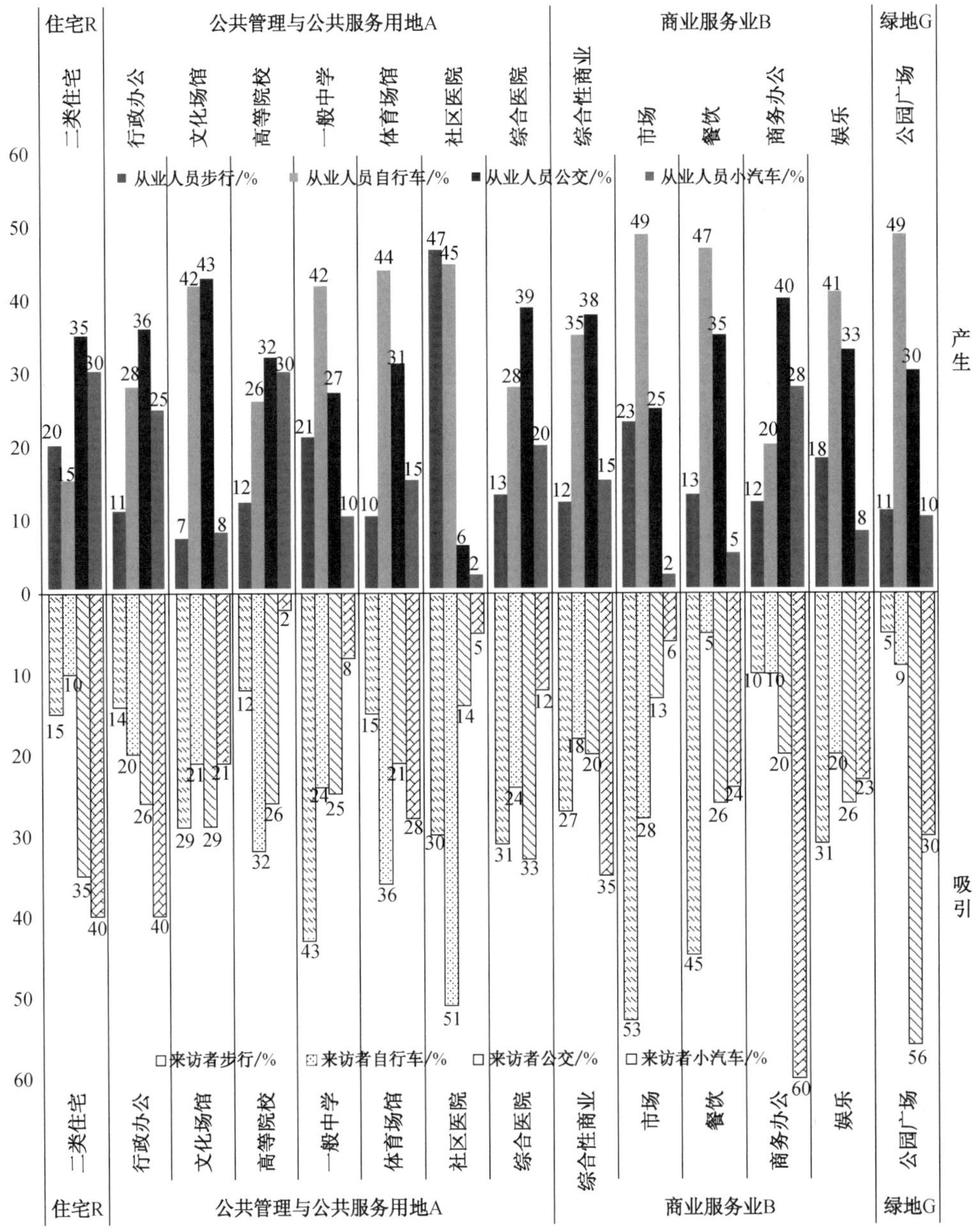

图 2-25 上海市各用地出行方式构成

综上所述，用地再开发通过土地利用以及交通设施的供给和设计的变化，引发交通方式选择因素的变化，使得用地再开发前后的出行方式发生较大变化。如果用地再开发通过合理设计，降低了对小汽车的依赖，产生更多有利于选择公交的因素，就会促使公共交通的出行选择增多；反之如果导致交通方式选择偏好更多的倾向小汽车，则可能增加小汽车的出行，对道路交通产生压力，造成交通拥挤。

2.4.4 路线选择阶段

路线选择受道路设施和交通状态的共同影响。道路设施或交通状态发生了变化均会引发路径选择的转变。而用地再开发一方面使得交通需求发生了变化，另一方面又改变了交通设施条件，所以必将对地块自身交通以及外部交通的路线选择产生影响。

首先，用地再开发后地块出入口的变化，会影响到进出地块交通的路径选择。例如，出入口的数量增加则会增加供选择的路径，而出入口位置的变化也会改变进出地块的路径。

其次，再开发地块配套的交通设施的改善，会引起道路承载力的变化，当道路服务水平上升时会增加该路径的选择概率，反之依然。

再次，用地再开发后带来的周边道路交通设施的变化也会影响到自身与过境交通的路线选择。当周边道路服务水平降低时，部分过境交通甚至自身交通会从该路段转移到服务水平高的路段，反之则会吸引更多的过境交通。

最后，也是最关键的，用地再开发后交通需求的变化，会对路线选择产生重大影响。一方面，用地再开发下交通出行的起讫点发生了本质变化，而且交通方式的选择也不同，所以路径本身与再开发前差异较大。另一方面，除了交通设施的变化，再开发下不同的交通需求包括出行量，也会对道路服务水平产生影响，引起道路交通运行状况的变化，从而影响到路径的选择。

而路径选择的最终影响结果，使得交通流的格局和状态发生了变化。

2.5 用地再开发对交通系统的影响结果

用地再开发对交通系统的影响结果，从不同的视角进行分析会有不同的影响效果，这里主要从出行特征、交通状态和交通拥挤状态 3 方面来分析。

2.5.1 对出行特征的影响

用地再开发对交通出行状态的影响结果，对于出行者来说主要体现在对出行次数、出行距离、出行方式、出行时间等的影响，而从区域来看主要体现在总出行次数、平均出行距离、方式分担比、平均出行时间等方面。具体从前文对交通系统的影响过程中来总结如下：

(1) 再开发对交通生成的影响反映在个人的出行次数和区域的总出行次数。不同性质用地有不同的出行产生和吸引率，不同性质与强度的用地也就对应着不同的出行产生和吸引量，所以再开发对土地利用性质和强度的改变，也就改变了所承载的使用者的出行次数和用地的总体出行次数。当用地的交通生成增多时，出行次数也就增加了，相反用地生成量的减少也会减少总体出行次数。而总出行次数的增加会增加交通设施的使用次数，对道路交通产生压力。

(2) 用地再开发对交通分布和路线选择的影响结果是个人出行距离以及区域平均出行距离的增减。用地再开发使得出行 OD 发生变化也就导致了出行距离的变化，当用地再开发增加了土地混合利用程度时，会在一定程度上减少出行距离，反之如果减少了土地利用功能的互补，使大片的同类型用地集聚，就会增加出行距离。例如，前文提到的当一片居住用地中的工业用地被再开发为居住用地时，则原本在工业用地上班的附近居民则需要到更远的郊区的工厂上班，大大增加了出行距离，也就增加交通系统的负荷。

(3) 用地再开发对交通方式的影响结果则体现为个人出行方式的变更和区域交通方式构成的变动。再开发会改变其上所承载的使用者的特性及其出行特性、自身和周边的交通系统特性以及区域特性，所以交通方式的选择也会发生较大变化。当再开发后出行的目的地为拥有良好公交服务的市中心时，出行方式会更多地选择公共交通，当再开发地块配套增加公交站点时则同样会增加公共交通出行选择的概率。而如果地块本身是以小汽车为主的设计，则会增加小汽车的依赖性，对周边道路交通带来冲击。

(4) 用地再开发下出行时间的增加与减少则是对交通分布、交通方式选择、路线选择等影响的综合结果。出行时间的增加会增加交通设施的使用时间，不仅带来交通设施的损耗，而且也带来社会经济损失，不利于城市的发展和居民的正常生活。

2.5.2 对交通状态的影响

用地再开发使得交通生成、分布、交通方式选择以及路线选择发生了变化，结果使得个人与区域的出行状况有所差异，最终具体到交通设施来说，也就是改变了交通设施的服务状态，表现为某地点交通状态或者某设施服务水平的波动。

用地再开发使得交通生成增多，或者小汽车选择比例增多，意味着增加了出入口道路上小汽车出行的交通量。在道路设施的承载力不变的情况下，就会增加道路的饱和度，降低服务水平。或者如果道路承载力的提高幅度小于交通量的增长量，这仍会降低道路的服务水平，当用地再开发引起的交通量的增加达到一定程度时，同时也会延长行程时间，降低平均行程速度，增加延误，产生交通拥挤。只有再开发的同时对道路交通承载力进行了大幅提高，使其完全能够承受新增的交通量，才不会降低其原有的服务水平。

如表 2-9 所示的是某一再开发地块，其出入口所处的路段在再开发之前高峰小时的交通状态。预测得到再开发之后高峰小时所增加的机动车流量为 119 车次，非机动车为 100 车次，行人为 200 人次，则该路段的机动车道的流量将达到 1 839 车次，非机动车道为 546 车次，人行道为 609 人次。表 2-10 所示的是再开发之后有无采取改善措施该路段服务水平的差异。从表中数据可知，如果再开发时配套对人行道进行拓宽，将高峰小时通行能力提高到 1 800 人次，则人行道的服务水平就可提升到 B。同样，对机动车道流量的增加，如果再开发能配套时增加一条机动车道，显然拥挤会缓解，但是如果没有空间增加车道，而是进行了合理的交通组织将通行能力提升到 2 300 车次，则可以保持饱和度和服务水平基本不变，减少再开发对交通状态的影响。反之，如果再开发没有做任何的配套措施，则会使交通设施的饱和度增加，机动交通开始拥堵，非机动车道也已经比原来的饱和度有较大增加；人行道的服务水平下降到 D，行人会开始有拥挤感。

表 2-9　　某地块在再开发之前其相邻道路路段流量和交通状态

车道类别	流量	通行能力	饱和度	服务水平	剩余通行能力
机动车道	1 720 pcu/h	2 150 pcu/h	0.80	D(0.7～0.85)	430 pcu/h
非机动车道	446 辆/h	800 辆/h	0.56	D(0.55～0.7)	354 辆/h
人行道	409 人/h	900 人/h	0.41	C(0.35～0.55)	491 人/h

表 2-10　　某地块在再开发之后其相邻道路路段流量和交通状态

车道类别	流量	采取改善措施				无改善	
		措施	通行能力	饱和度	服务水平	饱和度	服务水平
机动车道	1 839 pcu/h	交通组织	2 300 pcu/h	0.80	D	0.86	E
非机动车道	546 辆/h	无	800 辆/h	0.56	D	0.68	D
人行道	609 人/h	拓宽	1 800 人/h	0.33	B	0.68	D

用地再开发对具体设施服务状态的影响，还存在方向性的差异，用地再开发可能增加设施利用的方向不均衡。仍以路段为例，某个路段再开发前南北两个方向的服务水平均为 D，如果再开发本身交通的生成和分布的方向性不均匀而且与再开发前差异较大，于是再开发后由南向北的服务水平降低到 E，而由北向南侧保持在 D。此时，如果用地再开发配套改善的是由南向北侧的通行能力，则会保持两侧道路的交通均衡较不拥挤，而如果改善的是由北向南侧，虽会使得由北向南侧的交通状态由较不拥挤变为较畅通，但另一侧则较拥堵，如此不利于缓解拥挤反而严重加剧了交通的不均衡。

此外，用地再开发所引起的交通分布的时空变化结果，不仅是交通设施某时刻服务状态的差异，还表现在不同时刻服务状态的差距不同。有可能是在高峰时刻服务水平降低，而非高峰时的服务水平提升，当然也有可能是所有时刻的服务水平均降低。如图 2-26 所示为某个路段单向再开发前后服务水平变化的示意图，虽然某几个时段再开发下设施的服务水平有所提高，但是总体全天的服务水平是下降的，而且拥挤时段延长。

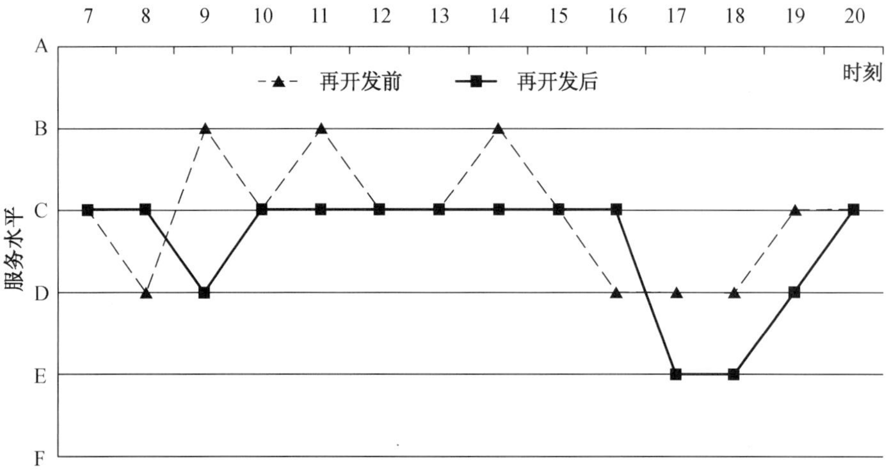

图 2-26　用地再开发下交通设施服务状态变化示意图

因为用地再开发对交通状态的影响具有时间和空间差异，所以，再开发对交通状态的影响结果还应当从区域与整体来看。由于再开发对具体地点和时刻交通设施服务状态的影响具有多种可能，所以在区域上更是表现为交通时空状态的多样性变化。

为了排除不同时期周边交通量的增减等因素的干扰，后文对区域交通状态变化的描述采用的是同一时间有无用地再开发的预测结果所对应的交通状况，而非有再开发项目建设时间间隔的用地再开发前后的交通状态。

一类是由于用地再开发的交通生成较少或者用地再开发后的交通特性可与周边进行互补等，所以用地再开发对区域交通系统状态的不利影响较少，再开发不会形成或加剧交通拥挤。这主要对应于以下两种区域交通状态的变化：

（1）无用地再开发时，区域整体交通状况良好的情况下，用地再开发后只是局部路段少许的交通量增加，服务水平没有显著变化，区域整体交通仍较好，未现交通拥挤，用地再开发对交通状态的影响较少。

（2）无用地再开发时，区域整体交通状态尚好，但有局部路段拥挤，用地再开发后局部路段的交通量增加，但没有服务水平的显著变化，拥挤路段的饱和度基本不变或者稍有降低，并没有加剧交通拥挤，用地再开发对交通状态的不利影响较少。

如图 2-27 所示的是上海徐汇区的某地块有无用地再开发情况下区域交通饱和度示意图（五角星所在区域为再开发区域）。无用地再开发时区域内多数道路正常运行，局部路段高峰稍为拥挤，有用地再开发情况下 V/C 发生了小幅变化，但服务水平等级都没有发生变化，而且拥挤路段的饱和度也并未增加。这是由于该地块周边均为住宅和办公用地，而该地块开发为高星级酒店、办公楼、商场组成的大型复合功能设施用地，与周边地块进行了功能的互补，所以不会对周边道路交通产生显著的不利影响。

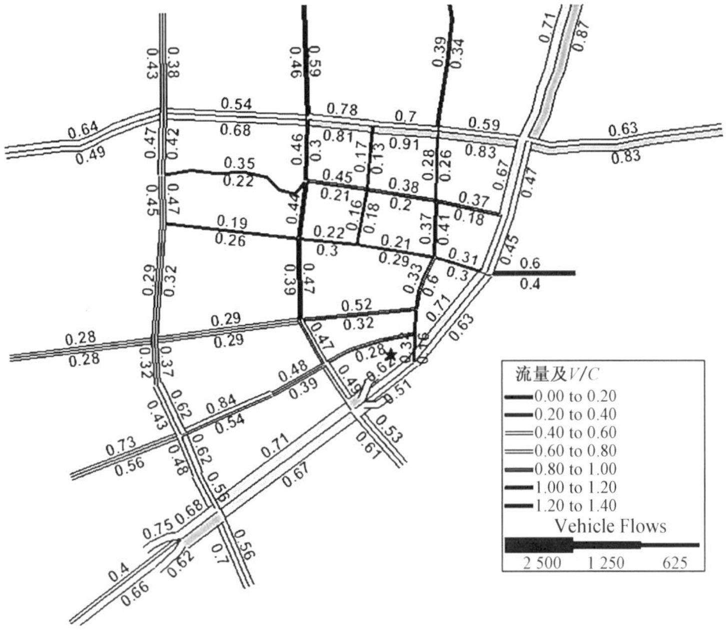

(a) 无用地再开发 V/C 图

(b) 有用地再开发 V/C 图

图 2-27　地块有无用地再开发 V/C 变化图(无显著不利影响)

而另外一类则是由于用地再开发的交通生成较多或者再开发后交通生成特性与周边用地相同，所以用地再开发对区域交通系统产生了一定的不利影响，用地再开发会形成或加剧交通拥挤。整体交通状态的变化表现为以下 3 种情况：

（1）无用地再开发时，区域整体交通状况良好的情况下，再开发后局部路段的交通量增加，服务水平有显著变化，区域整体交通状态尚好，但有局部路段高峰时开始拥挤，用地再开发对交通状态产生了不利影响。

（2）无用地再开发时，区域整体交通状态尚好，但有局部路段拥挤，再开发后局部路段的交通量增加，服务水平无显著变化，只是拥挤路段的饱和度增加，拥挤加剧，用地再开发同样对交通状态产生了不利影响。

（3）无用地再开发时，区域整体交通状态不好，部分路段拥挤，用地再开发后局部路段的交通量增加，虽然拥挤路段的饱和度和服务水平无显著变化，但不拥挤路段的饱和度增加，开始出现拥挤，用地再开发导致了区域的交通状况恶化，产生了较大的不利影响。

如图 2-28 所示为上海闸北区某地区有无再开发情况下区域交通饱和度示意图（五角星所在区域为用地再开发区域）。无用地再开发时区域内部分路段高峰稍微拥挤，有用地再开发情况下原拥挤路段的饱和度基本上变化不大，但临近以及主要疏散道路的部分路段的 V/C 发生了较大变化，开始出现拥挤。这是由于该地块是工业用地再开发为住宅用地，与周边地块的功能由互补变为相同，交通出行的时空更集中，而开发强度较大，交通生成量较多，且道路交通设施也没有配套改善，所以区域的拥挤加剧，对交通状况产生了不利影响。

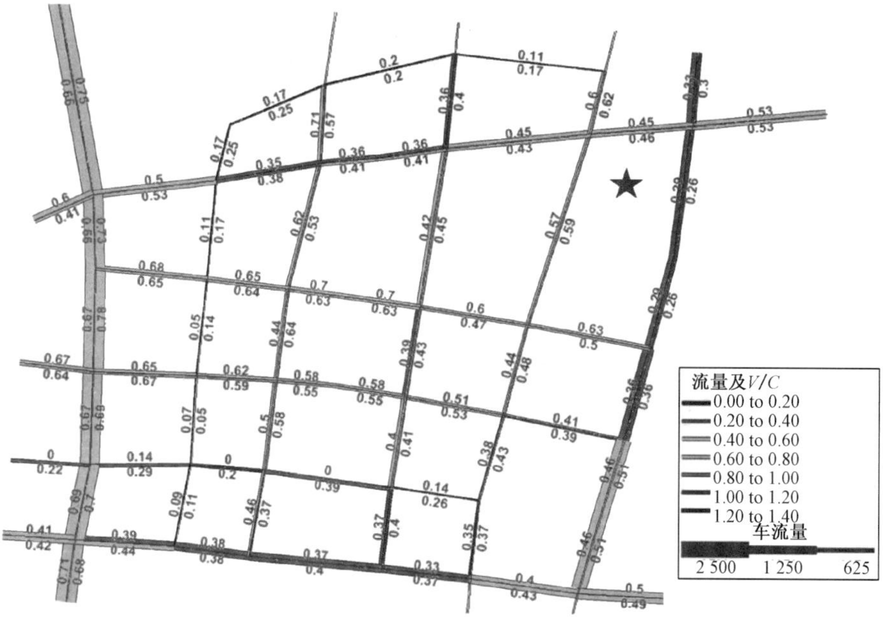

(a) 无用地再开发 V/C 图

(b) 有用地再开发 V/C 图

图 2-28　两地块有无再开发 V/C 变化图(有显著不利影响)

另外,还有一类是区域性的再开发,而非单纯的局部地块再开发,此时的交通状态变化更为复杂。主要包括 3 种影响结果:①区域整体的交通状况恶化,局部路段拥挤加剧,用地再开发对区域交通状况具有不利影响。②用地再开发后区域整体交通状况变化不大,局部路段的交通拥挤加剧,局部路段拥挤缓解,用地再开发对区域交通状态的影响有利有弊。③区域整体交通状况有所改善,局部路段的交通拥挤得到缓解,用地再开发对区域交通状态具有积极影响。

这里用不同的用地再开发方案效果与无再开发情况下的晚高峰小时交通状态进行对比来示意说明其多样性影响结果,如图 2-29 所示。在用地再开发方案一中,晚高峰比无再开发情况的交通状态总体变差,拥挤路段增多,拥挤加剧。在用地再开发方案二中,晚高峰比无再开发情况的交通状态总体变化复杂,局部路段的拥挤得到缓解,同时也有部分路段开始出现拥挤,总体交通状态改善甚微。在用地再开发方案三中,虽然总体仍是交通拥挤,但是相比无再开发情况下,晚高峰部分路段的拥挤得到缓解,总体交通状态在一定程度上得到改善。

而从时间上来看,区域交通状况的变化则更为复杂,可能是以上几种情况的综合,例如可能高峰时交通状况有所改善,但平峰时开始出现交通拥挤,这种情况可能是由于再开发地块所产生的高峰时的交通需求减少,而平峰时增加,例如由居住用地再开发为商业设施用地;也可能高峰时交通开始出现拥挤或者拥挤加剧,但平峰时交通状况仍然

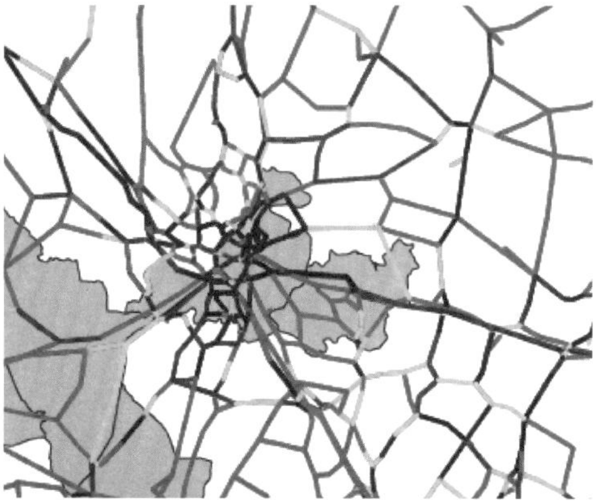

(a) 无用地再开发

(b) 用地再开发方案一

(c) 用地再开发方案二

(d) 用地再开发方案三

注：深色表示交通拥挤道路。

图 2-29　不同的用地再开发方案的区域交通状态比较

良好，例如商业设施用地再开发为居住用地；还可能高峰时交通基本上没有什么变化，平峰时交通服务水平有所降低，但总体状态依然良好，例如商业设施的小规模改造。

2.5.3　对交通拥挤的影响

交通拥挤是交通状态的一种特殊情况，从对出行状况和交通状态的影响结果中，可以看出有些用地再开发会引起或加剧交通拥挤，而有些用地再开发对交通拥挤具有缓解作用。如图 2-28 所示的用地再开发下部分路段开始出现交通拥挤，而在图 2-29 中再开发方案三中部分路段的交通拥挤得到了缓解。

用地再开发对某个具体设施的影响结果在于再开发下交通需求与交通承载力的变化情况。

(1) 用地再开发在产生额外交通需求的同时，也通过交通设施建设提高了交通承载力。在这种情况下，用地再开发对于交通拥挤的作用效果是不确定的。新增的交通需求对路网造成的压力可能大于交通承载力的改善，其将促进交通拥挤的形成；如果用地再开发极大地改善交通设施，提高交通承载力，而新增的出行需求又相对较少时，用地再开发则对交通拥挤起缓解作用。

(2) 用地再开发在交通需求增加的同时却并没有提高交通承载力。这种情况下会使得交通设施的服务水平下降，有可能促使交通拥挤的形成，交通运行状况随之进一步恶化。这类型的用地再开发在很大程度上存在不合理性，必须在再开发初期对此类型用地再开发进行识别。

(3) 用地再开发减少交通需求的同时没有提高交通承载力。这种情况下如果没有降低交通承载力，则一般效果仍是积极的，能够缓解交通拥挤，但如果降低了交通承载力则无法确定用地再开发对交通拥挤的影响。与第一种情况相似，用地再开发带来的影响与交通需求和交通承载力各自的变化程度有关。

(4) 当用地再开发减少交通需求并提高交通承载力时，这将有效地缓解交通拥挤的形成。

而实际上，用地再开发对区域的影响结果是范围内所有交通设施影响结果的组合，也就是以上 4 种变化情况的组合，因为再开发所生成的交通需求在不同时间对不同地点的交通设施的作用情况不同。例如，可能是用地再开发下出入口处的交通需求增加并进行了改善，提高了交通承载能力，没有导致出入口处交通拥堵或者缓解了该段道路原本的交通拥挤，但是对于相邻道路也增加了交通流量，却没有提高其承载力，于是相邻道路就会发生交通拥挤。

2.6 用地再开发下交通拥挤成因分析

从前文的分析可以看出，用地再开发下交通拥挤的形成实际上是交通供需矛盾的直接表现，而从根本上来说则是不合理的用地再开发导致了交通承载力无法满足用地再开发下的交通需求从而形成了交通拥挤。所以，用地再开发下交通拥挤的形成是作用于交通需求的土地利用变更与作用于交通承载力的配套交通系统因素变化的共同影响结果。用地再开发下的土地利用不合理或者再开发下的交通系统不配套都将引发或加剧交通拥挤。而更深层次的问题则是规划与管理的不足所致。

2.6.1 交通供需关系方面

从用地再开发对交通系统的影响结果来看，因交通需求与交通承载力的变化不同，用地再开发对交通拥挤产生了不同的影响。而用地再开发下对交通拥挤的积极或消极作用取决于用地再开发下交通需求的增加程度是否小于再开发下交通承载力的增加程度。

但是,城市用地再开发下引起的交通拥挤的直接原因归根到底仍是因为用地再开发下变或者不变的交通承载力无法满足再开发下的交通需求所导致。如在图 2-30 中,若用地再开发之后潮汐更加明显,交通需求在早晚高峰会超出设施容量(平峰时可能低于再开发前的情况),在交通设施没有得到改善的情况下早晚高峰均会产生交通拥堵(图 2-30(a));如果用地再开发对相应配套设施进行了改善,但是容量的提高程度不如交通需求的增加程度大,仍无法满足晚高峰时的交通需求,此时晚高峰仍会交通拥堵,但拥挤的持续时间较无设施改善已经有所减少(图 2-30(b))。这里所给出的图 2-30 是其中的一种情况,用地再开发后的交通需求只在早晚高峰时段超出了再开发前情况,而在非高峰时段等于甚至低于再开发前,实际上有些再开发会导致所有时段的交通需求均超出再开发之前,这种情况下供需矛盾更加突出,要对所有时段的交通设施服务进行提高和改善以满足所增加的交通需求避免引发交通拥挤。

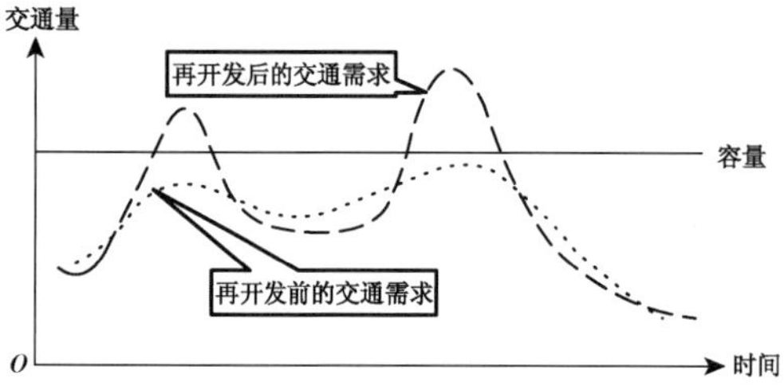

(a) 再开发后设施无变化

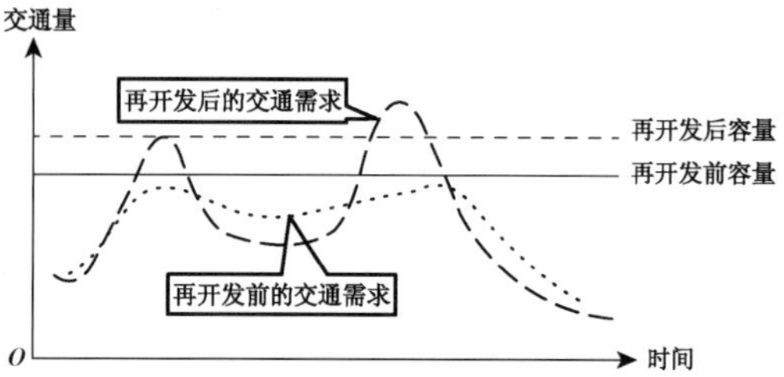

(b) 再开发后设施改善

图 2-30　用地再开发下交通拥挤形成示意图

2.6.2　用地再开发方案合理性方面

供需矛盾是用地再开发下交通拥挤形成的直接原因,而导致再开发下交通承载力无法满足再开发下交通需求的根本原因,却要归结到用地再开发项目本身,一方面是土地利用不合理,另一方面则是交通设施所提供的承载力不足。

2.6.2.1　用地再开发下的土地利用不合理

从微观角度来看,再开发的本质就是局部地块土地利用类型和(或)强度的变更。但是从微观角度往往无法断定土地利用的合理与否,需要结合周边地块的土地利用情况来判定。再开发下土地利用的不合理主要表现为以下两个方面:

1. 土地利用性质的不合理

土地利用性质决定了土地的功能,这是影响交通需求的重要因素。用地再开发下的土地利用性质影响着交通生成、分布以及方式选择,并使得最后的交通流格局发生变动,从而对交通拥挤产生影响。土地再开发后功能的不得当,将可能直接使得交通的产生和吸引量剧增,或者增加交通流的集中性或潮汐性(即增加高峰时的出行强度),或者使得出行距离以及出行时耗增加,也可能使得小汽车出行大幅增长,总之,直接表现为大量的交通流涌向周边道路,增加道路的交通压力,使得高峰时出现交通拥挤或者增加高峰时交通拥挤的程度例如拥挤时间延长等。

用地再开发下土地利用性质的合理与否很难从地块本身进行判定，而是需要结合区域土地利用结构以及道路交通属性进行分析。

从区域用地结构来说，用地再开发后使结构过于单调、同类型用地大片集聚时，则属于不合理再开发。例如在住宅区环绕的原工业地块再开发为住宅用地就属于不合理开发，因为会导致出行距离增加、潮汐性加剧等。上海市彭浦地区某地块的再开发就属于此种情况（图 2-31），工业用地被转为大片的住宅用地后，使得再开发后相邻的场中路和江杨南路高峰时刻出现严重拥堵。所以，用地再开发时宜考虑周边用地功能，优化区域用地结构，增加土地的混合利用程度。

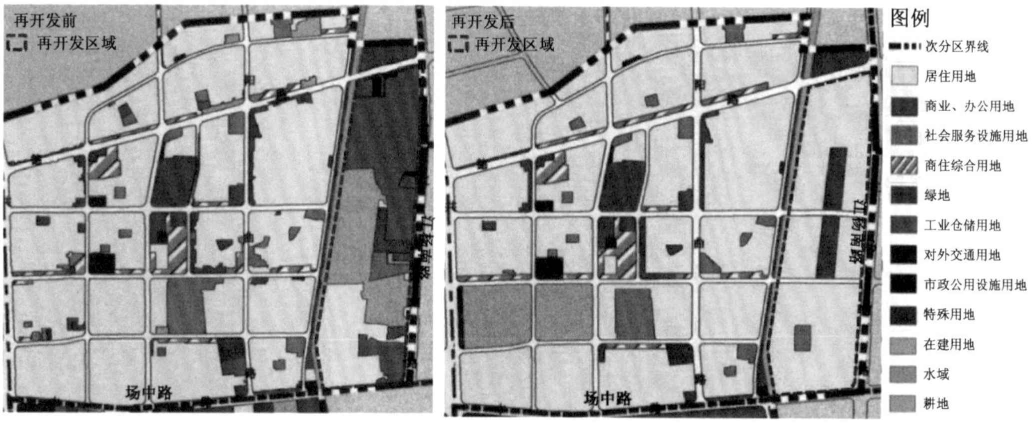

(a) 用地再开发前　　(a) 用地再开发后

图 2-31　上海彭浦地区再开发前后用地图

结合道路交通来看，再开发后用地性质与城市道路交通性质矛盾时，则属于不合理的用地。例如，在“交通性”道路（强调道路的交通属性）两侧的用地，应该尽量减少再开发成能引起大量交通生成的用地，对干道的交通造成干扰，降低城市的交通效率，致使“交通性”道路生活化。如西安市南二环西段，两侧洗浴、餐饮、超市、办公、商贸、娱乐、高校等大型公共服务及科教场所比邻，吸引大量的交通量进出与路边停车，致使该路段交通效率降低，经常发生交通拥挤。

2. 土地开发强度的不合理

土地利用强度同样是影响交通需求的重要因素。用地再开发下的土地利用强度决定着交通产生和吸引量的大小，影响着出行的分布和方式选择以及最终的交通流格局，从而对交通拥挤产生影响。一般在我国用地再开发强度的不合理常见的是超高强度的开发，用地再开发的强度或者说容积率超出了规划和控制的范围或者超出了交通系统的容量或承载能力。这将直接引发出行产生和吸引量的剧增，增加高峰时段的出行强度，增加道路的交通压力，使得高峰时出现交通拥挤或者增加高峰时交通拥挤的程度例如拥挤时间延长等。

土地开发强度的合理与否同样很难以单个地块进行判定，而是需要结合周边，特别是结合交通设施的供给情况、相对交通承载力进行判定。

在道路交通已经拥堵的土地高强度开发区域，不宜进行高强度的再开发，这会使得拥挤加剧，如邻近上海火车站的嘉里地区，开发强度超限，使得天目中路拥挤加剧，高峰时段的车辆排队长度蔓延到多个路口(图 2-32)。

图 2-32　上海市天目中路交通严重拥挤状况(2009 年)

在公交系统不完善的区域也不宜进行高强度的用地再开发，如北京的商务中心区在再开发过程中，公交系统的建设滞后于高强度的快速用地再开发，使得该地区高峰时段交通极度拥挤。

交通设施保持不变的情况下，不宜进行更高强度的再开发，会导致城市局部地区产生的交通量超过城市中某些道路的交通容量。例如，西安市长安南路的二环至小寨十字一段，现在的道路两侧较 20 世纪七八十年代而言，新建、扩建了很多产生和吸引大量人流的商业、娱乐、餐饮等设施，且原有学校的人口规模扩大了几倍，道路两侧的交通产生量比原来增加了几倍、甚至几十倍，但是道路宽度及交通设施几乎没有改善，从而使得该区域常发生交通拥堵。

综上所述，再开发时土地利用性质或强度的不合理，即与周边土地利用状况或交通设施不协调时，会导致交通拥挤的产生和加剧，而对于土地利用的不合理性产生的根源还要进行深层挖掘和深入分析。

2.6.2.2　用地再开发下的交通供给不当

交通供给情况决定了交通的承载能力，用地再开发下交通供给情况的变化(包括地块本身交通供给条件的变化以及周边交通供给情况的变动)影响着出行方式和路径选择，使交通设施的服务水平发生变化。再开发时，往往由于种种原因，使得所提供的交通承载力无法满足交通需求就会导致交通拥挤。交通供给不当是相对土地利用情况而言的，即包括自身配套的交通设施建设无法满足需求的情况，也包括配套的交通设施没有按期实施或者滞后于再开发建设的情况。

1. 从地块本身来说，交通供给不当的主要表现

地块出入口的位置数量和出入方式不当，导致到达与离开的车辆对出入口所在道路产生较大的冲击，一方面如果单位时间流入外部道路的交通量经常超过该段道路的剩余容量，就会导致出入口所在道路经常性拥挤；另一方面如果进出的机非车辆流线与道路其他交通流线有较多交织和冲突点，则极易发生事故，引发突发性拥挤。

地块内部停车设施的形式、容量以及位置不合理，诱发各种停车问题，包括停车不便、停车难、乱停车等问题，同样容易导致交通拥堵，这是很多商业区再开发的常见问题。

地块内部的其他设计，包括交叉口设计（如有无人行横道）、车道数（如双向两车道还是四车道）、车道划分（如有无机动车道）、车道宽度（如人行道的宽度）、慢行环境（如有无绿化设施）、无障碍设计等设计不合理，都会对交通系统的方式选择、路线选择等产生影响，引发交通问题，导致内部的交通混乱甚至拥堵。

2. 对周边道路来说，用地再开发会导致周边道路交通流的变化，如果没有对周边道路进行配套交通设施改善，则极有可能造成周边道路的交通拥挤

如再开发地块出入口以及停车库出入口的数量、位置和进出方式、地块内部道路的设置情况等均会影响到外部的交通运行，特别是对于大型居住区，早上车辆集中进入，地块出入口处的周边道路极易引发交通拥挤。

用地再开发后额外所产生的交通量还会对周边的道路交通系统产生冲击，如再开发后的地块中有大量的非机动车交通需求产生，而外部的非机动车道容量不足，就会使非机动车道拥挤，非机动车溢出到机动车道上造成机动车道的拥挤，又如因为再开发后使得周边道路交叉口的左转车流量大增，造成交叉口左转通行能力不足，如不进行道路配套改善，就会造成该交叉口的拥挤。

总之，用地再开发下的土地利用的不合理和（或）交通供给不当，会导致再开发下交通供需矛盾、交通拥挤的产生和加剧。但是，土地利用与交通供给的不合理的原因这还要追溯到规划与管理层面的不足。

2.6.3 规划与管理机制方面

用地的性质强度和供给设施，基本上是在用地再开发建设前就已经确定的，用地再开发下规划与管理的不足，主要表现在体制、机制、技术方法等各方面。

2.6.3.1 规划相关问题

与用地再开发相关的土地利用和交通设施，一般是在规划阶段就已经决定了的。在规划时，由于各种原因，没有合理安排用地结构和用地强度以及配套交通设施，从而使得土地利用与交通供给设施未能很好地匹配，造成了土地利用与交通设施供给不当，导致了再开发下交通拥挤的产生。

1. 导致再开发土地利用性质或功能不当的规划原因

土地的利用性质属于城市规划的范畴，在总体规划时确定城市的空间布局和用地分区以及旧区改建和用地调整的原则，在分区规划时进一步确定土地的使用性质，在控制性详细规划阶段则详细规定了不同使用性质用地内适建的建筑类型等。

由于规划人员未能很好地把握各类用地的交通需求特征考虑交通出行的时空均衡，一方面过于强调用地的规整和分区，忽略了混合用地的益处，从而使得在用地再开发时，同类用地的集聚性加强，加剧了用地的单一性，造成了交通的潮汐或集中性，另一方面，忽略了道路两侧用地性质与道路交通属性间的关系，使得大量的商业用地布局在交通性干道的两侧，给周边交通带来干扰，这两方面均是没有合理安排用地布局和结构的表现，增加城市道路的交通负荷，诱发了交通拥挤。

2. 导致再开发土地利用强度不当的规划原因

在总体规划阶段会初步确定用地发展的规模，而在分区规划阶段，进一步确定用地的容量控制指标，具体各地块的建筑高度、密度、容积率等土地利用强度的控制指标则是在控制性详细规划阶段具体确定的，最终在修建性详细规划时进行具体的建筑设计和平面布局。

同样由于规划人员对用地交通需求的把握不准(如出行产生或吸引率的预测不准)，或者对交通设施的规划缺乏细化与量化分析，于是过高或者过低估计了交通需求或者交通承载力，使土地利用强度的限定过高或者过低，造成后续土地利用强度不合理，引发各种交通问题。

3. 导致交通供给不当的规划原因

在城市总体规划阶段会确定城市对外交通系统的布局以及主要交通设施的规模和位置，并确定城市主、次干道的走向、断面等交通规划信息，而分区规划是进一步确定主次干线的红线位置以及支线的走向宽度等，具体到控制性详细规划时具体确定支线的红线位置等。道路的具体设计则是在修建性详细规划时确定的。另外交通设施供给还受城市交通规划的约束。

城市规划和交通规划没有很好地结合，一方面在城市规划时对道路规划往往以主观判断和定性分析为主，难以保证城市交通的合理性；另一方面在城市交通规划时，又往往无法理解土地使用规划的布局意图，使得土地使用与交通组织和道路系统脱节，而且交通规划可操作余地有限。此外，还包括在建设时序上的不统一，使得交通供给建设和改善落后于再开发建设的步伐，所以导致了交通供给设施和用地所产生的交通需求无法匹配，交通问题也就产生了。

综上所述，用地再开发的合理与否，与城市规划同交通规划能否有效协调和融合有非常大的关系，这里涉及以下几方面：

(1) 体制问题。我国的城市规划基本上沿用计划经济时的编制体系：从总体规划到分区规划再到详细规划，而城市交通规划则是其中的一个子项规划，又分成综合交通规划与专项规划两个层次。城市规划与城市交通规划之间的关系如图 2-33 所示。通常来说,两个规划的侧重点有所不同,城市交通规划对交通研究较细,而对土地涉及较少。城市规划对土地研究较细,对交通较为概括,但重视和把握程度不足。在总体规划时,对城市道路网布局及道路断面宽度的确定以定性分析为主,缺乏对用地布局、功能分区进行定量化的交通影响分析,易导致过于强调用地分区以及用地性质与道路属性不合等不合理的土地利用问题,这也是引起供给不当的主要原因。

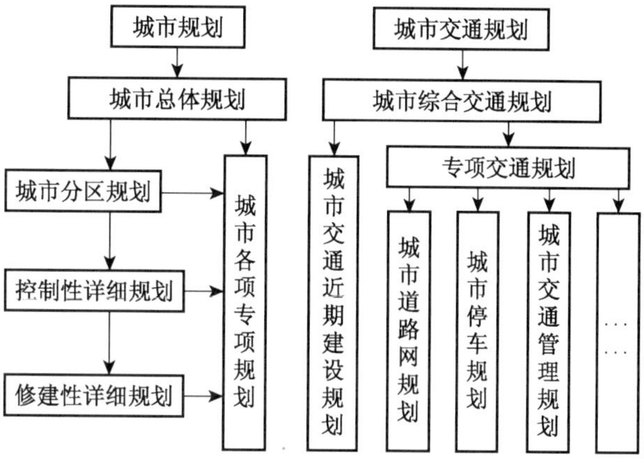

图 2-33 城市规划和城市交通规划的相互关系

图片来源:宫远山的《城市总体规划与城市交通规划“一体化”编制研究》[158]

(2) 机制问题。城市规划和交通规划本身都是庞大的系统工程,两个系统各成体系,较难相互协调,彼此数据以及信息的共享和反馈度较低[158]。一般是先城市规划,而后进行城市交通规划,交通规划仅仅是在已经确定了的城市规划基础上进行规划改善,主要侧重从城市交通量生成出发,经过分布、方式选择、分配等一系列“数学模型”的测算,得出城市交通的解决方案,对城市规划中的其他因素考虑较少,无法完全理解规划布局的意图,致使土地使用与城市交通组织和道路系统脱节,而且可操作余地有限,对城市用地进行反馈调整的可能性不大。这也是导致再开发下用地和交通不协调的主要原因。如现阶段对于旧城中心区的更新中,容积率和居住人口扩大为原来的几倍甚至十几倍、几十倍,相比之下城市道路及交通设施的改善甚微,甚至没有改善或发展的余地。

(3) 技术方法问题。在技术方法方面,一方面缺乏有效的技术工具来保障规划的合理性。如在进行交通需求和交通状态预测时,仍采用传统的四阶段模型,对土地利用因素考虑得较少,不适用于土地和交通要素发生较大变化的情况,预测结果与实际差距较大,过低或过高估计了交通需求或交通承载力(详细分析见 4.1.2 节)。另一方面对于规划的合理与否,目前也尚未有一个较适合的工具来进行定量的评价或判定,如对控制性详细规划方案进行交通影响分析或者对再开发规划方案进行交通拥挤的预先检验等。这些都是造成再开发规划不当的因素,也是造成再开发后交通拥挤的潜在因素。

2.6.3.2 管理相关问题

在规划的实施与管理中,还存在着很多诱发用地再开发不合理的因素,使得即使合理的用地再开发规划在其再开发完成后也产生了拥挤。

(1) 我国现有的土地开发制度并不能完全适用于再开发,易使操作偏离规划意图。

现有的土地开发机制在前文第 2.2.3 节中已经进行了分析,最后的结果往往多数为大拆大建。这一方面毁坏了原有建筑物的价值,引发搬迁等问题,例如北京前门大栅栏地区的改造[148],另一方面容易导致大院式的小区,降低路网密度,对周边交通系统产生较大冲击,不利于交通的通畅。而且还可能会使得原有居民或员工搬迁到离工作或住处更远的地方增加出行距离,破坏原有的职住平衡,也就破坏了交通的均衡。

另外,在这种开发机制中,其所遵循的是谋求土地价值最大化的市场原则。由于开发商是开发的主力,公众参与度、民主性以及社会公平性较低,所以当到了开发商层面时,往往更注重经济效益特别是短时的经济收益,而忽略土地利用的整体和综合效益,容易导致再开发土地利用的不合理,对配套交通设施的重视不足,而这种不合理的土地再开发就易使得再开发下的交通需求超过了交通承载力诱发交通拥挤。例如开发商通过提高容积率来实现短期高回报率等,于是产生了实际开发强度超出了规划限定以及配套周边交通设施改善迟迟不见实施等现象。再如开发商追求"金角银边"的区位优势所带来的经济效益,在交叉口以及交通干道进行大规模商业开发,吸引大量的交通出入,给道路交通带来压力,易引发交通拥挤。大片同类用地的集聚如超大居住小区或商业区,也是由于开发商过于追求规模效益所致,于是产生的交通量集中在几条主要道路上,从而造成城市交通拥堵。

现有制度或许适用于首次开发,但却并不适用于再开发的情况,因为再开发最典型的特征是其土地上已建成各种设施,其价值和土地价值紧密相连,不能单纯用土地本身的价值为尺度,有时其上建筑的价值远远超出了土地自身的价值,所以也不应当完全的平整和移交产权。而且再开发更多的应当注重的是土地的社会、环境等综合价值而非经济价值,所以不应当完全依靠开发商,应增加政府的监控和公众的参与。

(2) 在我国现行的再开发管理流程中,交通影响分析体系不够完善,使交通影响分析的作用有限。

交通影响分析不够普及和深入。首先,在用地再开发项目的规划阶段并没有交通影响分析,也没有统一的定量评价指标与标准。其次,在选址阶段,交通影响分析没有明确要求,开展不够广泛,分析的深度不够,其更注重项目在交通上的可行性,并未有效发挥作用。再次,报建阶段的交通影响分析虽然已经受到重视并成为大型项目建设的必需程序,加强对项目设计方案的审查,能在一定程度上完善项目的内部交通设计,但是对周边交通的改善作用有限,难以反馈控制土地的开发性质和强度。

现有的交通影响分析针对的是单个大型项目(例如建筑面积大于 10 000 m^2 的建筑),无法考虑同时建设的几个项目的共同影响,也没有考虑若干个建筑面积小于要求的建设项目的交通影响。另外,在交通影响分析体系中,关注的是机动车辆,对非机动交通的分析不足,且缺少定量评价指标和标准。

我国现行的有关法律,如《城市规划法》《房地产管理法》等,以及相关的规范、指南、标准如《建设项目交通影响评价标准》(CJJ/T 141—2010)等，还有各省市、地方的规范和标准如上海市工程建设规范《建筑工程交通设计及停车库(场)设置标准》(DGJ 08-7—2006)等，对土地使用、建设项目的交通流量评估、停车位设置等都没有提出很严格的规定。这也使得交通影响的评价存在着一定的主观性，没有真正起到控制城市建设项目交通影响的作用。

另外，现有的交通影响评价并没有区分首次开发和再开发项目对交通影响的差异，而是采用相同的交通需求预测方法和评价指标，但实际上用地再开发因其原本地块会存在一定的交通需求、交通设施以及周边交通，所以其交通需求预测和评价指标应更为复杂。

(3) 管理与监控不够严格，为交通问题的产生埋下隐患。

由于规划没有直接的法律约束力，规划管理部门可以不经过任何程序修改规划内容，并且可以根据不同情况附加开发控制内容，由此开发商可以通过不同途径，寻找缝隙，影响规划决策。

而且规划控制指标不具体、不严格，一方面没有针对城市道路容量制定建设密度及强度的控制指标，这也是发生建设强度及密度过大，造成区域性交通发生和吸引量超过其道路网容量的一大原因；另一方面开发商可能通过与规划管理部门协商和讨价还价，获得容积率放松，从而使开发强度超过最初的限定。

此外，项目建设流程中监管不严，竣工后又未能及时采取补救措施也是使得用地再开发后产生交通拥挤的又一隐患。

3 面向用地再开发的交通拥挤管控策略

城市用地再开发下的交通拥挤是由于土地利用和交通系统的各种因素造成的，其形成机理较为复杂，但其本质无非是交通供需矛盾，而根源则在于规划和管理所造成的用地再开发在交通上的不合理。所以面向再开发的交通拥挤管控应从规划和管理入手。

本章在了解用地再开发下交通拥挤机理和成因的基础上，提出面向用地再开发的交通拥挤管理策略，不仅为了避免再开发所导致的交通拥挤的形成和加剧，而且甚至可以借助再开发来缓解交通拥挤。在现状研究的基础上分析用地再开发下交通拥挤管理的目标和内容，然后分别提出相应的策略，最后对面向用地再开发的交通拥挤管理系统进行构建，并提出需要解决的几个关键技术。

3.1 交通拥挤管理策略研究现状

交通拥挤的本质是交通供需矛盾，交通拥挤管理的目的在于调节交通供需平衡，所以交通拥挤管理策略也不外乎 3 个方面：①交通供给管控策略；②交通需求管控策略；③交通供需协调管控策略。其中从交通系统本身研究交通拥挤治理策略的主要是前两类，研究人员主要是交通工程师和交通方面的专家学者，而从城市规划角度研究交通拥挤治理策略的则主要是土地利用策略以及土地与交通协调发展的策略，虽然部分也属于交通需求管控策略，但这里将其归为第三类，在这方面城市规划领域以及交通领域均有学者在从事研究。

1. 交通供给管控策略

交通供给管控策略是从改善供给的角度出发，目前国内外研究均较多[159-163]，从最初的单一增加道路基础设施（如新建扩建高速公路等）提高路网密度和容量等，到改善节点瓶颈（如匝道、交叉口、桥梁等）提升整体服务水平，再到现在的快速公交系统建设（如修建轨道、实施 BRT、增加大运量公交车辆等）以及先进的交通管理体系（如区域交通控制、智能诱导系统等）提高系统服务能力。目前，交通供给管控基本上已经形成了较为成熟的策略，主要分成提高供给水平和提高管理水平两大方面，在提高供给水平方面最有效、最常见的措施就是增加道路网容量和增加公交供应能力，如图 3-1 所示。

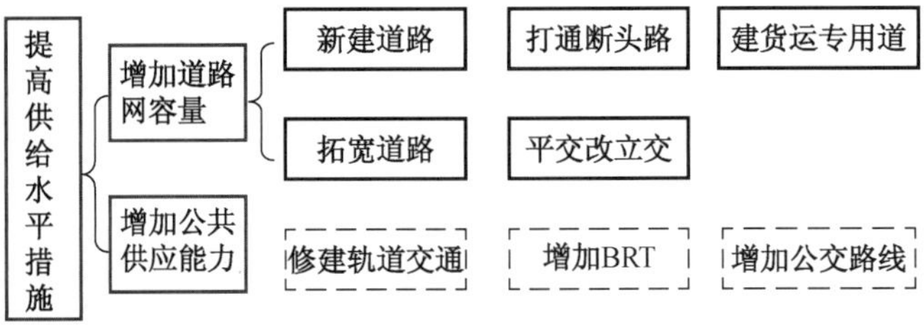

图 3-1　常用的增加路网容量措施

在提高管理水平方面最常用的措施就是改善道路交通管理和公交服务能力，如图

3-2所示。

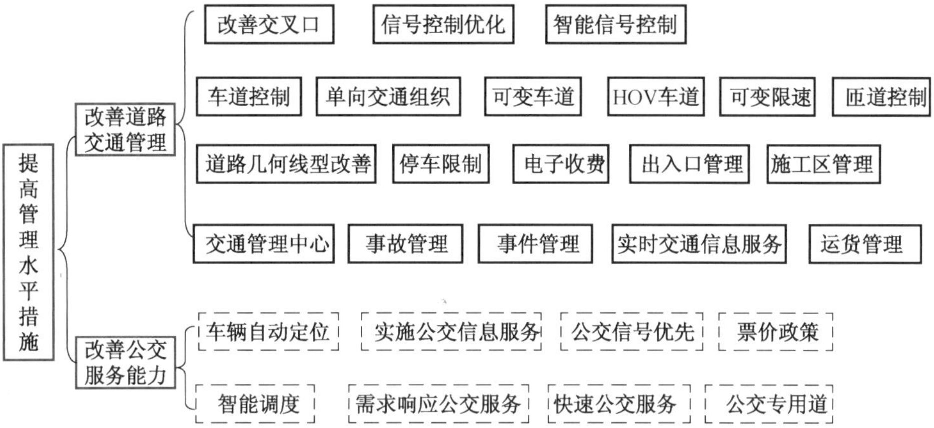

图 3-2　常用的提高管理水平措施

2. 交通需求管控策略

但是单纯的交通供给管控不是缓解城市交通拥堵的唯一途径,增加路网容量策略的效果可观但在城区受到了很多因素的制约,而通过提高管理水平可以提升现有设施的运行效率在一定程度上缓解交通拥挤,但其作用也是有限的,难以满足城市交通需求的需要,特别是在大城市非常有必要对交通需求进行合理调控[164]。于是从另一方面需求管理措施的研究近几十年开始受到广泛关注,并在一些大城市已经付诸实践,

交通需求是指人或货物的出行需求,而其取决于土地利用,所以交通需求管理是通过调节交通出行和土地利用来实现的。到目前为止针对交通出行的策略主要包括:①对汽车牌照量进行控制、实行车辆单双号行驶、对异地牌照进行通行限制、对车种禁限等对汽车的限制管理措施;②拥挤收费、合乘车道、限制入境交通、限制过境交通、限制停车范围等对道路的管理限制措施;③错时上下班、弹性工作制、电子通勤、网上购物等对人的引导管理措施[165-169]。这些措施分别从总量、空间和时间上对交通需求进行调控,起到缓解交通拥挤的作用。而调节土地利用策略,实际上不是单独存在的,需要和交通配套的,所以将其归到交通供需协调策略。

3. 交通供需协调策略

在研究交通需求管理策略的同时,很多学者针对交通拥挤从根本上考虑城市的布局优化、土地和交通的协调发展进行研究,提出了交通供需协调策略,即是土地利用和交通的协调策略。近几十年特别是随着 20 世纪 90 年代可持续发展和精明增长得到重视,越来越多的学者开始关注土地利用和交通的相互协调以及一体化的可持续发展,从而缓解当前的交通拥挤问题。

国外, Davis, Peter, Robert, Susan[170-173]等许多学者均从不同角度对土地利用与交通系统的可持续性进行了研究。近十年美国广泛开展了精明增长策略研究,包括再开发、公交导向开发等一系列协调发展策略[174-175]。欧洲各国也正在加强这方面的研究,展开了一系列新的交通与土地使用相关的课题研究,包括通过研究整合土地使用与交通规划方法来对交通需求进行调控,以此实现可持续发展,减少交通拥挤[176]。

在我国,1987 年底到 1990 年底由中国城市规划设计研究院交通所组织完成的国家"七五"重点科技攻关项目专题之一"大城市综合交通体系规划模式研究"开始对城市用地与交通发展关系进行了系统、深入的研究,在国内第一次阐述了城市用地和城市交通模式之间的互动关系[133]。之后,城市交通与土地利用一体化研究得到迅速发展,研究者们从不同的角度给予了具体论述[177-181]。

国内外学者分别从政策、机制和模型上进行了研究[178,180,182-184],提出了与土地利用相关的出行需求管理策略以及土地利用与交通一体化的解决方案。其中部分学者从宏观上去把握两种规划之间的关系,分析两种规划结合的必要性,并提出一些新的规划理念,如以交通可达性为核心的规划观点,规划中应引入市场调节的观点等,同时也对政府职能部门的体制提出了一些建议[171,185-186]。另外一些学者则从城市总体规划入手,研究了城市总体规划中土地利用与交通一体化的理论框架[168,179,181],也有一些学者从具体实施的角度分析了土地利用规划与交通规划结合的具体方案和措施[177,180,188-189],如限制土地开发强度等。

具体到我国目前的研究成果,在城市规划领域,主要的研究涉及城市形态与交通方式的关系、城市土地开发模式与交通系统的关系、城市规划与交通规划结合、发展战略及实例的介绍和评价等[138,190],并且从 2000 年,我国在广州、杭州等多个大城市开展概念规划编制,其中交通与土地利用之间的相互协调发展是主要内容。在交通工程领域,关于交通与土地利用关系的研究较多,主要为城市交通规划服务,其中包括宏观层面的交通战略研究、中观层面的交通需求分析和微观层面的交通影响分析(Traffic Impact Analysis, TIA)等[139-141]。目前,对交通影响分析的应用正在加快,许多大城市已经立法规定城市的重大建设项目的建设都需要进行交通影响评价,将其纳入土地使用、修建管理的审批之中,并在 2010 年颁布了新的建设项目交通影响评价技术标准以供参考[191]。此外,近年国内的学者也开始关注交通与土地利用的非物质层面,如对土地利用与出行行为之间关系的研究等[142-143]。另外,公共交通导向式发展(Transit-Oriented-Development, TOD)思想在城市规划建设中也开始有所渗透。

从加强对交通拥挤的管理角度看,发达国家在综合交通供给管理与交通需求管理等各种拥挤管理对策方面,建立了拥挤管理对策体系和拥挤管理系统。如英国、澳大利亚都有各自的一套拥挤管理对策体系[167],而美国很多州也建立了拥挤管理系统,并在不断地升级完善[192-193],而且还通过联邦法律规定了较大的城市区域需要规划交通拥挤管理程序,并对 2035 年的交通拥挤管理系统进行了系统规划[194]。我国虽然也有学者开始研究适用我国的交通拥挤管理系统[195-196],但尚处于探索阶段。

另外,现有的交通拥挤管理策略对于用地再开发的情况针对性不强。虽然国外对用地再开发下土地和交通的关系已有一些研究[197]，在有关规定中也明确指出了在用地再开发时需要提供足够的交通设施容量，并将再开发前后的交通拥挤水平作为制定用地再开发方案时的一个很重要的考核指标，但是目前总的来说尚无统一的评价指标或标准来考核有无用地再开发的交通拥堵水平。而在我国，对于城市与土地利用规划和交通系统协调方面的研究尚处于发展阶段，对于用地再开发及其相关问题的研究更是尚属起步阶段。

总的来看，在交通拥挤管理对策方面，国外的研究较多，特别是对城市空间优化、交通与城市的协调发展方面以及交通拥挤管理系统方面研究的相对较为成熟。而我国这方面较为欠缺，特别是缺少针对目前土地开发的主体——城市用地再开发造成的交通拥挤的管理对策。所以，需要在对城市用地再开发的交通流特性以及城市用地再开发下的交通拥挤机理研究的基础上，结合交通拥挤管理措施，进行有针对性的对策研究。

3.2 用地再开发下交通拥挤管理目标与内容

3.2.1 用地再开发下交通拥挤管理目标

从城市用地再开发下交通拥挤成因分析不难看出，规划与管理机制的不足是导致再开发后交通拥挤的深层原因。所以，用地再开发下交通拥挤管理的重点在于针对再开发规划与实施过程中可能导致交通拥挤的方面进行改善，减少不利因素以提高用地再开发的合理性，从而避免再开发后交通拥挤的产生。但同时也要对再开发实施后所产生的交通拥挤采取相应的措施进行管理以缓解交通拥挤。

所以用地再开发下的交通拥挤管理，一方面需要对用地再开发规划从交通发展的角度进行规划的制定和实施管理，另外一方面需要对可能或已经发生的交通拥挤采取交通供需平衡的管控措施。其管理目标通过3个环节来落实：

(1) 在用地再开发规划时，要实施用地再开发与交通发展的一体化。通过制定合理的再开发方案，以减少之后发现方案不合理再反馈调整的繁琐流程，甚至无法反馈导致用地再开发后对交通产生不利影响引发或加剧交通拥挤。

(2) 在用地再开发实施过程中，进行有效管控以完善管控体系，一方面确保合理规划方案的有效实施，减少规划外引发交通拥挤的因素发生，确保规划方案的如期实施；另一方面是在对规划方案进行细化落实时，及时发现规划方案的不足进行及时调整，以避免用地再开发后的交通拥挤产生。

(3) 对于用地再开发实施后，进行交通供给改善与交通需求调整策略，以缓解交通拥挤。

3.2.2 用地再开发下交通拥挤管理内容

1. 规划制定阶段

在用地再开发规划时，即再开发前，主要是各类用地与交通一体化规划策略的制定，以进行再开发与交通的协调规划。我国现行的城市规划在与交通规划的一体化进程方面还远远不够，无法在规划各个阶段均实现土地利用与交通系统的互动反馈和调整，这是最深层次导致用地再开发下交通拥挤的原因。针对现行规划的不足，可以从用地再开发角度构建用地与交通一体化规划策略框架，如图 3-3 所示。在该土地与交通一体化规划策略框架中，提出了考虑交通需求特征对城市用地进行布局考虑，交通供需来限定用地再开发性质和再开发强度的上限等关键制约环节的应对策略，旨在从最初就制定合理的再开发规划方案。具体策略内容见本书 3.3.1 节。

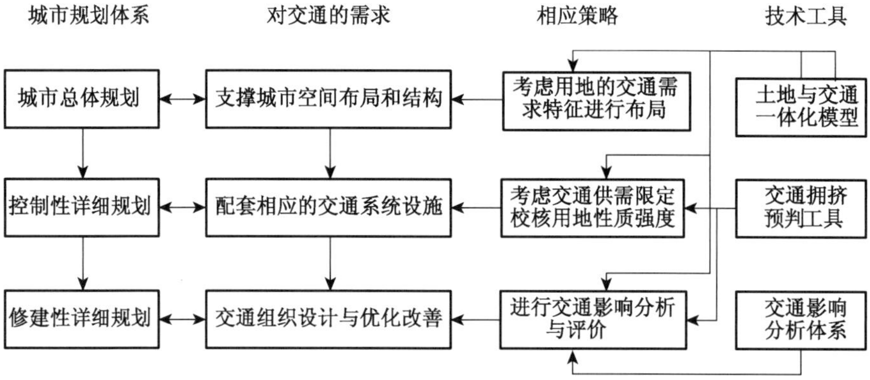

图 3-3 用地与交通一体化规划策略框架

2. 规划实施阶段

在用地再开发规划实施时，主要是完善各种再开发管理体制和机制的措施，以保障规划的有效实施。目前，开发实施管理中的机制和体制不完善也是导致再开发下交通拥挤的深层原因之一，可以从再开发角度针对规划实施过程构建管理策略框架，如图 3-4 所示。在这个管理策略框架中，提出通过采用多样化开发方式、多部门的联合管控、政府干预和市场机制的灵活结合等多方面，来完善再开发的体制和机制，保证规划的导向性以及公众的参与性；通过加强对再开发项目从审批直到最后的竣工验收整个过程的严格监管，及时对违章建设的查处，确保再开发项目配套设施的落实等。具体策略内容见本书 3.3.2 节。

3. 规划实施后

针对用地再开发后所产生的交通拥挤，需要从供需两方面提出一些针对性的管理与控制的方法和措施来，以缓解交通拥挤，如在供给管控方面，要提出具有针对性的提高管理水平的措施，而在需求管理方面则在人、车、路以及用地这四方面进行引导和限制等。具体策略内容见本书 3.4 节。

此外，将所有面向用地再开发的交通拥挤管控策略和措施进行整合建立专家系统，即面向城市用地再开发的交通拥挤管理系统，则是再开发下交通拥挤管理的现代化手段，也是未来用地再开发下交通拥挤管控所必需的。

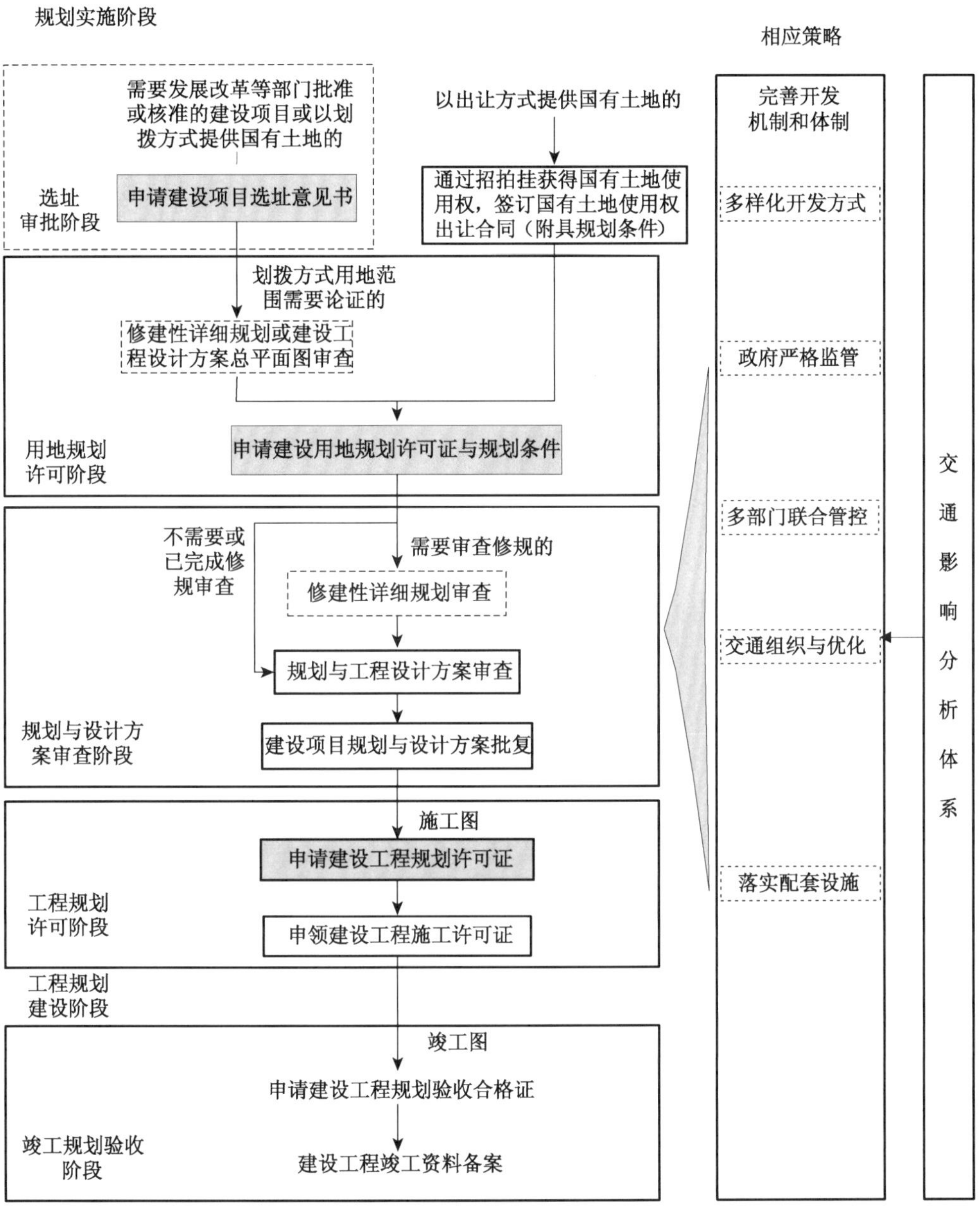

图 3-4　规划实施管理策略框架

3.3 考虑交通发展的用地再开发规划管理

3.3.1 用地与交通一体化规划制定策略

如图 3-3 所示，在用地与交通一体化规划策略框架中提出了考虑用地的交通需求特征而进行用地布局、考虑交通需求和交通承载力对用地的开发强度进行限定的规划策略，以下对此进行进一步的分析与讨论。而有关制定策略的技术工具等则将在本书第 4 章、5 章、6 章分别进行分析。

3.3.1.1 考虑交通需求特征的用地分类和布局

用地分类是落实城市用地政策、控制城市用地开发的重要前提和基础，对城市用地进行分类是编制用地规划的前提。用地规划作为传达规划控制目标的重要信息载体，它集中反映了规划控制城市用地的目标，不同的城市控制目标，需要不同的城市用地分类划分标准。通过将城市土地划分为若干类型，并制定每一类型用地的使用规则，从而实现对城市用地发展及其结构的布局和控制。

目前，我国城市用地分类是以土地的使用功能为主导因素、以土地使用的主要性质作为分类依据进行逐级划分的，是一种面向规划设计和用地统计的分类方法，针对土地功能用途，从土地本身的属性和特征来进行划定，应用于总体规划、分区规划和控制详细规划各个层次。这一城市用地分类是从城市规划的角度出发，没有充分体现土地与交通的关系，也没有完整考虑交通要素，即使对用地分类时有考虑到交通设施的完善与否(如我国新标准中对居住用地的分类)，但并没有充分体现各类用地与交通的需求关系，尚未考虑其产生交通需求的因素，也没有附加说明其产生的交通需求特征或对交通系统的影响。

城市用地分类的应用贯穿于城市规划的各个层次，但无论在最初的城市用地规划还是后期的土地功能置换，交通是一个必须要考虑的重要因素，需要根据区位、交通、相邻土地及建筑等条件来配置合理的土地使用组合，特别是随着交通拥挤的加剧，减少或缓解交通拥挤理应成为一个重要的规划控制目标。所以，为了更好地指引我国城市规划和交通规划，协调土地和交通的关系，从源头上遏制交通拥挤的产生，有必要对城市用地所表现的交通需求特征进行分析和分类，作为城市用地分类的补充，以使城市规划之初就能充分考虑到用地对交通系统的影响。

国外已对土地的交通生成特征进行了研究，作为对用地分类的补充，如美国城市交通研究所最新颁布的 *Trip Generation Manual* 对出行源按土地使用功能分为 10 大类，包括 172 种土地利用方式[132]，这一做法也是美国多年实践经验的总结，值得我们借鉴。但由于人口、土地使用和居民出行习惯等的差异，美国的手册并不能完全适用于我国。而我国考虑交通因素的分类仅是在进行交通影响评价时对建设项目进行的划分，如最新的《建设项目交通影响评价技术标准》中根据用地类型等将建设项目分成了 11 大类[191]。这些建设项目的分类主要用于建设项目在审批时的交通影响评价，而这个阶段几乎很难对城市规划和交通规划产生影响，加上分类过细，也很难用于前期的城市规划。

考虑到城市用地和交通系统的要素众多，均为复杂的巨系统，如果局限到按要素的分类，因过于细致则无法指导城市与交通规划。考虑到城市用地与交通系统间是通过交通需求这一中介进行相互作用和影响的，所以从城市用地和交通系统的关键点“交通需求”入手，在对城市用地交通需求特征分析的基础上，提出从交通的视角对城市用地进行分类的方法，为城市用地分类提供参考或补充，使城市用地规划包括再开发方案的规划从一开始就能够充分考虑到对交通所带来的影响。

不同的城市用地具有不同的交通需求特征，这已经在本书第 2 章进行了具体分析。尽管每类城市用地具有各自的交通需求时空特征，但在现有城市用地分类中部分类型的交通需求在时空上具有相似性。总体上，除了部分无交通生成的用地以及作为出行活动载体的交通设施用地外，其他类型的城市用地，在空间上无非是一次出行的起点或终点，一个出行链的节点或暂停逗留点，在时间上则基本表现为潮汐性、集中性和随机性。将时空结合来看，在某个特定时段，某类用地只存在 3 种可能：①产生的出行大于吸引的出行，则为出行的主要生成点；②产生的出行小于吸引的出行，则为出行的主要吸引点；③产生的出行与吸引的出现相当，则为出行的产生吸引点[198]。

由于交通拥挤等问题很多是由交通需求的时空分布不均衡造成的，因此，在对城市用地交通需求特征研究的基础上，从时空角度对城市用地进行分类，并将其他特征如数量特征等融入时空分类中，这也与目前缓解交通拥挤等问题的基本思路相一致。

1. 时间分类

第一种分类方法是根据城市用地交通生成的时间分布，将城市用地分成集中型用地(F)、潮汐型用地(T)、随机型用地(R)这 3 类。集中型用地(F)所引发的交通相对较为集中，潮汐型用地(T)所产生引发的交通出行具有潮汐性，而随机型用地(R)则指引发的交通出行在时间上分布较为离散。按交通生成的时间分布特征进行划分，以便可以合理调节城市用地布局，使区域的交通需求在时间分布上趋于平缓，即所谓的时空均衡，从而在一定程度上减少交通问题的产生。

具体的类别归属可用高峰小时系数(PR)来界定，如当高峰小时大于某个值时为集中型，但考虑到潮汐型的不同还需要结合早高峰小时系数(APR)来确定，其他的则为随机型。具体各类城市用地的属性以及阈值的确定需要经过统计聚类分析，这里给出其中一种快速聚类分析方法。

首先，统计各类用地的高峰小时与早高峰小时系数，然后采用 SPSS 分析工具进行 K 均值聚类，按照高峰小时系数将用地分为 3 类，并将高峰小时系数的最大一类用地确定为集中型用地，高峰小时最小的那类用地确定为随机型用地，而其余类型的用地，还需要结合 APR 来确定是否属于潮汐型用地。可以依据上海市建设项目交通影响评价技术标准[156]中所给出的 30 种用地的高峰与早高峰系数，对用地进行聚类分析，将 $PR \geqslant 0.3$ 的确定为集中型用地，$PR < 0.18$ 的为随机型用地，而 $0.3 > PR \geqslant 0.18$ 的再根据早高峰小时系数来确定，$APR \geqslant 0.1$ 的为潮汐型用地，其他的为随机型用地[198]。

2. 空间分类

第二种分类方法根据城市用地的交通生成的空间属性，将城市用地分成产生类用地(C)、吸引类用地(X)、产生吸引类用地(Q)。产生类用地(C)针对的是某段时间内离开的出行大于到达的出行,即该类用地出行的产生大于出行的吸引;吸引类用地(X)指的是出行的吸引大于出行的产生;产生吸引类用地(Q),则是指产生与吸引的出行数量相当。这样的用地分类便于在城市规划时控制用地结构,将不同空间属性的用地混合布设,尽量减少交通出行以及出行距离。

具体分类,可用产生吸引比 (P/A) 来界定。如 $P/A > 6:4$ 的为产生类用地;$P/A < 4:6$ 的为吸引类用地(X);P/A 介于 4∶6～6∶4 之间,则为产生吸引类用地(Q)[198]。

以上两种分类方法可以单独使用,也可以将以上两种方法结合,对城市用地先按照交通生成的时间分布进行分类,然后再对其进行空间分类,如图 3-5 所示为交通分类体系。

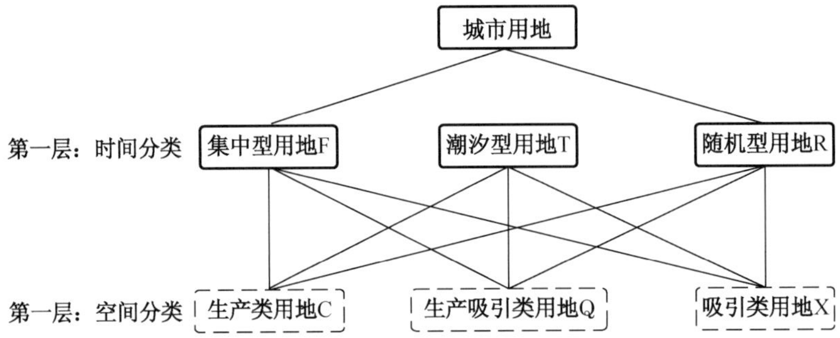

图 3-5 城市用地的交通分类体系

根据各类城市用地的交通需求特征,结合前文的需求特征分析,按照城市用地的交通分类体系,就可以确定各类城市用地的交通需求类别。

例如,根据《上海建设项目交通影响评价技术标准》[156]所提供的居住用地的高峰小时系数为 0.25,早高峰小时系数是 0.2,则居住用地属于潮汐型;公共管理与公共服务用地中的行政办公用地和医疗用地也属于潮汐型,而文化设施用地则属于随机型,体育用地属于集中型;商务服务业设施用地中的商务设施用地属于潮汐型。

再例如,根据用地的到达离开曲线,对早高峰时的城市用地进行出行空间分类,则居住用地属于产生类用地,其他用地大多为吸引类交通用地,也有部分用地属于产生吸引类用地,如交通设施用地。

按照城市用地的交通需求时空特性对城市用地进行归类,作为现有城市用地分类的补充,可使城市用地规划从一开始就能够充分考虑到对交通所带来的影响,有利于不同城市用地的空间合理布置,从而避免同类交通生成用地的大规模布置造成交通过度集中甚至区域性交通拥挤。例如,在最初用地布局规划时,参照城市用地的交通需求特征的时空类别,结合不同时段用地的空间属性将潮汐型、集中型和随机型用地进行统筹安排等,以调整和完善城市用地布局减少出行距离,从而减少常规交通拥挤的发生。

此外,城市用地的交通分类还可作为新的城市用地分类制定的依据,制定城市用地的法定图则，确定用地交通需求的时空属性的归属，容许开发商在对土地开发时可以变更土地的功能类别，但不容许变更土地基于交通需求的时空类别，即交通需求时空类别的变更要求要高于土地功能类别的变更，在一定程度上保障了土地和交通的综合规划的有效性。

由于获取的各类城市用地的交通需求特征数据和资料有限，无法给出每类城市用地的交通分类，还需要进一步结合大量的调查数据进行聚类分析及专家评价，以确定合理的分类。该交通分类方法的提出并不只是为了划分城市用地本身，更重要的是建立对城市用地与交通关系的本质认识，将交通要素考虑到城市用地分类体系中，从而可以对城市用地结构布局进行合理规划，尽量使交通需求特征属于不同类型的用地进行组合布局形成混合用地，以期促使交通流的时空平衡，促进城市的可持续发展。

所以，在进行再开发规划方案的初步制定时需要结合周边用地的交通属性，初步确定再开发地块或区域用地适宜的交通属性。例如，在一大片住宅区域范围内已经出现潮汐现象，并且高峰较为拥挤的区域，则不宜再开发同样潮汐型的交通属性用地，而宜开发商业或者公共设施类功能互补、交通属性不冲突的城市用地，以增加土地的混合利用程度。

3.3.1.2 考虑交通限定用地的开发强度

土地使用强度的控制是控制性详细规划的一大重点，对城市建设项目进行具体定性、定量、定位、定界的控制和引导。用地再开发项目的开发强度和建设时序都需要结合现有土地的使用状况、现有的交通承载力、规划的交通设施及其建设时序等来确定。

目前，对开发强度的确定方法主要有两种[20]：①动态模型测算法，即初步确定未来年城市用地的开发性质和强度以及交通设施，利用交通模型测试交通设施高峰小时模拟承载量和运行状况，然后针对性的降低开发强度或者提高交通设施的承载力，最终确定各个地块的适宜开发性质和强度。②静态对比测算法，其原理与利用模型的动态测算法类似，都是初步确定地块的开发强度后，计算其交通生成量，然后比照交通规划方案计算交通承载力，获取土地开发强度与交通承载力之间的比值，从而确定是否需要调整开发强度或者交通承载力。

这两种方法均可以通过交通需求和承载力比照对开发强度进行限定和校核。但是这两种方法需要技术工具的支撑，要么对模型的依赖和要求较高，要么过于复杂，不适用于对局部地块开发强度的限定，而且也都仍然需要一个初定的开发强度。所以，这里针对局部地块提出采用静态逆序推算法来初步确定较为合理的开发强度。后续可以再运用技术工具如交通拥挤预检工具进行开发强度的动态评定和调整。

静态逆序推算法的原理是通过交通承载力的大小反过来推算能容忍的土地最大开发强度，用剩余的交通承载力来约束局部地块开发或再开发强度。这种方法是以路网容量为约束的计算，适用于局部或者区域开发强度的测算，需要分不同的交通方式分别进行推算。具体的推算方法用以下的一个算例进行说明。

假设某个待开发地块位于 4 条道路所围合的长方形地块内，如图 3-6 所示，地块占地面积约 300 000 m^2。其周边地块已经建成，在短期内不会有较大变化和调整，根据当前的交通承载力和交通状态，地块东西南北侧相邻道路，在高峰时保持不拥挤的条件下，高峰小时还可容纳的交通量分别为 300 pcu/h，200 pcu/h，400 pcu/h 和 100 pcu/h 的交通量。由此可获知，假使未来周边地块的交通需求和交通承载力不发生变化的情况下，整个地块的再开发后高峰时刻所容许增加的交通量为 1 000 pcu/h。

图 3-6　开发强度算例地块示意图

情况一：若该地块目前已经闲置且当前没有交通量产生，则直接用所容许增加的交通量作为地块产生的最大交通量进行计算，其地块开发强度的测算过程如下：

首先，根据所容许产生的最大交通量，计算该地块高峰小时所容许产生的小汽车出行人次。若以车均乘客 2.1 人次计算，最大容许交通量为 1 000 pcu/h，则该地块高峰时产生的小汽车出行人次不能超过 1 000×2.1=2 100 人次/h。

然后，根据地块功能和用地性质以及区域出行特性，确定小汽车的出行比例，从而确定地块的高峰小时总出行人次。该地块若为行政办公用地，小汽车出行比例为 20%，则高峰小时的总出行人次为 2 100/20%=10 500 人次。

接着，进一步根据用地的出行特性中的高峰小时出行强度，计算该地块的最大建筑面积。若行政办公用地的高峰小时的出行强度取为 1.0 人次/100 m^2 建筑面积，则地块最大的建筑面积应在 10 500/(1.0/100)=1 050 000 m^2。

最后，用所得的最大建筑面积除以地块面积，获得该地块所容许的最大容积率。此地块开发的最大容积率=建筑面积/用地面积=105/30=3.5。

将该容积率作为地块最大开发强度的上限,应该进行适当的折减作为适宜开发强度,建议折减 20%后取 2.8 作为适宜开发容积率。

另外,地块的开口位置及其在各道路出入口的流量也要结合地块各方向道路所容许产生的最大交通量进行限制。

情况二:若该地块已有建筑且有交通量生成,则再开发的开发强度,需要考虑地块现有的交通需求。在得到的该地块再开发后的高峰时刻所容许增加的交通量的基础上,叠加上目前该地块高峰小时各方向所产生的交通量,作为再开发后地块所容许产生的交通量。如果目前该地块是商业用地,高峰小时在地块东西南北侧相邻道路上所产生的交通量分别为 10 pcu/h, 50 pcu/h, 20 pcu/h 和 20 pcu/h,则再开发后所容许的高峰小时最大交通量为 1 000+10+50+20+20=1 100 pcu。然后,按情况一的 4 个步骤进行计算。若以车均乘客 2.3 人次计算,小汽车出行比例为 25%,高峰小时出行强度为 3.0 人次/100 m^2 建筑面积,则最后得到的再开发所容许的最大容积率仅为 1.12,而适宜容积率为 0.90。

这里需要特别注意的是不同地块因其用地性质或功能的不同,其所产生的交通车均乘客数不同,而且不同用地的出行方式比例以及高峰小时出行强度均不同,所以对地块再开发前所产生的交通不能用于在计算过程中的其他后续阶段进行处理,而是直接在最初得到再开发后所容许增加的交通量的基础上直接叠加。

算例中给出的是再开发地块为办公用地,而如果再开发为其他用地如住宅等,则对于同样的交通条件和所容许的最大交通量,计算结果却因出行特性的不同而不相同。所以,这种方法需要获悉各类用地的交通出行特征,包括出行方式结构、小汽车的车均乘客数、高峰小时出行强度等信息,以方便估算时查找。

另外,算例中的交通条件较为简单,剩余承载交通量的获取较为简单,如果地块区域较大且用地再开发前后交通条件有变化的情况下,剩余承载力的计算则相对较为复杂。但是总的获取剩余交通承载量的计算公式为:剩余交通承载量=交通承载量-背景交通量。即使再开发的区域较大,其内部也有若干道路,则剩余交通承载量的计算仍是以再开发地块外围道路来计算,而如果地块内部再开发为多种混合用地,在考虑用地的出行特性时需要综合考虑并将对外的交通需求进行内部折减。如果再开发的目标年的交通承载量以及背景交通量会有较大变化时,则需要采用目标年的交通承载量来计算所容许再开发地块产生的最大交通量。

还要特别说明的是,这里考虑的主要是道路机动车的交通拥挤,故此处初步确定的开发强度是基于道路交通的计算,但是还必须在后续步骤中复核所产生的非机动交通以及公共交通需求是否超出了其交通承载力。经过了复核的用地开发或再开发强度一旦确定,后期的项目实施和建设将不容许超出该范围,除非交通承载力发生了较大改变,以此来避免交通需求大于交通承载力引发拥挤。

3.3.2 再开发用地规划实施管理策略

这里对图 3-4 规划实施管理策略框架中如何完善再开发机制、加强再开发过程监管，给出一些具体措施。对关于再开发规划实施阶段的交通影响分析体系的具体完善措施则在本书第 6 章展开论述。

3.3.2.1 完善再开发机制和体制

在用地再开发的机制中，当前的再开发是以开发商为主力、产权完全转移、土地完全平整的开发机制，遵循谋求土地价值最大化的市场原则，实施的往往多数是大拆大建的再开发方式，这就使得规划操作易偏离规划意图。

但用地再开发不同于首次开发，不宜片面依赖市场化经营，特别是在有文化价值的旧城区，房屋的无形价值甚至会超过土地本身的有形价值。所以，用地再开发的程序设计应当有别于首次开发，以往通过市场手段向少数开发商整体移交土地产权的方式不宜在再开发中简单沿用，慎用产权完全转移、土地完全平整的开发模式，应当修正现有的土地开发机制，建立一种适用于用地再开发的开发机制。这种开发机制应该具有以下特点：

(1) 引进公众参与机制，以规划为导向，实行城市规划部门和土地管理部门的联合管控。

公众的参与可以保证用地再开发的透明性，群众的认同性，使其有一定的群众基础，在一定程度上保障群众利益，并减少搬迁难度。以规划为导向可以保障充分发挥控制性详细规划和各专项规划在指导城市用地资源配置方面的重要作用。在土地开发前、土地用途、容积率、各种市政管理的布局与容量包括交通设施等的规划必须预先确定，而且一经确定不得随意更改，从而避免规划滞后所造成的各种失控。同时，土地管理部门应从制度建设角度予以配合，确保旧城土地的使用不单纯以经济性为量度标准，而是着眼于社会整体的和谐发展。

但是现有的市场化的开发机制，往往无法保障规划思想的正确实施，北京前门大栅栏地区的改造就是一个典型的案例，所以，以规划为导向的用地再开发机制，还需要政府的干预。

(2) 实现政府干预和市场机制的灵活结合，具备多种开发方式。

市场机制下的再开发方式，往往是“大拆大建”的开发方式，虽然有的区域不具有传统历史风貌，再开发需要借助市场力量来进行，但是有些区域由于具有一定的历史风貌或者其他原因并不能完全地拆除，需要在政府的干预下，放弃一概要求进行房屋拆迁、产权移交和土地平整的固有做法，实行“渐进式”的小规模的再开发模式。所以，需要形成一种“渐进式”的开发模式作为补充，可以根据实际情况和规划要求灵活选用。

但是，现有的以开发商为主力的用地再开发体系下，“渐进式”的开发模式的实现是较为困难的，因为开发商始终希望通过成片拆建来缩短开发时间、获取最大经济效益。迄今典型的案例就是上海新天地的更新，开发商尝试了逐幢房屋改造的方式，但是其策略是以新天地本身的亏损换取更大区域内房地产开发的盈利，否则单纯针对新天地区域的渐进式改造是不可能实施的。可见，还需要以其他主体而非开发商为主力的开发方式。实现政府干预和市场机制的灵活结合，建立城市规划部门和土地管理部门的联合干预机制。从城市规划部门来看，可以充分发挥控制性详细规划和各专项规划在指导城市用地资源配置方面的重要作用，同时土地管理部门应从制度建设角度予以配合，确保旧城土地的使用不单纯以经济性为量度标准，而是着眼于社会整体的和谐发展。

(3) 保证再开发主体的多样化，形成多种再开发路径。

用地再开发涉及的行为主体有 3 种类型：政府、开发商和社会公众（主要是业主）。单纯的以开发商为主力的再开发具有一定的局限性，政府的干预仍无法保证再开发按照规划实施，这就需要其他主体为主力的开发方式。

以政府为主力的开发方式，能够从整个城市景观、环境效益和社会效益上按照城市规划的要求进行改造，从根本上解决该区域的各种问题，能够保证改造质量，也能在一定程度上降低改造的成本。但同时要求政府一次性投入大量的财政支出，且投资回收较慢，仅适合于局部地段（如重点地段）的再开发，或个别政府项目的建设需要。

公众参与的社区自我更新，是指当地居民组织起来，利用自有的物资与人力资源，改善社区条件。引入了民主机制，可以绕过市场机制的干扰，根据自身条件，分阶段地开展小规模改造和基础设施更新，从而达到规划目标。这种方式能够极大地发挥群众力量，最大限度地实现群众的利益，真正体现了以人为本的理念。但是必须要有一个开放而严密的参与过程和灵活多样的沟通交流手段作为保障。这仅适用于有一定经济能力、具有较强自我组织和治理能力的社区，其本身具有自主改造能力，且改造规模与资金需求较少的局部再开发。

政府、开发商、公众参与 3 种主体间存在多种开发路径，而不单纯是政府主导下的开发商为主力的开发方式，可以是政府主导下公众参与为主力的开发方式，或者政府主导下开发商与公众参与共同开发，甚至可以是以公众参与为主导，根据规划要求，采用与开发商联合的再开发方式。

总之，从以上三方面对用地再开发的开发机制进行完善，制定合理的再开发制度，确保再开发操作方式与规划思路的一致，从体制上减少不合理再开发的可能。

3.3.2.2 加强再开发过程监管

在用地再开发下交通拥挤的深层原因分析中已指出由于规划管理不严格使得土地利用失控，所以必须加强对用地再开发项目从审批到竣工验收整个过程的监管。

图 3-7 中给出了项目开发的流程，目前用地再开发的流程与此相同，首先是选址并通过土地的招标拍卖取得土地使用权，然后申领项目建议书，向规划局申领建设项目选址意见书，接着进行方案设计，编制项目建设可行性研究报告，并对建筑方案进行内部评审以及环境影响评价，然后送审，向规划局报批，接着就进入初步设计阶段，经过初步设计评审会后，进入施工图设计，交由消防、环保、民防、交通部门审核。

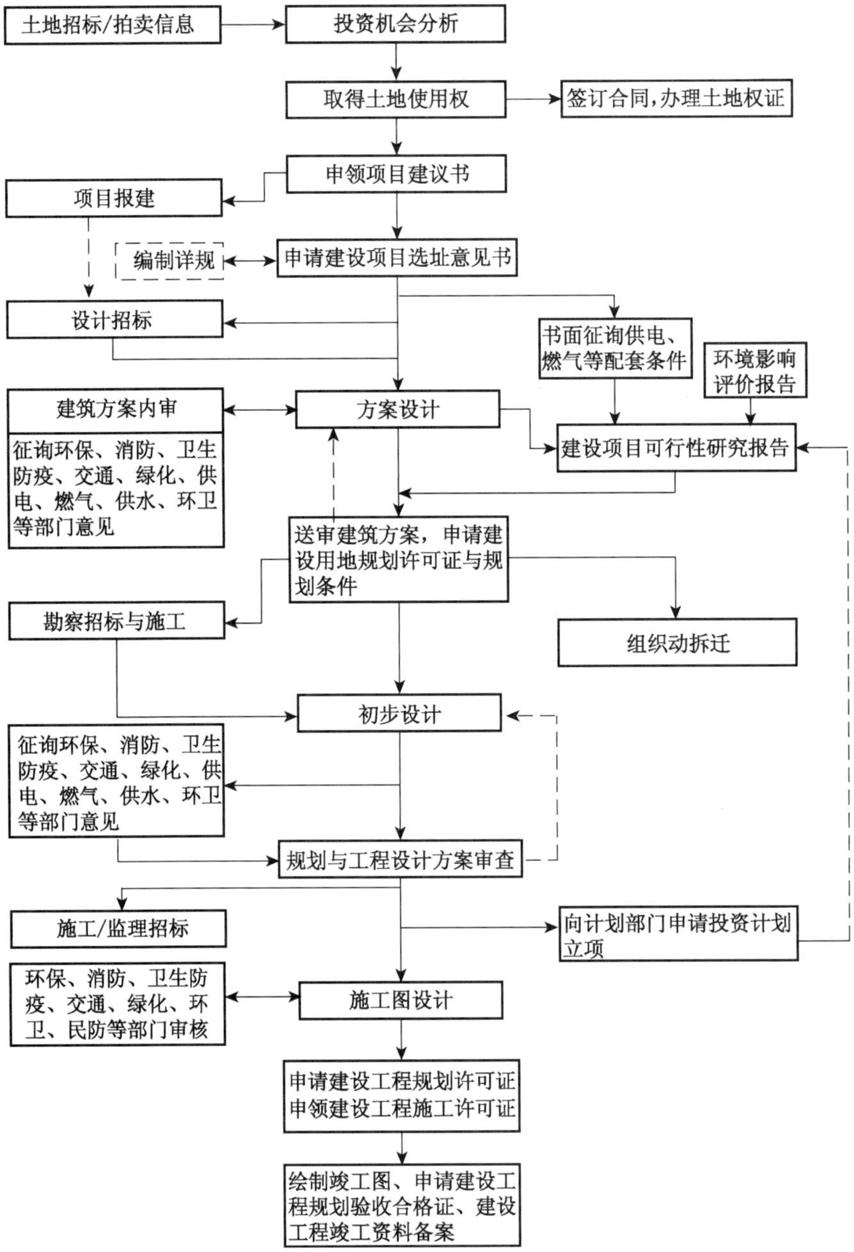

图 3-7　项目开发流程示意图

在整个过程中,针对土地的招标拍卖阶段,本书第 3.2.1 节已经提出了需要完善用地再开发机制,杜绝所有再开发项目都实行成片的拆除重建,并需要对再开发的主力进行多样化,加强政府的主导以及群众的参与;对申领项目建议书阶段,也已明确应该以规划为导向,规划先行,避免再开发过程中对合理规划的干扰,而且先行的规划应当已经明确了再开发用地的性质和开发强度的合理的规划方案(还需要具体方法和工具确定方案的交通合理性,见本书第4、5章)。而对在方案设计阶段,则需要对项目方案进行交通影响分析(此阶段的交评侧重影响分析确定可行性,见本书第6章),在规划局审批前必须确保在设计的方案(包括交通设施的改善)下的交通需求不会引起或加剧周边道路的拥挤,而且严格符合规划要求尤其是不能超出规划开发强度的上限。在后期的初步设计与施工图阶段都需要配合继续进行交通影响分析(此阶段的交评重点应当是地块的交通组织和周边的交通设施改善),并由交警部门进行审核。最后,在项目的建设过程中均需要有关部门对其进行严格监督,确保相关配套设施的落实,特别是对周边的交通组织和改善措施的实施。而竣工后要严格进行验收,一旦发现有遗漏的配套设施需要及时采取补救措施,造成一定影响的则需要进行查处。

总之,务必从各个方面加强对再开发的管理与控制,减少用地再开发过程中导致不合理开发的可能性,确保再开发的有序和规范。

3.4 用地再开发下交通供需平衡管控

当不合理的用地再开发已经发生时,需要从各个方面采取措施对其产生的交通拥挤进行缓解,减少其影响,这也是交通拥挤管理的内容。具体的管理措施从供给和需求两方面具体展开。

3.4.1 交通供给管理与控制策略

针对用地再开发下的交通拥挤,从供给方面的管理措施主要是增加路网容量和提高管理水平,不同情况采取不同的管控措施。

1. 提高管理水平应当是首选的方法

常用的提高管理水平措施总结如图3-1所示。具体到用地再开发,针对其导致的交叉口、路段、出入口三种类型的交通拥挤给出具体的提高管理水平的策略。

当用地再开发后使得局部交叉口出现拥堵时,首先应该对该交叉口的信号进行优化。因为,用地再开发后各进口道各方向的流量发生了变化可能导致交叉口局部通行能力不足引发拥堵。例如,用地再开发使得左转交通量剧增等,而在原来的信号控制方案下无左转信号或者左转的绿信比过低通行能力不足,使得左转排队长度溢出引发拥挤。这种交叉口的交通拥挤,如果不是所有进口道都拥挤,则可以通过信号优化如调整相位、相序、周期、绿信比等进行缓解;而如果所有进口道都拥挤,则需要对该交叉口进行改善和渠化,增加进出口道数量,以增加交叉口通行能力。

当用地再开发使得部分路段的局部方向交通拥挤时,则应该先考虑能否实行变车道管理来缓解交通拥挤。因为,用地再开发可能加剧了区域交通的潮汐特性或集中性,使高峰时刻单个方向交通拥挤而另一方向则较畅通,这种情况下可以实行变车道管理,根据双向的交通量来调整各方向的车道数，以此提高道路的服务水平，缓解交通拥挤。而当双向均拥挤时，则变车道管理措施不适用，只能采取其他诱导措施将交通流引导至其他服务水平较高的路段或者对该局部路段进行拓宽等。

当用地再开发使得其出入口处交通拥挤时，则先考虑对出入口进出方式和位置进行调整。因为可能是用地再开发后该出入口的交通量增加对该路段的冲击太大引发拥挤，这时可以考虑增加其他出入口将进出地块的交通进行分散，减少对单个路段高强度的冲击压力，可以适当对该出入口的对外交通进行流量控制，甚至局部时段关闭该出入口实行只进不出或者禁止进出。如果该出入口的交通拥挤是由于入口排队所引起的，则要调整入口的管理方式或增加额外的入口排队等候空间，如果是因内部停车排队引起的，则需要调整内部停车库出入口位置和进出与收费方式等。另外，如果该出入口处的交通拥挤是由于交织、冲突等造成的交通秩序混乱所造成的交通拥堵则只需对该出入口进行适当的交通组织和管理即可，例如实行右进右出，设置额外的等候排队车道等方法从时空减少冲突，保障交通的有序通畅。

另外，应对再开发下的交通拥挤，还有另外一种管理措施来间接缓解道路交通拥挤，即提高公交竞争力减少对小汽车的依赖性。例如在地块内部或周边增设公交站点，或者增加公交线路，或者地块内设立班车接驳车，以此完善公交服务，提高公共交通的吸引力，减少小汽车出行，从而在一定程度上减少对外部交通拥挤的促成度。或者改善地块内部的慢行环境（如保持步行或非机动车通道的整洁干净、增加绿化等），增加步行或非机动车出行的便捷性（如在公交站点附近或者交叉口附近增加慢行出入口等），以提高步行或非机动车交通的出行方式选择。

以上措施是有针对性地提高管理水平，虽然其实施效果不如修建基础设施明显，但相对增加路网容量来说，实施成本低、实现周期短、见效快、实施难度小、易得到公众支持，能够有效提供基础设施的利用率。总之，提高管理水平的重点是应用多种管理技术手段，对交通流进行疏导以均衡交通流量的时空分布，提高服务水平。

2. 增加路网容量

当提高管理水平的效果有限仍无法缓解再开发后导致交通拥挤时，则可能就需要采取措施增加路网容量。具体措施包括对道路的拓宽、改建和新建（如增加匝道等），也包括对断头路的打通以提高道路的连通性、对交叉口的交叉形式进行改造以提高交叉口的通行能力如平交口改成立交、对过街设施形式的改造如增加地下通道或天桥等以减少对道路通行的干扰提高通行能力，还包括对公交网络的扩容，如修建地铁线路或者BRT以提高公共交通的运能，或者修建停车换乘站点或者设立接驳线路等增加公共交通的吸引力，或者改造公交站点的位置与形式等以增加站点服务水平和道路通畅性，以此提高公共交通的分担比。

例如在提高管理水平中所提到的，用地再开发后双向均拥挤的路段则就需要进行拓宽，或者新建其他平行道路或者修建高架或隧道等分担其交通压力。而用地再开发后路段均拥挤且无法新建道路或者建后交通拥挤仍继续的情况，则需要增加公交线路对公交网络进行扩容。

总之，增加路网的重点是基础设施建设，包括发展公共交通和道路基础设施，从物质方面提供交通系统的服务能力和承载力。增加路网容量对交通拥挤的缓解效果较为明显特别是在基础设施缺乏的区域，但是其受到土地资源等的制约特别是在中心城区道路的改扩建较为困难，新建扩建路网的空间越来越趋于饱和，发展公共交通提高公共交通吸引力是增加路网容量的关键。

此外，路网容量的增加还要与规划相对应，可以因拥挤的出现将规划路网的建设或改造的时序提前，但是若要在规划之外增加则需要进行多方论证和调整。所以针对再开发后所产生的交通拥挤，增加路网容量措施的实施受到很大的局限。路网容量增加措施应该在用地再开发的同时实施，用地再开发后的交通供给管理与控制宜尽量采用提高管理水平的措施来缓解拥挤。

3.4.2 交通需求管理与控制策略

用地再开发后的交通拥挤的缓解不能单靠交通供给管理与控制措施，还要对交通需求进行合理的调控，采取一定的需求管理与控制措施。供需结合才能有效缓解交通拥挤。

需求管理的措施涉及的方面较多，包括对人的引导管理措施、对汽车的限制管理措施、对道路的管理限制措施等。针对用地再开发后所产生的拥挤，可以倡导该区域的公司实行错时上下班、弹性工作制以减少高峰时刻的出行强度。此外，还可以对该区域的土地利用进行管理，例如对再开发地块中还未租售或者未正常投入运营的空间的功能和使用进行调整或开发，避免其产生和吸引的人员对高峰拥挤的加剧，例如可以在办公楼或者居民楼区域可以将其开发成为地块内部服务的餐厅，减少地块的对外出行。另外，还可以对该区域的停车位及其费用进行调整，例如提高停车收费以减少小汽车方式到达的人次，减少对道路交通的压力。

这里要特别提出的一种针对性的管理措施是对土地的约束，即对周边地块的用地再开发进行限定。根据已实施再开发后的交通状况，对未再开发地块将来再开发的土地利用性质和强度以及配套设施进行限定，及时调整规划内容。

3.5 面向用地再开发的交通拥挤管理系统构建

3.5.1 管理系统目标和要素

交通系统是一个复杂而开放的大系统，交通拥挤问题的产生也是由多种因素综合作用的结果，因此交通拥挤问题的治理也必须从系统工程角度进行全面考虑，将不同层次的缓解交通拥挤的策略和措施进行整合成为一个对策体系极为必要。

20世纪90年代美国提出了一套用于系统管理交通拥挤的操作程序——交通拥挤管理系统(Congestion Management System, CMS),并提出由大都市区规划机构(Metropolitan Planning Organization, MPO)负责建立CMS,规定超过20万人口的地区必须建立CMS,作为一种交通管理手段以辅助决策的制定和交通规划的实施。后来的法案对CMS做了部分修订,提出了交通拥挤管理程序(Congestion Management Process, CMP)作为CMS的升级程序。在内容方面,由于CMP同CMS在拥挤管理的要求和目的方面没有改变,两个术语基本可以互换使用。除了美国,目前其他一些发达国家已经建立了拥挤管理对策体系和拥挤管理系统,如英国、澳大利亚等。目前,各国各区域的交通拥挤管理系统并没有明确落实的方法和手段,其目标定位、表现方式和内容也各不相同。

目前我国大城市对交通拥挤管理系统的开发应用还处于探索阶段。用地再开发相关的交通拥挤是交通拥挤管理的一部分,为了更好地管理交通拥挤包括再开发下的交通拥挤,应当在大城市特别是交通拥堵严重的城市,建立交通拥挤管理系统,对交通拥挤进行识别、评价和管理。本书所研究的问题也属于交通拥挤管理系统的范畴,对再开发的交通拥挤机理的研究可以为交通拥挤的识别提供依据。交通拥挤管理需要综合宏观与微观、规划与管理各层次的交通供给与需求管理的各种策略,既要包括广泛性的对策也需要有针对性的策略如针对用地再开发下的交通拥挤管理等。研究的最终目的都是为了缓解交通拥挤,尽量减少交通拥挤的发生。

一般的交通拥挤管理系统的要素包括:①实现以下功能的方法和手段:监控和评价系统,识别交通拥挤原因;确认可供选择的措施,评估并实施有成本效益的措施,评价已实施措施的效果;②定义相关参数,以便衡量交通拥挤范围和拥挤程度;③建立数据采集和系统性能监控程序,从而可以定义拥挤的范围和持续时间,确认交通拥挤原因,评价实施措施的效果;④基于建立的性能指标,鉴定和评价策略措施等。

面向用地再开发的交通拥挤管理系统应当隶属于交通拥挤管理系统的一部分,即可以作为交通拥挤管理系统的补充包,也可以单独使用,其针对的是与用地再开发相关的交通拥挤的治理,目标是将规划与运行管理进行协调、将土地利用与交通进行协同,通过一系列的管理策略来确保用地再开发规划及其实施的科学合理性,减少用地再开发后的交通拥挤,并使再开发作为一种治理交通拥挤的手段。其最终目标是缓解交通拥挤,旨在为政府决策部门和规划部门等提供参考和决策依据。

面向用地再开发的交通拥挤管理系统,其要素为实现其目标所需采用的方法和手段:①面向用地再开发的交通拥挤成因识别;②面向用地再开发的交通拥挤及影响评价指标和方法;③面向用地再开发的交通土地与交通一体化模型;④面向用地再开发的交通拥挤治理策略体系,包括再开发前的规划策略也包括再开发后交通拥挤的治理策略;⑤面向用地再开发的交通拥挤治理策略评价指标和方法。

3.5.2 管理系统框架和流程

面向用地再开发的交通拥挤管理系统中要素和目标的实现的前提是数据采集和处理，所以管理系统涵盖至少 3 个子系统：①数据采集子系统；②交通拥挤评价子系统；③策略方案制定与评价子系统。

1. 数据采集子系统

采集可获取的交通信息，如交通量、行程车速、出行时间等，并根据面向城市用地再开发的交通拥挤及影响评价指标，对交通信息数据进行处理，并对交通系统的拥挤状况进行定义和排序，其中，路段或者交叉口都是最为普遍选择的分析单元。

2. 交通拥挤评价子系统

根据拥挤的严重程度和其他规划因素，选择部分交通干道和主要交叉口进行深层次分析，通过交通调查和工程判断，找出导致交通拥挤的潜在因素，确定拥挤的发生原因。

3. 策略方案制定与评价子系统

基于定性和定量分析以筛选一系列具有可实施性的改善方案。

系统结构框架如图 3-8 所示[85]。

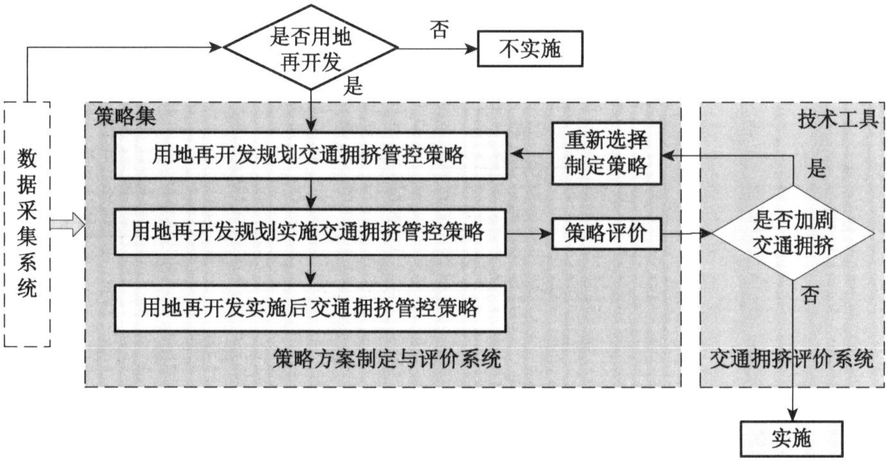

图 3-8 面向用地再开发的交通拥挤管理系统框架

具体子系统间的相互关联如图 3-9 所示。

交通拥挤管理系统操作流程可归纳为以下 6 个步骤(图 3-10)：

(1) 采集可获取的交通相关数据，如交通量、行程车速、出行时间等，以采集数据为基础，选取 CMS“交通拥挤指标”；

(2) 将所有数据集中到一个中央数据库，最为理想的是建立一个综合信息系统，所有数据均可自动更新，但由于技术水平的限制，在现状实施中尚未有 CMS 能够真正实现；

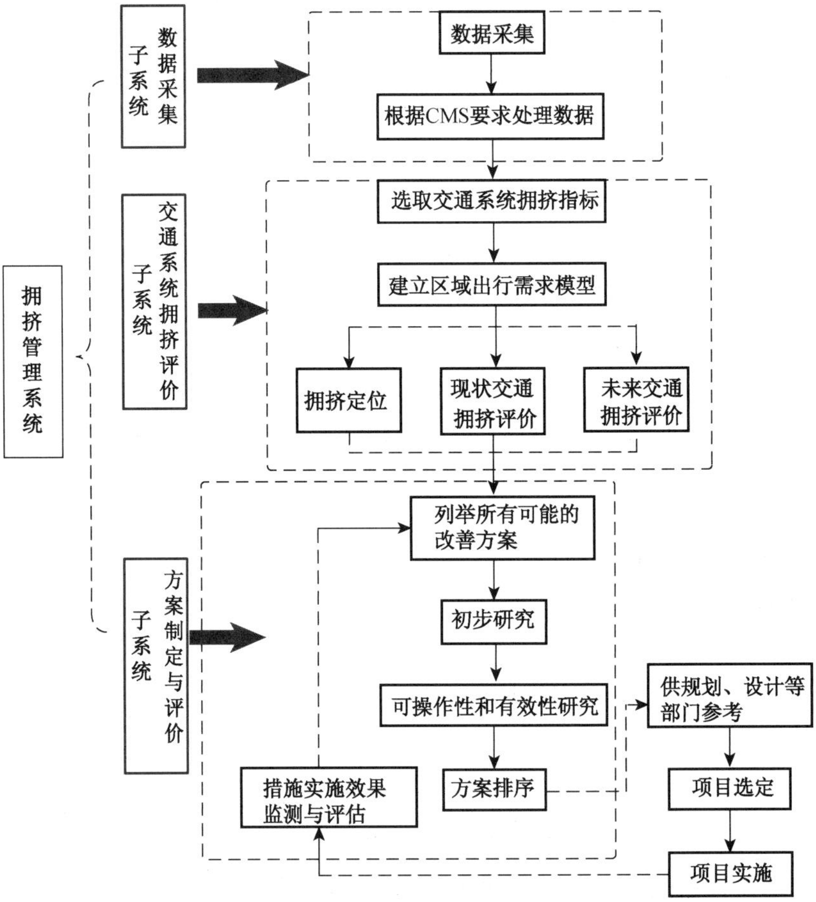

图 3-9　子系统的相互关系

(3) 根据数据处理结果,对交通系统的拥挤状况进行定义和排序,交通廊道、路段或者交叉口都是最为普遍选择的分析单元;

(4) 根据拥挤的严重程度和其他规划因素,选择部分交通干道和主要交叉口进行深层次分析。通过交通调查和工程判断,找出导致拥挤的潜在因素,确定拥挤的发生原因;

(5) 定性分析筛选出一系列具有可实施性的改善方案,再使用工程技术规范和标准(如 HCM2010),对实施可能性较大的改善方案作进一步分析;

(6) 给出可能在下次的交通改善计划(Transportation Improved Planning, TIP)中实施的推荐方案,有时还需要为拥挤管理系统的工程方案申请额外资金。

作为一种交通管理手段,交通拥挤管理系统从方法论的角度辅助交通规划等决策的实施,属于交通规划的辅助程序或先行程序,也是定位持续性交通拥挤和排序投资项目的重要工具。在管理层面,CMS 作为一种协调机制联络各相关职能部门,其研究成果亦供各部门享用,为交通规划、设计等提供参考和辅助,充分发挥部门衔接的整体效

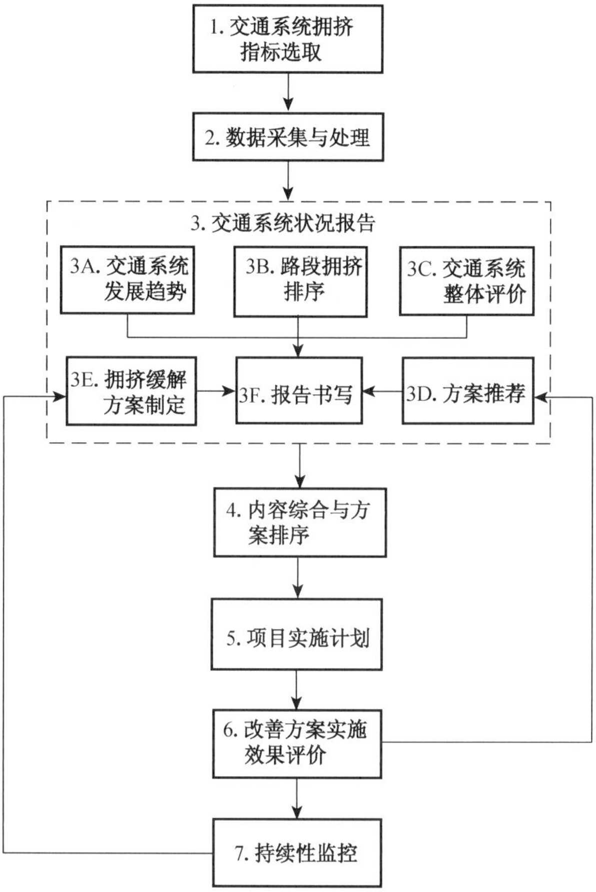

图 3-10 CMS 操作流程图

应。CMS 所制定的方案目标是缓解拥挤、提高机动性，使其满足国家和地方发展的需要，用途是供政府决策部门和规划部门等参考。

3.5.3 管理系统的几个关键技术

用地再开发的交通拥挤管理系统中的策略体系，包括从最初的规划层进行再开发与交通的协调规划，制定合理的再开发方案，尽量从根源上减少因规划不当所导致交通拥挤的发生；在用地再开发实施过程中，进行有效管控，一方面确保合理规划方案的有效实施，减少规划外引发交通拥挤的因素发生，确保规划方案的如期实施；另一方面是在对规划方案进行细化落实时，具体发现规划方案的不足进行及时调整以避免再开发后的交通拥挤产生；对于再开发实施后，进行交通供给改善与交通需求调整策略，以缓解交通拥挤。

其中用地再开发下策略的制定与评价以及交通拥挤的评价还需要技术方法工具进

行支撑，关键技术包括：①适合城市用地再开发的交通需求分析方法，是方案制定、选取和评价的基本工具；②适合城市用地再开发的交通拥挤预检指标和方法，是拥挤识别和方案评价的指标和工具；③城市用地再开发实施的交通影响分析方法，是拥挤识别和方案评价及制定改善措施的依据，如图 3-11 所示。这 3 个关键技术将分别在本书第 4 章、5 章、6 章进行论述。

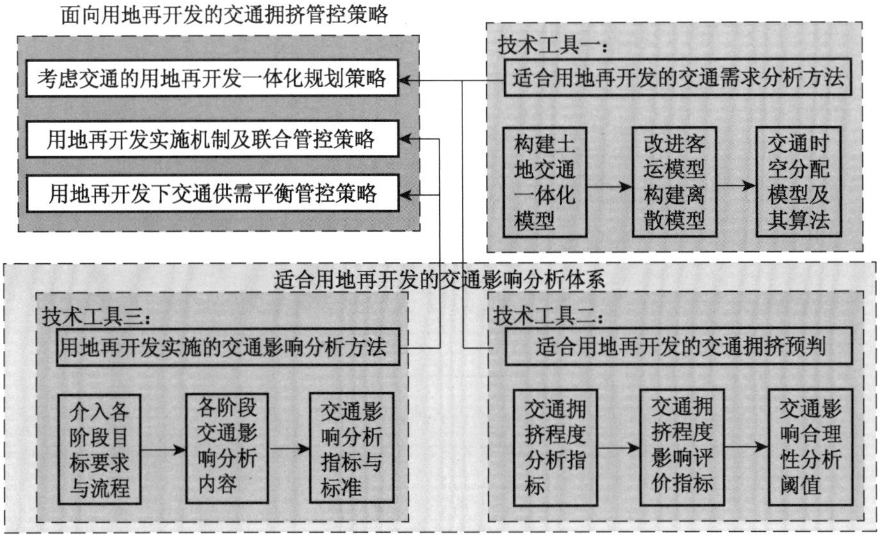

图 3-11　面向用地再开发的交通拥挤管控策略关键技术

4 面向用地再开发的交通需求分析模型

交通需求预测是城市规划和交通规划的基础，城市用地再开发的交通需求分析模型，是再开发方案制定、选取和评价的基本工具，也是再开发下交通拥挤管理的关键技术。有效的技术工具可以提供准确的交通需求预测，以从根本上保障规划的可靠性，为合理的规划方案的制定提供有力的支撑。

本章结合用地再开发下交通需求预测的特点和要求，针对我国现有交通需求预测模型的缺陷，提出构建适用于城市用地再开发的土地利用和交通一体化综合模型框架，并重点对交通模块中的城市层客运模型分步骤给出详细的构建与描述，为我国土地利用与交通一体化模型的构建提供参考。

4.1 现有交通需求分析模型评述

4.1.1 用地再开发下交通需求预测分析特点

用地再开发会产生土地利用(包括类型或性质、强度)的变化以及交通基础设施的变化，所以在预测用地再开发下的交通需求时，需要有适用于土地利用与交通设施发生较大变化情况下的客货出行预测模型。

从交通生成来说，用地再开发下交通生成与再开发后的用地性质和强度相关，基本不受再开发前地块的影响，所以用地再开发下的交通需求预测模型若要能反映出不同用地的交通生成不同的特点，应当将用地性质和强度作为主要因素或参数。

在交通分布时，用地再开发下的交通分布特征与再开发后的地块的功能以及区域用地的结构相关，与地块原来的用地性质和强度相关较少，用地再开发后 OD 与之前会有较大的差异，所以交通预测模型需要能适用于 OD 发生较大变化的情况，模型能反映出用地属性变化前后引起的 OD 空间分布是不同的这一特性，而且还要能反映出时间分布上的差异。

在对交通方式进行划分时，用地再开发下的分区的居民结构、用地结构以及交通设施和工具供给均可能发生较大变化，所以用地再开发下交通方式的选择偏好也会有所差异。故交通需求预测模型应该能够反映出由于用地所承载的出行者或家庭特性以及交通设施的不同而导致的交通方式选择的不同。

在交通分配时，同样由于用地再开发后交通流的格局会发生变动，交通设施供给也会有所改变，所以用地再开发下的交通需求预测模型应能根据变化的交通分布进行交通量的分配，而且在分配中，应能反映由于交通设施条件不同导致分配结果也不同的特性。

综上所述，用地再开发下的交通需求与再开发前会有较大差异，对用地再开发下的交通需求预测时，应当能符合再开发下交通需求的特点和要求，采用适用于土地利用和交通设施均发生较大变动情况下的交通需求预测模型，以提高预测的可靠性、减少与实际情况的差距。

4.1.2 现有交通需求分析模型及存在问题

交通需求预测模型最早起源于美国，是基于 1944 年的交通调查所建立的土地利用和交通的定量关系模型，在 20 世纪 50 年代后该模型逐步得到完善，形成了传统的四阶段模型(包括交通生成、交通分布、方式划分、交通分配 4 个阶段)。20 世纪 50 年代中期在美国开展的城市交通系统建模，以及 20 世纪 60 年代以后在一些大城市和区域使用的城市交通规划系统等都是以此模型为基础的[199-200]。

交通规划模型侧重于交通需求分析和预测，将土地利用作为影响交通需求空间分布的主要因素之一。传统四阶段模型是经典的交通规划模型，以传统的数学模型为基础，通过整合区位活动与交通活动，预测交通需求，并以此揭示交通设施与土地利用的关系，其中，土地利用是影响前两阶段模型，即出行产生和出行分布模型的主要变量之一。但是，一方面由于其通过现状调查预测交通需求来确定供给，另一方面其以土地利用或土地利用规划为已知前提，所以这一模型具有调查工作量大、单向性、静态性缺乏反馈和互动等局限性。此外，模型是以交通区为整体来研究出行关系，表现出一定的集聚性，缺少对人行为的解析。

20 世纪末以来越来越多的学者发现这些缺陷和局限性，对传统四阶段进行相应的改进研究，这些改进方法包括研究基于规划年的土地利用状况、人口分布规律、出行发生及吸引的规律性、出行分布的内在规律性预测交通，通过特定交通线路的交通流量调查，反推 OD 分布，从而进行交通预测等[201]。近十几年，随着离散选择等非集计行为模型的发展，非集计交通需求分析理论已逐渐渗透到四阶段模型中[202]。融合非集计模型的四阶段模型在一定程度上克服了集计模型的局限性，提高了预测的准确性[203]。此外也有将个体行为作为基本要素的非集计模型的相关研究[204-205]。

在 20 世纪 70 年代末，随着人们对土地利用与交通关系的日益重视，为更好指导交通与土地利用协调发展，开始了对土地利用与交通一体化模型的研究，以揭示交通需求与土地利用之间的相互作用关系。这方面的研究在 20 世纪 80 年代以后迅速发展。最近 20 多年已涌现出大量的交通与土地利用一体化模型[150，184，206-210]。

目前，国内外大型的城市交通模型总体上来说仍是以交通规划四阶段模型为主，但是在具体模型的形成和组合方面却有所差异。国外的城市交通模型中的四阶段模型大多是经过改良的、融入非集计理论的综合模型[211]，而且已经有少数基于出行链的描述个人出行的大型非集计模型已经开始研发应用[212]，并涌现出大量的土地利用与交通一体化模型[213-214]。

我国现有的城市交通模型多是以常规的四阶段模型为主，非集计模型的应用较少，土地利用与交通一体化模型尚处于研发阶段。例如，上海的交通模型虽已发展到第三阶段末，但目前应用的仍是常规四阶段法，其中的交通生成采用交叉分类、回归分析等方法，出行分布综合使用了重力模型、增长系数法，出行方式划分以分对数法为主，交通分配以平衡分配法为主[215]；南京同样采用常规的四阶段建模方法建立了单一体系的综合交通体系模型;北京则分别建立了市域、市区、区域、微观四个层次的不同交通模型,但这四个层次的模型尚未融合,目前正在研发综合交通模型,此外杭州、昆明、深圳等城市均建有各自的交通模型[216]。

综合来看,我国的交通模型普遍具有以下几方面的不足:①模型的集聚性较高,采用的主要是常规的四阶段模型,考虑个体出行行为的非集计理论的应用较少,不适用于再开发下的交通需求预测(具体各模型的适用性分析在后文5.3节模型的选取中具体展开)。②模型属于单一体系或者多层次的多个模型,尚未形成一体化多层的综合模型,通常只考虑市域的客运出行,并没有综合考虑城际和货运的出行,往往预测的结果偏乐观;③现有的模型除了微观仿真模型能够实现动态外,宏观模型仍以静态为主,无法动态反映或同时预测得到不同时间段的出行或交通状态,往往只预测全天或者高峰的交通需求。

此外,还有很多细节上的问题和不足,例如,在交通网络的构建时,考虑的属性较少,没有充分考虑到车道功能、拥挤车速以及公交发车频率等的变化;在模型的构建和参数的标定中,模型较为简单,考虑的变量因素较少、不够全面;交通小区的划分不够细致,单个小区的覆盖范围较大;方式划分时对交通方式间的衔接换乘考虑不足等。这些不足会在一定程度上影响到模型的应用范围、实用性和便捷性以及结果的准确性。

另外,目前我国大城市的交通模型在各个部门间并没有实现共享,尚未整合形成土地利用和交通一体化模型,在交通模型中也没有能源利用、气体排放和空气质量等的补充模型。关于土地利用与交通一体化模型的研究(详见本书4.2.1节),国外的研究较早,已经处于应用阶段,并在应用中不断完善,而国内对一体化模型的研究和应用还处于探索阶段。

所以,需要借鉴国外的模型理论和应用经验,针对我国的大型城市交通模型的不足进行完善,构建能够适用于城市用地再开发的土地利用和交通一体化综合模型。

4.2 土地-交通一体化模型框架

4.2.1 土地-交通一体化模型概述

根据土地利用与交通相互作用国际研究组(the International Study Group on Land Use-Transportation Interaction, ISGLUTI)的报告[206,217]、剑桥系统和海牙研究组(Cambridge Systematics and The Hague Consulting Group)的调查、英国交通与道路研究实验室的整理,以及 Harris[207], Mackett[208], Small[209], Aoyama[214], Southworth[218], Wegener[178,206]等学者的回顾和综述,到目前为止已有几十种土地利用与交通一体化模型,这里主要针对下面4类代表性模型进行简要介绍。

1. ITLUP 模型

ITLUP(Integrated Transportation Land Use Package)模型是 Putman 等人以经典

的劳瑞模型为基础并在对其进行研究的基础上，将劳瑞模型的两种不同修正模型进行结合，在20世纪80年代初提出的，是美国最早的土地利用与交通一体化专业软件。其重要组成部分就是劳瑞模型的两个修正模型，分别是非集计的居民分配模型(Disaggregate Residential Allocation Model, DRAM)和就业分配模型(Employment Allocation Model, EMPAL)。ITLUP提供了一个在DRAM，EMPL和交通规划方式划分及交通分配组件之间相互反馈的机制。这一软件相对简便，在美国旧金山等地区得到了广泛应用，但是这一模型的最大局限性在于没有考虑土地利用密度的约束，也没有考虑到DRAM和EMPAL之间的相互作用。后来Putman等人以及其他学者也对模型进行了完善和修正，并将修正后的DRAM、EMPL模型与应用广泛的UTPS软件相接，用来进行未来年的规划。

此外，之后还产生其他两种与ITLUP类似的软件包TRACKS和TRANSTEP，在澳大利亚和东亚地区得到应用。

2. POLIS模型

POLIS(Projective Optimization Land Use Information System)模型是Prastacos等人采用传统的数学规划方法发展起来的规划模型。这个模型最初是该研究团队在20世纪80年代中后期运用运筹学的数学规划方法，为美国旧金山海湾地区政府协会所建立的项目优化土地利用信息系统。POLIS模型运用消费者剩余理论、效用理论以及熵最大化理论将规划的边界限制，在考虑交通容量限制的基础上，寻求一个与工作和零售的多方式出行、服务出行以及与基本产业雇员的集聚效益相关联的区位剩余的最大化。这一基于数学规划的模型，目标明确，预测能力强，应用较为广泛。但为了便于求解，往往会对建模条件进行大量简化，在一定程度上降低了结果的可信度。

此外，类似的模型还有在澳大利亚应用广泛的TOPAZ(Technique for Optimal Placement of Activities in Zones)模型，该模型中研究出行方式是基于个人出行行为，是基于可达性函数和费用最小的一个加权目标函数和熵最大原理来预测具体小区和各种活动区位的最优化选择。

3. MEPLAN模型

MEPLAN模型(Marcial Echenique and Partners Planning Model)是剑桥大学的Marcial Echenique和其同事将交通系统和土地利用系统进行整合所开发的模型系统。这个模型可以认为是基于投入/产出的多元空间模型，在模型中，土地利用系统和交通系统被当作平行的、互相影响着的两个市场，每个系统中的行为都被当作价格或类似价格的信号(包括出行的费用)。交通需求直接从其与土地利用模型中定义的空间经济系统的相互作用中预测得出，出行分布则被土地利用模型所获得的贸易流直接替代。土地利用和城市交通模型之间的一系列迭代过程将这些贸易流转换成特定方式的出行矩阵，通过方式划分之后，采用多路径概率分配方法分配到路网上。这一模型在西班牙的毕尔巴鄂、巴西的圣保罗、委内瑞拉的加拉加斯、智利中央以及意大利的那不勒斯等地区得到了广泛运用。当然，这一模型也有不可避免的缺陷，如在数据的要求、模型选择、参数设置等方面。有很多学者对这个模型进行了改进和拓展，如 2004 年 Kara 等人将随机效用理论与该模型的多元输入输出结合，对德克萨斯州的生产、贸易与交通方式及路径选择之间的关系进行了模拟分析。

与 MEPLAN 类似的有 TRANUS 模型以及 Kim 模型，也是利用输入/输出(I-O)形式的模型。TRANUS 模型是 la Barra 在 20 世纪 80 年代提出的更接近现实的交通与城市形式关系的仿真，最近正被加州大学戴维斯分校用来与已有的加州城市未来模型(the California Urban Futures Model, CUFM)进行结合。Kim 模型则是 20 世纪 80 年代末伊利诺伊大学的 Kim 等人提出的为芝加哥地区而建立的非线性城市均衡模型。

值得一提的是，MEPLAN 模型是首个根据城市经济理念将土地和交通系统看作市场过程的模型。Kim 模型也是应用了这一理念。这类模型也叫城市经济类模型或者竞租模型。另外，加拿大的 Miller 等人建立的土地利用与交通和环境一体化模型 ILUTE (the Integrated Land Use, Transportation, Environment modelling system)以及美国 Anas 和其同事所建立的高度整合的交通与土地利用经济模型 METROSIM 模型都是应用这一理念的经典模型。其中 METROSIM 模型是在区位住宅和出行方式相结合的 CATLAS 模型、纽约地区非工作出行选择和商业房产市场的 NYSIM 模型以及大量美国城市都市区住宅市场动力学的 CPHMM 模型整合的基础上研发的，包括了 4 个土地子系统和 3 个交通子系统。

4. MASTER 模型

MASTER 模型(Micro-Analytical Simulation of Transport, Employment and Residence)是英国利兹大学的 Mackett 等人继同校的 Wilson 等人后在继续深入开发修正利兹土地利用与交通一体化模型(Leeds Integrated Land Use-Transportation modeling package, LILT)的基础上，在 20 世纪 90 年代建立的交通、就业与居住微观分析仿真模型。该模型利用蒙特卡洛法模拟一系列个体及其家庭的活动决策行为过程。对交通过程的模拟主要针对机动车持照者、车辆拥有者、车辆可达性以及上班的交通方式等，它们是年龄、性别、家庭收入、家庭组成与出行成本的函数。该模型中未包括非工作出行，其方式划分采用 Logit 模型。

与此类似的微观仿真模型还有 Recker 等人建立的 STARCHILD 模型、Kain 等人建立的 HUDS 模型(the Harvard Urban Development Simulation)以及 Landis 的加州城市未来模型 CUFM，都是大型的住宅仿真模型，分析潜在的交通改善。20 世纪 90 年代末开始，在美国联邦公路局资助下，Barrett 等人致力于开发 TRANSIMS 模型来对基于城市活动模式的完整个体行为进行大范围的仿真。URBANSIM 也是 20 世纪 90 年代研发的新型的城市仿真模型，以动态离散化为基础，通过结合机动车、非机动车交通模型，完整地将土地利用和交通结合在一起，并在美国俄勒冈州以及中国台北等地区得到应用。

上述4类模型是主要的模型体系，除此之外，还存在大量的其他模型，如在荷兰阿姆斯福特应用的 AMERSFOORT 模型，以及在日本东京应用的 CALUTAS 模型和 Osaka 模型，在瑞典的斯德哥尔摩应用的 TRANSLOC 模型，在芝加哥地区应用的 BOYCE 模型，哈米尔顿地区应用的 HAMILTON 模型。

近年来，随着多学科交叉和新技术的应用，土地利用和交通一体化模型越来越向综合化发展，而且逐渐形成商业化软件，并得到了广泛应用，例如地理信息系统 GIS 开始融入交通和土地利用软件。美国 Citilabs 公司和 CALIPER 公司、加拿大 INRO 公司以及德国的 PTV 公司等这些公司所开发的一系列软件，有利于更好地推动交通和土地利用一体化规划。

其中，美国 Citilabs 公司创立于2001年，是由美国的 UAG 公司与英国 MVA 公司的软件部门结合而成，在对自20世纪80年代起即在世界各地受到广泛使用的 MINUTP，TRANPLAN，TP+与 TRIPS 的研发基础上，全新研发了包含智能化用户应用、开放的组件式结构的系列宏观交通规划及微观仿真软件 Cube 系列。Cube 系列软件将宏观交通规划、中观交通分配与微观仿真工具进行整合并结合了货运规划与土地利用模型，同时还与 ArcGIS 相容，使交通规划与地理信息系统功能相结合，为复杂模型的建立提供了强大的工具。在美国联邦政府和马里兰州的资助下，马里兰大学的国家精明增长研究中心(NCSG)，利用 Cube 等与 GIS 结合建立了整个马里兰州的土地利用和交通一体化模型 MSTM(Maryland Statewide Transportation Model)，来研究土地利用和交通的关系，试图寻找区域可持续精明增长土地和交通规划方案。目前，Cube 软件在70多个国家及地区得到应用，也在我国北京、广州、深圳、上海等城市的交通战略规划的制定中发挥作用。

与国外相比，在我国，主要是引进国外模型和相关软件并应用于实践，当然由于城市发展社会经济、人文因素及政策等的不同，国外的软件在中国的应用受到很大的局限，有很多学者为此进行了大量的参数修正研究[219, 228]。1996年底，建设部城市交通工程技术中心主持了国家863项目“GIS 支持下城市交通需求分析系统软件开发”课题，开发了 GIS 支持下的交通需求分析软件 Tran-Solution 软件，拉开了针对国内实际开发交通需求与土地利用关系软件的序幕。该软件通过交通需求模型的理论分析，提出了多种交通模型，并针对我国交通面临的主要问题，对停车、公交分析和微观仿真系统等进行了初步的尝试。但总的来看，目前该领域仍只处于实验阶段，还有待进一步完善与推广应用[221]。而且我国目前也没有大规模的区域土地与交通利用模型。对于大城市非常有必要建立完整的城市的土地利用和交通一体化模型，以便更好地进行城市和交通规划及调整。

4.2.2 基于用地再开发的一体化模型的构成

由于目前我国的交通需求预测模型仍以四阶段为主，而且国外很多土地利用与交通一体化模型也是基于四阶段模型的改进，所以考虑到模型开发的难易程度以及实用性，本书所提出的一体化模型仍是基于四阶段模型基础上的开发，这也符合我国交通需求预测的传统思维，易被采纳和应用。但需要在以下几个方面进行改进：

（1）针对我国交通模型的集聚性较高、考虑个体出行行为的非集计理论的应用较少、不适用于再开发下的交通需求预测这一问题，在模型的选取和构建时，充分考虑再开发下交通需求预测的特点，对变量和参数的选取时尽量体现再开发下所变化的土地和交通要素，在模型的构建时特别是个人出行模块中，尽量采用适用于较大变化情况的非集计模型。

（2）针对国内模型单一体系架构并未综合考虑客货运以及城市和城际出行的不足，本书考虑到客货运以及城市与城际出行的规律和预测方法的不同，提出采用多层体系、系统考虑区域和城市的个人与货运出行。

（3）针对出行种类目的划分简单导致预测结果偏差的问题，除了考虑到出行的分层外，另外一个改进的地方在于，对常规四步骤交通模型也进行了整合和分层，划分成多个模块，用多模块的多个步骤模型替代了传统的四步骤，避免不同规律的多种交通用相同的模型进行预测，以增加模型的涵盖范围及其适用性和准确性。

（4）针对目前无法动态反映不同时间段交通状态的问题，提出在全天出行基础上根据出行的时空分布，“先时间分配、再空间分配”的方法，来获取不同时间段的交通状态。

改进后的交通需求预测模型不单是交通需求模型，包括区域经济增长预测、土地利用以及交通需求分析三大功能，综合考虑交通与土地利用的相互作用与反馈，包括了经济模块、土地利用模块、交通模块。交通模块是一体化模型的核心，在交通模块中将相关联的土地利用要素与交通系统要素密切结合，而不仅仅在交通模型的生成、分布等阶段考虑土地利用因素，而且交通分配的结果可以反馈到经济和土地利用模块中，以用来调整经济和土地政策、优化土地利用方案，能适用于再开发。在交通需求分析模块后还可嵌入能源消耗、排放和空气质量等模型，如图 4-1 所示。

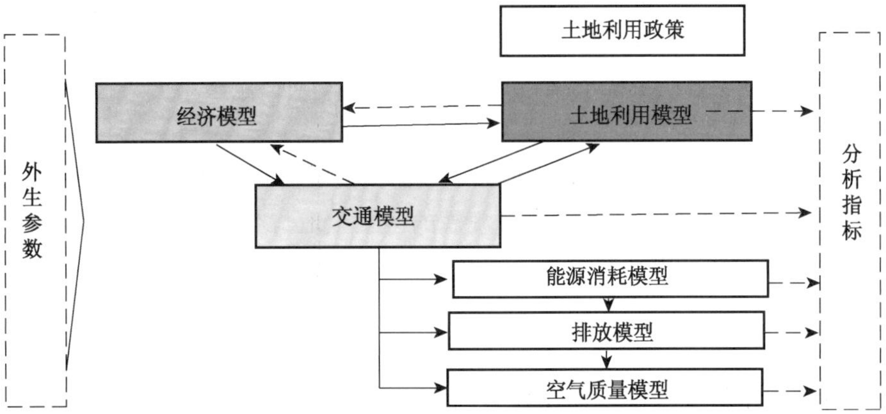

图 4-1　一体化模型模块构成

4.2.3 多层综合交通模块的构成

具体到一体化模型的交通模块，考虑到区域交通对城市交通的影响，在交通生成时分成了城市和区域两层，分别考虑市内出行和区域出行，其中区域出行对城市交通来说，包括其对外出行和过境交通，而且各个层次的出行均考虑了个人出行和货运交通，最后将所有的客货、内外等多类交通分配到城市交通网络。

最终形成的土地利用与交通一体化模型以及其中的多层综合交通模块结构如图4-2所示。该模型架构更符合实际情况，且考虑了出行的时间分配，实现模型的融合和多类出行的综合分配，预测结果也将相对更加细化和准确。

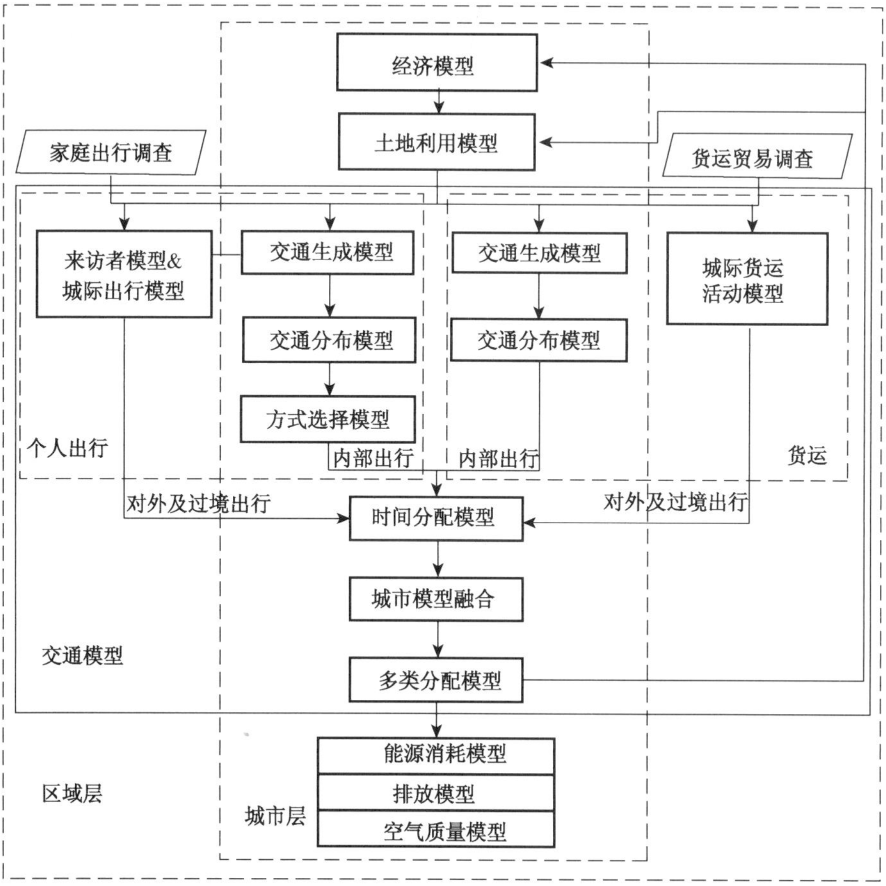

图4-2 大型城市一体化综合模型的结构框架

一体化综合模型框架搭建好后，还要对逐个模块的模型进行选取和构建，而且土地与交通的一体化并不是有这样一个结构就可以实现，更关键的是在于模块间的衔接和反馈以及模块内部模型的建立和标定。而且对于用地再开发的适用性，不仅要求模型架构方面的土地和交通的衔接，更重要的是选取的内部模型要能适用于土地利用和交通设施变化较大的情况。所以,本书后文重点对多层综合交通模块的各模型进行详细的建模分析。

4.3 客运模型的选取与改进

4.3.1 客运模型概述

客运模型包括城市层客运和区域层客运,城市客运是针对出行的两个端点均在城市内部的出行,而区域层模型针对的是至少有一个端点在城市外部的出行,包括进入城市的、城市对外的、过境的三部分出行。不同层次的客运出行由于出行频率和距离等的不同,所采取的建模方法也不同。

对于区域层的客运出行,将其简化为两个部分后分别进行建模。一是从外部进入城市的个人或家庭所产生的出行,即包括将城市作为终点的外来人员的出行,也包括将城市作为中转所产生的临时性的交通出行,这一部分的出行均视为来访者的出行,作为城市交通活动的一部分,是城市交通生成模型输入的一部分,所构造的模型称为来访者模型。二是从城市内部出发到达其他城市或地区的个人或家庭所产生的出行,也是城市对外产生的出行,也是城市交通活动的一部分称为城际出行模型。根据这两部分出行分别构建来访者模型和城际出行模型。也就是在来访者模型中所包括的对象是进入城市的以及过境中进入城市的部分出行,而在城际出行模型中所包括的对象是城市对外的,包括过境中离开城市的部分出行。

城市层的客运模型,则仍分成交通生成、交通分布、方式划分三个阶段分别建立相应的模型。

4.3.2 区域客运模型

对于来访者模型和城际出行模型,目前研究中较多的是采用集计方法对出行量数据的回归分析进行预测,这能在一定程度上反映城际出行的规模和对城市交通的影响。但是并没有具体细化目的区域、出行目的、出行时段等信息,无法体现城市某个区域的外来人员和城际出行特征,其预测结果不受某个区域进行再开发的影响。而实际上某个区域用地的变化,会导致住宅数和就业属性的变化,会影响到该区域的区域出行和来访人员数量。例如,一个老上海的弄堂主要是本地人甚至老年人居住,因此基本上不会对外产生出行,而一个新建的外地人居住较多的社区,则会有很多探亲访友出行。所以,应当进行详细的区域出行调查,对区域客运模型进行细化,将区域的客运出行具体关联到城市大区的住宅和就业属性上。

具体来说,来访者模型的构建需要进行区域出行调查,例如在一些长途客货车站点对到达者进行采访调查其来访目的、访问区域、主要活动、停留时间等信息,并结合小汽车、飞机、大巴、轮船、火车等方式的出行量进行模型的构建和参数标定。在区域出行调查的同时还需要调查出发者的出行信息，并结合城市的家庭调查，共同标定区域出行模型。

由于行政区划等的限制我国市域模型较多，尚无考虑城际的综合区域客运模型，虽然随着我国城镇化的发展，城市群和城际交通需求相关的研究开始成为热点，有不少学者展开对城市群需求预测的研究，如基于地区势能的城市群综合交通需求预测方法[140]、基于修正双约束重力模型的城际公路客运交通生成与分布预测模型[222]、基于非集计模型的城际交通方式划分[223]等，但是对区域客运模型的相关研究还有不足，研究尚处于起步阶段[224]，还需要借鉴国外的区域模型，如美国的大都市模型[225]、瑞士与韩国等的国家模型[226-227]以及相关的区域模型的预测方法和理论[228-229]。

考虑到在综合模型中区域模型的输出仅占城市交通模型的较少部分，区域出行调查也非一朝一夕就能完成的，可以先采用广泛应用的集计模型，后续逐步完善建立非集计模型。

区域模型所获得的对外和过境出行将作为时空分配步骤的输入，最后分配到城市道路中，而来访出行以及入境交通则将作为城市层交通生成模型的输入，经过城市内部出行分布最后与其他城市出行一起作为出行时空分配的输入。

4.3.3 城市客运模型

4.3.3.1 交通生成模型的改进

出行生成模型一般包括产生模型和吸引模型，这里重点分析出行产生模型。出行产生模型主要有两种，一种是类别分析法，另一种是回归分析法。

类别分析法是以家庭为分析单位的，根据对出行起决定作用的一些因素将整个对象区域的家庭划分成若干类型，同一类型家庭采用同一出行率进行预测。其模型如下：

$$P_i = \sum_s a_s N_{si} = N_i \sum_s a_s \gamma_{si} \tag{4-1}$$

式中 P_i——分区 i 规划年每个单位时间出行产生量；

a_s——全市现年第 s 类家庭的出行率；

N_{si}——第 i 分区规划年第 s 类家庭的数量；

N_i——第 i 分区规划年各类家庭的总数量；

γ_{si}——第 i 分区规划年第 s 类家庭的比例。

回归分析法则是从整个分区的社会经济特性出发，考虑城市的经济发展水平、分区的居民数、平均收入、平均车辆拥有量、其中各类职业的人口数、分区距市中心的距离、非住宅用地面积等因素，选取多个自变量进行回归分析。其分析模型如下：

$$P = b_0 + b_1 X_1 + b_2 X_2 + \cdots + b_n X_n + \varepsilon \tag{4-2}$$

式中 P——某分区的出行产生量；

b_k——待定的系数(偏回归系数)，$k=0, 1, \cdots, n$；

X_k——被选出的自变量，$k=1, 2, \cdots, n$；

ε——残差项，是一个随机变量，表示其他影响因素对产生量的综合作用。

这两种模型中，第二种回归分析模型所标定的系数反映的是现年出行产生量 P 与各因素(自变量)的关系，当土地利用发生较大变化时，这些系数将不适用于描述未来年的关系，所以不适用于再开发下的交通生成预测。而第一种的类别分析模型，只考虑了家庭类型，事实上同一家庭类型，不同区域不同出行目的，其出行的产生情况也是不同的，所以还需要进行更细致的分类分析。于是，基于类别发生模型的分出行目的的类别分析模型形成并在国外广泛使用，其模型形式如下：

$$P_i = \sum_m \sum_s a_s^{(m)} N_{si} \tag{4-3}$$

式中 P_i——分区 i 出行产生量；

$a_s^{(m)}$——第 s 类家庭目的为 m 的出行率；

N_{si}——规划年 i 分区中的 s 类家庭数目的预测值。

严格来说，这种分出行目的的类别分析模型，所采取的市场细分并不足够，事实上，不同出行目的所采用的家庭分类方法应当不同，与基家工作出行最相关的是家庭中的工人数，而与基家购物出行更相关的则是家庭的大小。所以，需要对家庭采用更加细致的多种交叉分类方法：一类是按家庭收入和工作人数进行交叉分类，这样所得到的不同家庭的出行产生率主要用于与工作相关的出行如基家出行，而另一类则是按收入和家庭人口进行交叉分类，这样所得到的不同家庭的出行产生率主要用于非工作相关的出行。另外，不同区域家庭的出行频率也是有较大差异的。于是，在这里提出针对不同区域或区位，对不同出行目的的交通产生量按照相关的家庭类型多层交叉分类，分别进行预测，而不是简单整合后作为整个交通的总体交通产生量，其模型如下：

$$P_{ki}^m = \sum_{s^m} a_{s^m}^m N_{s^m ki} \tag{4-4}$$

式中 P_{ki}^m——位于区域 k 的分区 i 出行目的为 m 的出行产生量；

s^m——出行目的为 m 所采用的家庭分类中的第 s 类家庭；

$a_{s^m}^m$——出行目的为 m 所采用的家庭分类中的第 s 类家庭其出行目的为 m 的出行率；

$N_{s^m ki}$——规划年区域 k 的分区 i 中出行目的为 m 的家庭分类中第 s 类家庭的数量。

在这里，出行目的可分为：基家工作出行(HBW)、基家购物出行(HBS)、基家其他出行(HBWO)、非基家工作出行(NHBW)、非基家其他出行(NHBO)、基家上学出行(HBSc)。对家庭类型的划分，建议一类为根据家庭收入由低到高分成 5 类，然后将每类收入家庭再根据家庭大小即家庭人口由小到多分成 5 类，共 25 类。同样，另一类根据家庭收入以及工作人数也细分为 25 类。具体分类时，家庭收入的划分方法可参照相关部门的家庭贫富标准，也可采用聚类分析进行，此处综合考虑建议人均月收入 1 500 元以下为第 1 类低收入家庭，人均月收入 1 501～3 000 元为第 2 类中等偏上家庭，人均月收入 3 001～6 000 元为第 3 类中等收入家庭，人均月收入 6 001～9 000 元为第 4 类中等偏上收入家庭，而人均月收入 9 001 元及以上为第 5 类高收入家庭，分别用 INC1，INC2，INC3，INC4，INC5 表示。对家庭大小，按照家庭人口数 1，2，3，4，5 及以上分为 5 类，分别用 siz1，siz2，siz3，siz4，siz5。对家庭工作人数，按照 0、1、2、3、4 及更多分为 5 类，分别用 wrk0，wrk1，wrk2，wrk3，wrk4 表示。对区域的划分，建议分为核心区、市区、近郊区、远郊区共 4 类。图 4-3 所示为两种家庭分类的示意图。

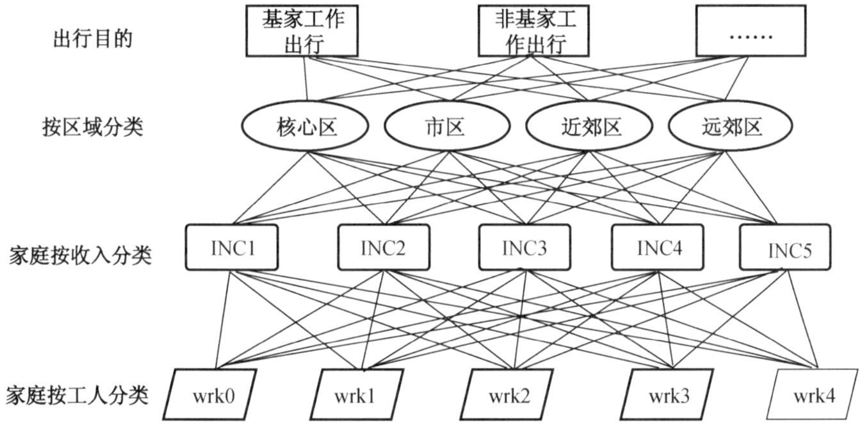

（1）与工作相关的出行的家庭交叉分类示意

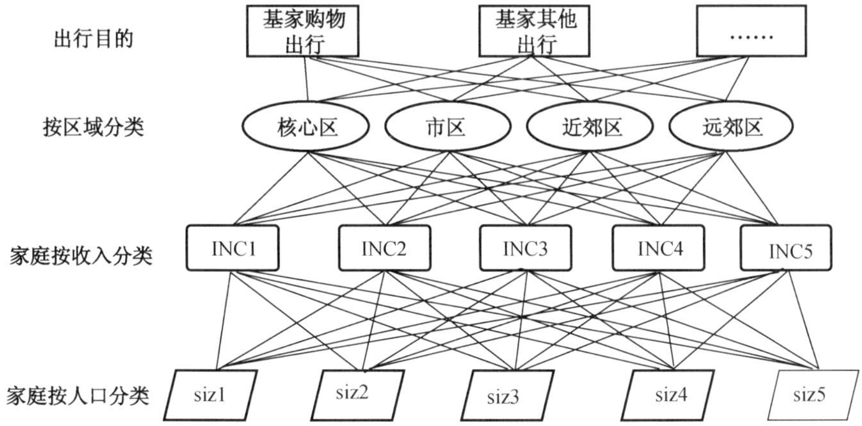

（2）非工作相关的出行的家庭交叉分类示意

图 4-3　家庭的多种交叉分类方法示意

具体每个分类下的出行产生率需要结合各区位分区的出行调查所得到的不同出行

目的(如工作、购物等)的出行信息进行统计分析得到。

出行吸引模型与产生模型类似,同样应当根据区位、出行目的、岗位或者用地类别进行市场细分,而不是单纯按照岗位或者用地类别建立类别分析模型。不同岗位或用地类别吸引不同目的的出行,而且不同区位的出行吸引率也不同。所以应当根据各区位分区的出行调查所得到的不同出行目的(如工作、购物等)的出行信息,进行回归分析得到不同出行目的所对应的相关岗位或用地类别的出行吸引率。另外,计算得到的出行吸引量还需结合产生量进行修正。

这种市场细分的模型形式考虑了区域因素,对家庭或岗位类型的细分融合了非集计的思想,更加侧重的是以家庭为单位的出行,比前两种模型对基家出行的预测将更加准确,能适用于土地利用变化情况下即再开发下的个人出行预测。相比完全的非集计模型,该模型复杂性降低,适合预测,也适用于统计分析,能够对有、无用地再开发下的情况进行统计比较分析。而且这种方法所得到交通生成有出行目的之分,有利于进一步根据用地功能进行交通分布。

唯一的缺点是这种细分出行目的的生成模型,虽然出行目的中可以包括非基家出行,但是仍然无法对货运运输进行预测,所以要实现完整准确的生成预测还需要建立综合的多层模型,对个人和货物出行分别进行预测然后再统一分配。

4.3.3.2 交通分布模型的选取

传统的出行分布模型主要有增长系数模型(包括常增长率法、平均增长率法、底特律法、弗雷德法等)、重力模型、指数模型以及插入机会模型等,这些模型在国内外的城市交通规划中发挥了重要作用。其中,重力模型自 Casey(1955 年)提出后一直是使用最为广泛的分布模型,并在使用过程中不断地被改进,衍生出各种改进模型如包括单约束重力模型、双约束重力模型等[230],其中双约束重力模型形式如下:

$$T_{ij} = K_i \cdot K'_j \cdot P_i \cdot A_j \cdot f(R_{ij}) \tag{4-5(a)}$$

$$K_i = \left[\sum_j K'_j \cdot A_j \cdot f(R_{ij})\right]^{-1} \quad (i = 1, 2, \cdots, n) \tag{4-5(b)}$$

$$K'_j = \left[\sum_i K_i \cdot P_i \cdot f(R_{ij})\right]^{-1} \quad (j = 1, 2, \cdots, n) \tag{4-5(c)}$$

式中 K_i, K'_j——分别为行约束系数、列约束系数;

P_i——小区 i 的交通产生量;

A_j——小区 j 的交通吸引量;

$f(R_{ij})$——小区 i 到小区 j 的阻抗函数。

这些传统的出行分布模型是使用集计后的数据建模。由于模型的建立缺少明确的行为假说以及严密的统计方法,不具备具体分析个体交通行为的能力,割裂了交通出行行为中多种可能的关联,难以估测个体特性及选择对象特性的局部变化和交通政策变化所带来的影响,故模型仍存在很大的局限性[231]。而且这类模型并不能适用于出行

OD发生很大变化的情况，所以在这里提出采用基于非集计模型的出行分布模型——目的地选择模型(destination choice model, DC模型)进行有、无用地再开发下的交通分布。

非集计模型相对集计模型具有以下优点[205]：①以明确的行为假说为基础，逻辑性强；②主要以个体、家庭为基本单位，能够反映个体的特性和差异，能够更好地、更真实地解释和反映交通行为；③直接应用个人(家庭)的调查数据进行分析，没有因为数据集计而产生信息丢失；④可以用较少的样本标定出模型的系数，并可对所求的参数采用统计方法进行检验；⑤可以选用许多与个人决策相关的因素作为自变量，从而可以对多种交通规划、交通政策进行评价；⑥模型的可移植性较高。正是由于非集计模型具有以上优点，所以它从20世纪70年代产生后得到了广泛的研究，特别是近20年，正从研究阶段迅速转向应用阶段，越来越多地被应用到工程实践中。

城市居民出行目的地选择模型(DC模型)作为非集计交通需求分析的一个重要部分，从20世纪80年代开始引起研究者的关注[232-235]，美国、日本、英国等在这一领域内开展了一些研究，并且近些年在美国的一些实际的交通规划项目中得到应用，现在目的地选择模型在国外已经引起重视并被越来越多地应用到实践中[236]。而我国，虽然从20世纪80年代末至90年代初引进了非集计模型理论，在研究和应用有了些许积累，但是对于非集计交通需求分析的理论和实证应用研究主要集中在方式划分与客流分担以及路径选择、旅游交通、数据调查与参数估计等，而关于城市居民出行目的地选择模型的研究相对较少，在目前的交通规划项目中目的地选择模型鲜见应用，出行分布模型仍然以集计模型为主[237]。这里考虑到再开发下交通需求的特点，构建基于非集计模型的出行分布模型——目的地选择模型作为城市层的客运出行分布模型。

目的地选择模型是以个人(家庭)的非集计数据建模，充分考虑出行者是基于效用最大化的个体或家庭的离散选择，无论从研究角度、描述方法上均与集计模型有明显的不同。目的地选择模型可以考虑到综合考虑影响目的地选择的因素，反映出有、无用地再开发不同条件下土地利用与交通条件的变化所导致的出行分布的差异。其模型的构建流程如图4-4所示。

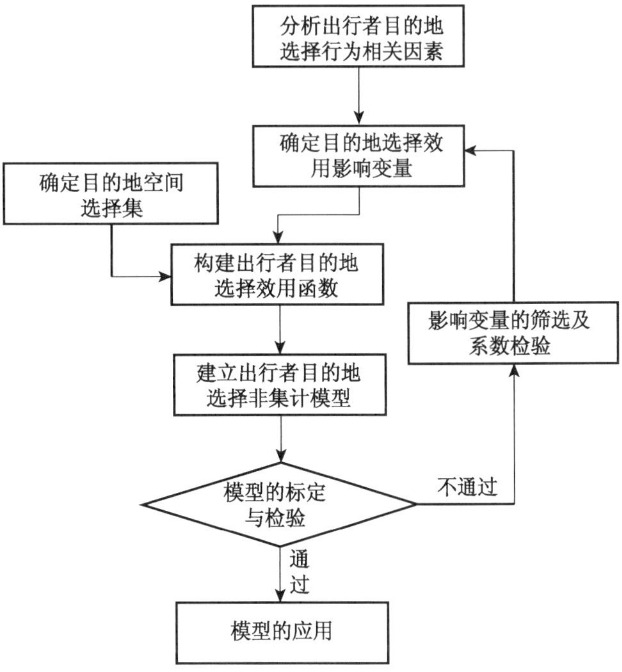

图4-4 目的地选择模型构建流程

影响到出行者目的地选择的因素主要有：①目的地小区的规模，如各种家庭或岗位类型；②出行的方式，如小汽车拥有率、家庭收入均会影响到出行方式；③出行的距离，如产生地和目的地间的时间和空间距离；④交通产生小区的特征，如人口、交通、地理区位等；⑤目的地小区的其他特征，如地理区位等。

初步确定的变量为：①目的地小区规模因子（各种家庭和岗位类型）；②出行方式选择因子；③距离因子；⑤产生小区的特征变量，用产生区域的家庭收入、小汽车拥有率以及区位与出行距离的作用因子来获取；⑤目的地小区的其他特征因子。将这些因素综合考虑，确定的 MC 模型的效用函数基本形式如下[238]：

$$U_{ijn} = S_j + \alpha \times L_{ij} + \sum \beta^k \times D_{ij}^k + \sum \beta^k \times D_{ij}^k N_n^k + \sum \beta^k \times Z_j^k + C_{jn} \quad (4-6)$$

式中 U_{ijn}—— 从小区 i 产生的第 n 个出行到达小区 j 的效用；

S_j ——目的小区 j 的规模变量，包含了家庭、岗位等多种形式；

L_{ij}—— 从小区 i 到 j 出行的方式选择参数；

D_{ij}^k ——代表了两区间的各种距离形式（（线性距离、平方根距离、平方距离、log 距离）线性、指数、平方根等）；

N_n^k—— 表示出行 n 的人口、交通或者产生区域的特征并用来建立与距离的相互作用变量；

Z_j^k ——表示目的小区的特征（除规模外的其他因素）；

C_{jn} ——纠正项；

α，β^k ——权重系数，待标定。

其中，目的地小区的规模变量 S_j 可以由不同的形式组成，此处建议采用的计算形式如式（4-7）所示。

$$S_j = \lg(\sum \beta^k \times E_j^k) \quad (4-7)$$

式中，E_j^k 表示目的地小区 j 的第 k 类岗位数。

在这里还要特别说明的是，需要区分不同的出行目的，然后分别对效用函数进行标定。因为不同出行目的的目的地选择不同，出行距离也不同，如图 4-5 所示为美国马里兰地区调查所得到的不同目的出行的长度频率。

根据效用最大化理论，小区 i 的出行目的为 m 的出行 n 选择目的地小区 j 的概率可写成如下形式：

$$P_{ijn}^m = \text{prob}(U_{ijn}^m > U_{ikn}^m; j \neq k, k \in \Omega_n) \quad (4-8)$$

式中，Ω_n 为出行 n 的目的地选择空间集。

这里选择应用最为广泛且较为成熟易标定和计算的 Logit 模型，然后根据 Logit 模型的形式，从小区 i 的出行目的为 m 的出行 n 选择目的地小区 j 的概率计算如下：

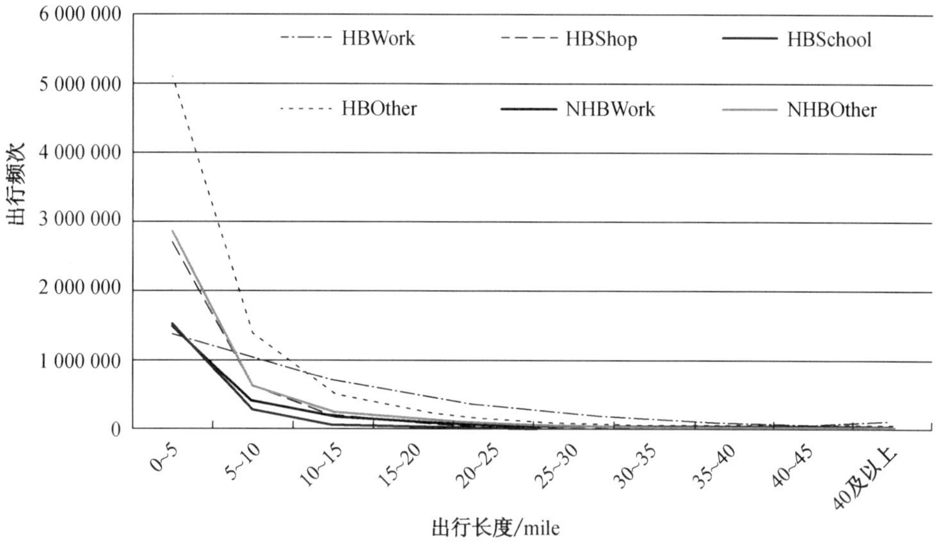

图 4-5　不同目的出行长度频次分布

$$P_{ijn}^{m} = \frac{\exp(U_{ijn}^{m})}{\sum_{i=1}^{J} \exp(U_{ijn}^{m})} \tag{4-9}$$

式中，J 表示所有目的地小区 j 的集合。

在这里对出行者而言虽然目的地的选择是出行者个体或家庭的离散选择，是非集计的；但是目的地选择的对象仍然采用集计的交通小区而不是具体的地点。因为如果采用具体的目的地作为选择对象，一方面会使出行者目的地空间选择集巨大、选择对象众多，另一方面又会使涉及具体地点的目的地较难表征，造成模型计算困难。而且交通分布的目的在于得到交通小区之间的出行量和出行 OD 分布矩阵，而不是具体的目的地与目的地之间的出行量。具体空间集的确定、变量的量化、模型参数的标定国外已经有很多研究成果可以借鉴[202, 239]，这里不展开分析，建议采用分层 Logit 模型(以避免多项 Logit 模型的 IIA 特性对重叠部分的考虑不足)，分为三层，先将目的地小区按 4 个区位进行选取，然后再根据每个区位中的空间大区进行选取，最后再细选到交通小区。

与传统的集计模型即使用集计后的数据构筑模型不同的是，非集计行为模型使用非集计的出行数据建立模型，在预测时集计化。因此，非集计行为模型的集计问题并不十分突出，且也没有发现由于非集计行为模型的集计误差，使得其预测精度低于集计模型的预测精度的案例。故这种基于目的地的出行分布模型对出行分布的预测相比重力模型更加准确。如图 4-6 所示的是采用美国马里兰地区的数据所标定的 DC 模型与重力模型及实际观测出行长度之间的比较[238]。从图中可以看出，DC 模型比重力模型的拟合性更好，更接近于实际调查所得到的数据。

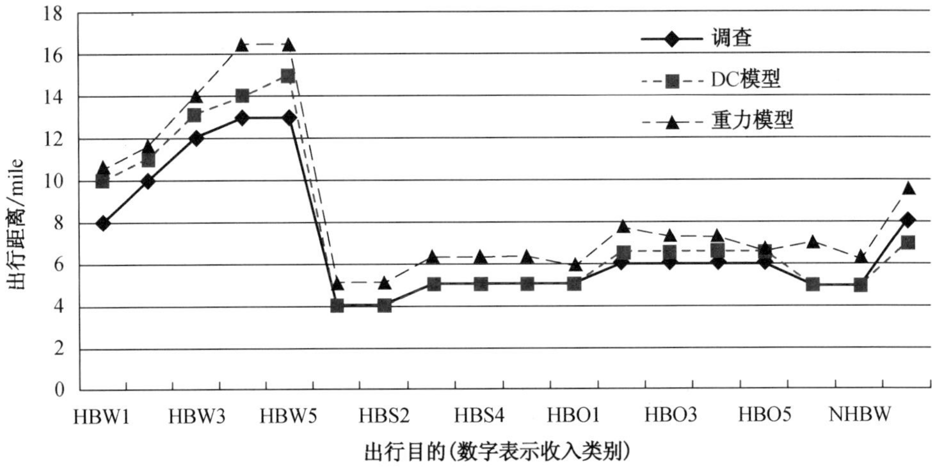

图 4-6 DC 模型与重力模型效果比较

另外,最关键的是目的地的选择直接与用地再开发后家庭的类型、目的地的岗位类型与岗位数、出行成本等相关,不受土地利用变更前地块功能的影响,能够反映出有、无用地再开发不同条件下出行分布的变化。这种模型适用于土地利用发生变化的情况。特别在我国很多城市正处于大规模开发或再开发阶段,该模型的应用应当引起重视。

4.3.3.3 方式划分模型的处理

方式划分模型在需求预测四阶段模型中是最后加入的一个阶段。早期的方式划分模型主要是集计模型,操作相对简单,但计算不精确。自 20 世纪基于经济学的效用理论的"非集计模型方法"提出后,离散选择的非集计模型最先应用于交通方式划分,随后才用来解决交通发生、交通分布等有关选择的问题。

方式划分模型常与其他阶段模型相结合形成组合模型。在集计模型中,与出行生成结合的方式划分模型主要是依据是出行者特性或家庭特性,与出行分布结合的方式划分模型的划分依据主要是分区之间的交通阻抗。前者适用于未来规划年交通设施无多大改变,但分区的居民结构、用地结构可能发生较大变化的情况。相反,如果到未来规划年分区之间交通设施将发生较大改进,而分区的特性没有太大变化的情况,则后者优于前者[240],所以他们均不适用于规划年用地结构、交通设施均发生较大改变的情况,即不适用于用地再开发下的交通需求预测。

对于土地利用和交通设施均变化较大情况下的交通方式划分模型,适宜采用非集计模型进行预测。不仅可以考虑土地利用等个人或家庭因素,还可以考虑空间分布等距离因素,能够把市场细分,构造模型确定各种交通方式的选择概率,然后再将交通方式选择结果统计起来,预测交通方式的划分率。常用的非集计模型是多项 Logit 模型,其中某个出行选择方式 j 的概率表达如下:

$$P_j = \frac{\exp(bV_j)}{\sum_{i=1}^{j}\exp(bV_i)} = \frac{1}{1+\sum_{i\neq j}\exp[b(V_i - V_j)]} \tag{4-10}$$

式中 i，j——表示出行方式；

J——表示所有出行方式的集合；

V_i，V_j——分别表示出行方式 i、出行方式 j 的效用；

b——待标定参数。

其中，最关键的是如何确定效用 V_j，常用线性回归来获取，其回归公式形式如下：

$$V_j = \theta_1 X_{j1} + \theta_2 X_{j2} + \cdots + \theta_K X_{jK} \tag{4-11}$$

式中 $\boldsymbol{\theta} = (\theta_1, \cdots, \theta_K)$——待标定的参数向量；

$\boldsymbol{X}_j = (X_{j1}, \cdots, X_{jK})$——所选取的特征向量。

虽然，线性回归形式相同，但是不同交通方式其效用函数所选取的特征向量应当有所差异。

多项 Logit 模型较集计模型有其优点，但是多项 Logit 模型对交通方式的划分是单层的，没有考虑到交通方式之间的关联，所以宜采用多层多项 Logit 模型，进行交通方式预测。

目前，我国所用的 Logit 模型，主要存在两个局限性：①所采用的 Logit 模型的结构较为简单，没有细分，结构单一，对交通方式没有细分，没有考虑到交通方式间的衔接；②在定义效用函数时，往往采用的变量较简单，常用的是费用/收入、车内时间、步行时间等的线性组合，并没有综合考虑在前文中所提到的交通特性、个人属性或家庭属性、地区属性和出行特性等影响交通方式划分的因素。

针对第一个问题，可以对交通方式进行细分，考虑到交通方式间的衔接，采用图 4-7 所示的多层结构。

第二个问题是解决交通方式划分问题的关键，正是由于考虑的变量过于简单所以无法构建多层次的方式选择结构模型。可以针对不同出行方式采用不同的回归形式和变量，构建效用函数，充

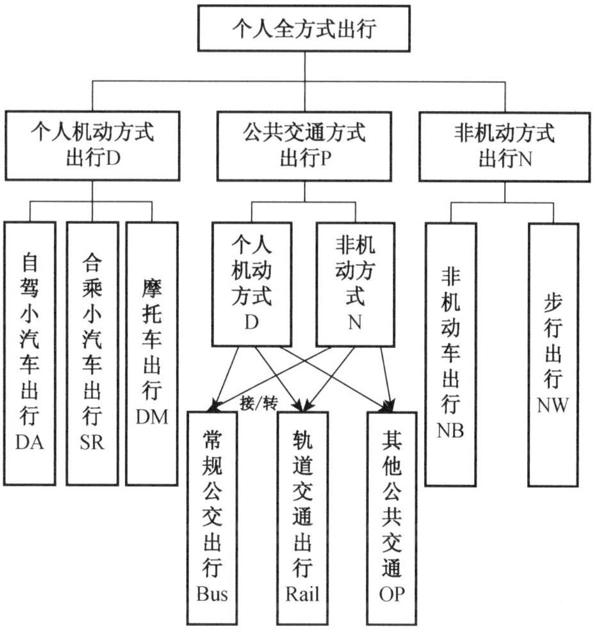

图 4-7 考虑衔接的交通方式选择结构

表 4-1　　各交通方式效用函数所需考虑的变量列表

变量	交通方式	个人机动方式 D		公共交通方式 P												非机动方式 N	
		DA/DM	SR	DBus	DRail	DOP	SRBus	SRRail	SROP	NBBus	NBRail	NBOP	NWBus	NWRail	NWOP	NB	NW
交通特性变量	工具上的时间	—	—	—	—	—	—	—	—	—	—	—	—	—	—	—	—
	私人工具运行成本	—	—	—	—	—	—	—	—	—	—					—	
	拥挤收费	—	—	—	—	—	—	—	—								
	停车费	—	—	—	—	—	—	—	—	—	—	—				—	
	公交票价			—	—	—	—	—	—	—	—	—	—	—	—		
个人属性或家庭属性变量	家庭大小	—	—	—	—	—	—	—	—	—	—	—	—	—	—	—	—
	家庭工人数	—	—	—	—	—	—	—	—	—	—	—	—	—	—	—	—
	车辆保有量	—	—	—	—	—	—	—	—	—	—	—	—	—	—	—	—
地区属性变量	起终点时间	—	—	—	—	—	—	—	—	—	—	—	—	—	—	—	—
	非机动接入公交时间									—	—	—	—	—	—		
	机动接入公交时间			—	—	—	—	—	—								
	初始等待时间		—	—	—	—	—	—	—	—	—	—	—	—	—		
	换乘时间			—	—	—	—	—	—	—	—	—	—	—	—		
	换乘次数			—	—	—	—	—	—	—	—	—	—	—	—		

分综合考虑交通特性(如运行时间和费用等)、个人属性或家庭属性(如收入、职业、成员数、车辆保有量等)、地区属性(如交通设施供给、道路状况等)和出行特性(如出行的目的、出行的时段等)等影响交通方式划分的因素。前三类特性可通过效用函数变量的形式来体现,如表 4-1 所示。而对于出行特性,由于其对方式的选择影响较大,则需要对不同家庭收入的不同出行目的分时段分别进行各种方式的效用函数的标定。

4.4 货运模型的构建与完善

4.4.1 货运模型概述

在城市交通网络中,货运交通虽然相对客运来说,交通量较少,不像个人出行具有多样化和复杂性,但却是必不可少的一部分。而且随着经济和网络的发展,货运市场需求正在显著增长,货运需求也日趋多样化。货运交通运输模型也越来越受到重视,与客运交通模型一样,货运模型同样为预测出行需求及分析土地或交通系统变化产生的影响提供帮助,是一体化综合模型中一个重要部分。

目前,已有的城市货运交通模型主要有增长因子模型和出发地/目的地综合模型、基于货物的模型、基于出行方式和交通工具的模型、基于出行链的模型和物流及供应链模型这 5 类[241]。不同分析单位,需要使用不同的货运模型,其所需要的原始数据不同。

同客运模型类似,需要对货运模型同样分成城市层货运和区域层货运分别进行分析。

4.4.2 区域货运模型

区域层货运模型同样采用以区或县市为界划分的交通大区作为基本的单元,对出境、入境、过境三种出行进行需求分析。主要数据来源为各省市区的货运贸易流以及各方式卡车、火车、飞机、轮船、管道等方式的日均货运量。在一体化模型中,最后分配到路网中的货运则主要指的是道路上各种类型的卡车交通。常用的区域货运模型,主要有两类:一类是增长因子模型,另一类是基于货物的模型。

增长因子模型属于集计类模型,这是最简单也是最快的预测方式,这种方法直接针对预测得到的是道路上的客运数据进行处理,主要有 3 种处理方法:①利用预测得到的区域个人交通出行 OD 表,对其通过倍增方法扩样后应用于货运出行,其倍数有相关公路交通调查或者总体经济发展趋势分析得到。②在客运交通分配后的路网上,直接按照应得客运出行量的百分比计算货运出行,其百分比的获取通过相关的交通调查得到。③直接根据区域客运的出行数据和历史趋势及经济增长量等进行回归预测未来年的货运出行。该类模型可用性较高,对于数据的要求较低,是国内最常用的预测方法。但该类模型缺乏真实的经济行为基础,不能用来分析政策变化后的影响,较难反映有重大土地利用变化如新建大型物流园区或者码头情况下的货运出行,也不适用于多模式的交通系统。

而基于货物的模型，认为商品流量本身并不存在内在价值，其产生的原因是其他经济行为需要某些商品从一个地点运输到另一个地点。在区域层上，研究各区各大产业和部门的财务及货物交易数据，基于区域产业、经济、就业的位置和数量进行不同产业不同部门货运的生成和分布预测[242-243]。这种模型，预测得到区域间总的货物或商品流量，还需要进行方式选择，得到道路各货运方式的出行量。这里区域方式选择通常采用的是集计方式得到的不同方式的分担比，适用于区域间无重大交通方式设施变化的情况，对于有较大变化的，更宜采用非集计方式选择模型得到道路上的货运量[244]。这里还需要将货运量转换成货运出行量，需要不同货车类型的平均载重因子，以及不同货车类型的分担比。该类模型特别需要注意的就是空车率，可以根据调查统计历史数据计算得到。这种预测方法的流程图如图 4-8 所示。

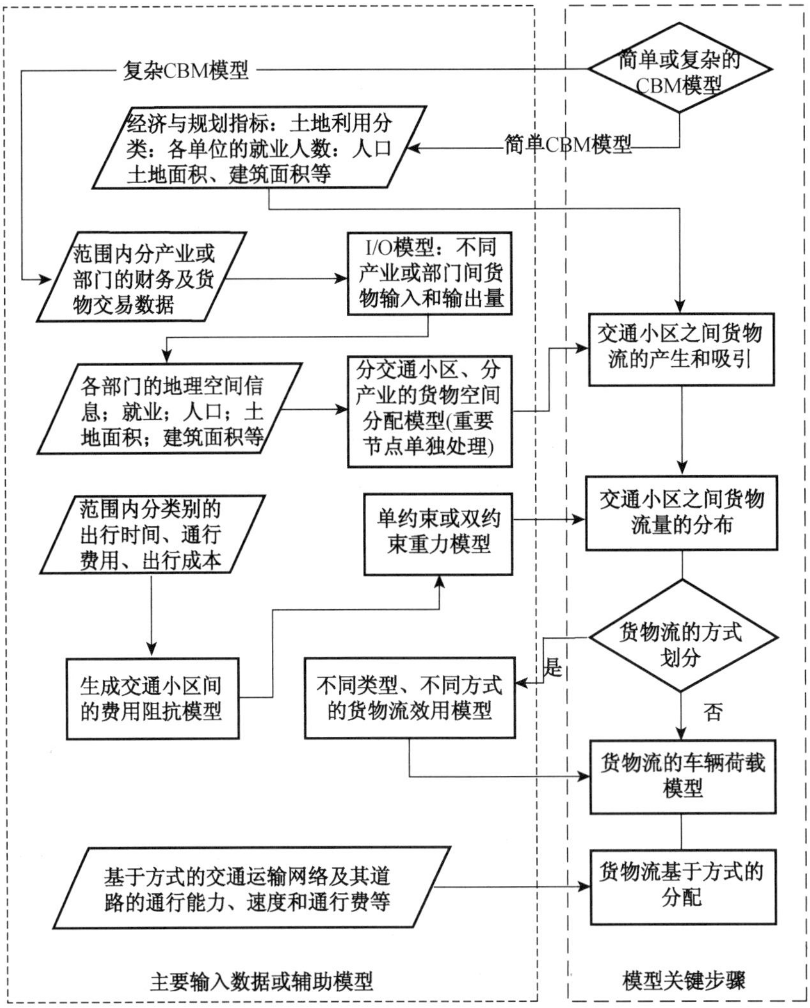

图 4-8 基于货物的模型的流程图

该方法抓住了货物流量起始两端的经济关系，可更好地满足政策制定、规划分析及政府部门的需求，但其对数据的要求较高，需要来自运输公司关于商品的种类、数量等信息，往往对服务性出行和区域内集运无法很好地模拟，在一定程度上限制了其应用。而在美国，由于有完善的数据系统并有大量的相关参数研究，所以该模型被广泛用来预测区域货运出行。而对于区域内的货运出行则由城市层货运模型进行预测。二者结合共同预测获得整个大都市的货运出行。

与区域客运模型相同，区域货运模型的输出同样作为城市货运生成和时空分配步骤的输入，最后分配到城市道路中。

由于在综合模型中，区域模型的输出仅占城市交通模型的较少部分，而且目前区域非集计模型仍处于研发阶段，所以当前我国可以先广泛采用的是集计模型，后续逐步建立数据采集系统再完善建立非集计模型。

4.4.3 城市货运模型

城市层的货运模型，主要针对的是城市内部的出行，区域层常用的增长因子模型和基于货物的模型也有时会用到城市层货运出行的预测中，预测方法类似，只是分区单元更细致。除此外，城市层模型常用的还有基于出行的货运模型。

基于出行的货运模型与基于货物的货运模型相似，二者的区别在于前者直接将货物出行作为研究单元，主要步骤如下：

1. 货运车辆分类

货运并没有多样化的工具或方式选择，可根据货运车辆类型，对货运进行工具分类，分成轻型货车、中型卡车、大型卡车三类。

2. 货运出行生成

城市层货运交通的生成，与客运层交通生成类似，同样需要根据调查统计用回归分析法得到不同区域不同员工类型和家庭类型的各类用地各类车辆的产生和吸引率，然后再采用类别分析法进行分类计算，得到各类车辆的出行产生和吸引量。

3. 货运出行分布

城市层货运交通的分布，考虑到货运出行相对较为固定以及模型标定简便等因素，目前仍广泛采用集计重力模型，见式 4-5(a)所示。其中小区 i 到小区 j 的阻抗函数 $f(R_{ij})$ 采用考虑时间价值的组合时间，具体公式如下：

$$f(R_{ij}) = \alpha\,(CT_{ij})^{\beta} \cdot \exp(\gamma \cdot CT_{ij}) \qquad [4\text{-}12(a)]$$

$$CT_{ij} = (HT + toll/wot) \cdot Adj \qquad (i=1,\ 2,\ \cdots,\ n) \qquad [4\text{-}12(b)]$$

式中 α, β, γ ——待标定参数；

CT_{ij} ——交通小区 i 到 j 的组合时间(min)；

HT——路上所用时间包括小区间以及小区内所用时间(min)；

toll ——道路所收费用(元);

wt ——不同货运车的时间价值(元/min);

Adj ——矫正系数。

由于重力模型存在一定的局限性,很多学者提出了采用与客运模型类似的目的地选择模型对基于出行的货运模型进行改进[245]。

另外,也有学者提出需要考虑供应链关系和物流约束条件[246],建立了物流链模型。但是物流链模型首先要确定整个商品生产和消费过程中至关重要的生成者、分送者、消费者的地点,数据可获取性较低,数据采集和处理成本较高限制了该模型的使用,现有的模型还需要与其他货运模型并行使用才能模拟出城市全部行业的货物流量及货运出行。

近期还有学者提出了需要考虑出行链因素,并建立基于出行链的货运模型[247-248]。先根据商业运输调查和各区人口、各产业就业数量、出行效用和可达性等属性,给出每种方式的出行链产生率;然后根据组合出行链目的及交通工具中得到的一般性效用方程来计算各类型单位货运交通工具种类的选择;并确定出行工具是否会因目的和出行链的不同而选择不同的停留地点进行装卸货或者服务等。出行链模型可以引入出行效益、就业岗位和人口的可达性等变量,能更好地针对土地利用和交通成本变化做出相应而及时调整,分析土地利用变化对货运需求的影响。但基于出行链的货运模型研究的较晚,目前还没有广泛的实际应用。

对于土地-交通一体化模型而言,城市层货运模型宜采用与客运类似的基于出行的货运模型,并同样采用目的地选择模型进行货运出行分布。

4.5 交通时空分配模型的处理

交通分配是将所得到的现状或者规划年的城市和区域层的客货运的出行分布(OD 矩阵)按照现有或规划中的路网分配到各条道路上,从而推测各道路上的交通量。

4.5.1 时间分配方法

在传统的交通分配之前,引入时间分配步骤,将预测的全天分方式的 OD 矩阵进行时间段的分配。将全天划分为早高峰(AM)、中午(MD)、晚高峰(PM)、晚上(NT)4 个时段,然后按照各出行目的下各方式出行 OD 的出行时间特征,对所得到的全天的各出行目的下各方式出行 OD 进行时间分配。在进行时间分配时,可以采用回归分析得到各出行目的下各方式在不同时间出行产生和吸引比例如表 4-2 所示为马里兰地区家庭出行调查所得到的不同时段小汽车出行比例,然后分别乘以相应的全天 OD 矩阵,即可得到各出行目的下各方式各时间的出行 OD 矩阵。

表 4-2　马里兰地区基家工作出行的小汽车不同时段的出行产生和吸引比例

出行产生、吸引比例 / 不同收入基家出行	PA_AM	AP_AM	PA_MD	AP_MD	PA_PM	AP_PM	PA_NT	AP_NT
HBW1	55.27%	3.61%	18.96%	27.45%	5.57%	45.00%	20.20%	23.95%
HBW2	60.72%	2.30%	14.26%	20.22%	4.44%	53.03%	20.57%	24.45%
HBW3	63.56%	1.34%	11.57%	19.98%	3.32%	60.17%	21.54%	18.51%
HBW4	68.04%	1.50%	9.45%	18.62%	2.42%	61.94%	20.09%	17.94%
HBW5	71.47%	0.69%	9.10%	15.98%	1.91%	64.32%	17.52%	19.01%

注：HBWX(X=1、2、3、4、5)表示 X 类收入家庭的基家工作出行；PA 表示出行产生，AP 表示出行吸引。

在时间分配后，再对各个时段的 OD 进行空间分配。这样考虑了时间分配，与国内现有的大型模型相比，不只是得到了全天或高峰小时的交通分配结果，而是可以获取交通出行在不同时间段的变化，分配结果更符合实际情况，也能很好地反映出土地利用变更情况下出行时空分布发生变化的情况。这里未采用先空间后时间的分配顺序，是因为先空间分配到具体路径上后再对路段上的流量进行时间分配，这需要每个路段上流量的时变特性，而不能简单采用所有路段相同的时变系数。而先时间后空间的分配方法，可以先根据出行特征对出行的时间段进行选择后确定的各时段的 OD 再具体选择路径，分配结果更符合实际情况。

4.5.2　空间分配方法

常用的分配方法有非均衡模型与均衡模型两大类。

非均衡模型包括了全有全无、阻抗可变的单路径分配法以及阻抗为常数或者多变的多路径分配法等，其中的阻抗可以用路网容量、流量等来限制分配等，然后运用增量分配法或迭代加权等算法进行计算[240]。路径的选择可以引入 Logit 和 Probit 等非集计模型进行分配。这种非均衡分配方法的算法相对简单，容易理解。但这些方法缺乏理论依据，并且与实际交通网络的分配存在一定的差距。

均衡模型则是基于交通网络的 Wardrop 均衡原理的模型，包括用户均衡(UE)模型和系统均衡(SO)模型，涵盖交通阻抗和流量的因素，考虑了流量和阻抗的相互影响，更符合实际交通网络的分配。其中，系统均衡模型是从系统最优化出发的，通常用来对系统进行评价，而在实际的出行选择中大多是以用户最优，所以这里建议采用用户均衡模型进行交通分配。用户均衡模型的形式如下：

$$\min: Z(X) = \sum_a \int_0^{x_a} t_a(\omega)\mathrm{d}\omega \tag{4-13(a)}$$

$$\text{s.t.} \sum_k f_k^{rs} = q_{rs},\ r \in R,\ s \in S,\ k \in P \tag{4-13(b)}$$

$$f_k^{rs} \geqslant 0,\ r \in R,\ s \in S,\ k \in P \tag{4-13(c)}$$

$$x_a = \sum_r \sum_s \sum_k f_k^{rs} \delta_{a,k}^{rs},\ r \in R,\ s \in S,\ k \in P,\ a \in A \tag{4-13(d)}$$

式中　x_a——路段 a 上的交通流量；

t_a——路段 a 的阻抗；

f_k^{rs}——OD 对(r,s)间的第 k 条路径的交通流量；

q_{rs}——OD 对(r,s)间的 OD 量；

$\delta_{a,k}^{rs}$——0—1 开关变量。

其中，t_a 为路段阻抗函数，应能反映实际道路路段上行程时间与路段流量时间的关系，常用的路段阻抗函数是 BPR 阻抗函数[249]，采用路段的流量与通行能力之比来表示，具体形式如下：

$$t_a(v) = t_0\left[1 + \alpha\left(\frac{v}{c}\right)^{\beta}\right] \tag{4-14}$$

式中　v——路段交通量；

c——路段的通行能力；

t_0——路段上自由流的时间(min)，通常采用路段长度与最高限速之比；

α，β——待标定的参数，美国公路局推荐 α 为 0.15，β 为 4。

但是，这里的路段阻抗函数 t_a 只考虑了路段的容量和流量之间的关系，实际上对于城市道路还存在交叉口延误的影响，而且在路段或路径选择时考虑的不仅是时间还包括费用。所以，这里增加交叉口延误项和成本费用项对路段阻抗函数进行修正。最后的修正公式如下：

$$t_{ij} = t_a(v) + d + \frac{toll}{vot} = t_0\left[1 + \alpha\left(\frac{v}{c}\right)^{\beta}\right] + d + \frac{toll}{vot} \tag{4-15}$$

式中　t_{ij}——调整后的路段阻抗函数；

$t_{ij}(v)$——BPR 阻抗函数；

d——相邻交叉口进口道的延误时间(min)；

$toll$——路段的收费(元)；

vot——不同收入家庭或个人出行的时间价值(元/min)。

对于相邻交叉口进口道的延误时间，若为公路连续流或无信号交叉口，则为简化计算可忽略交叉口延误 d 取值为 0；而对于城市道路的信号控制交叉口，则需要对每个交叉口的各个转向进口道延误根据信号周期时长、绿信比、饱和度等进行计算和标定。具体延误的计算可参照美国道路通行能力手册[250]以及其他参考文献[251]。

修正后的阻抗函数公式，不只是考虑单纯的时间，也考虑了经济因素或路段属性因素对路径选择的影响，如果路段为收费公路如拥挤收费或高速收费，则 $toll$ 为实际的收费金额，而如果路段没有收费，而是对某类车辆如货车禁限，则 *toll* 取一个无穷大的数字如 99 999 999 来表示。如此，综合时间和费用以及禁限因素共同作为路段阻抗函数，更符合实际情况，而且也能够反映公路收费、拥挤收费等对路径选择的影响，也能体现出时间价值对路径选择的影响。

模型建立后另一个关键问题就是如何对模型进行求解。因为在路段阻抗函数中加入了时间价值这一变量，这就使得交通分配变得更为复杂。这里的时间价值主要取决于家庭的收入，这也是在最初的交通生成以及方式划分时提出根据家庭收入进行分类的原因。而且在这里，不仅涉及城市客运层不同家庭收入的不同出行目的分时间段分别进行各种方式的交通 OD 的分配，还包括其他客货运交通量的分配，也就是需要对时间分配后所得到的各出行目的下各方式各时间的出行 OD 矩阵进行空间分配，即多个用户类的交通分配。

对于用户均衡这一带约束条件的非线性规划模型，目前广泛采用的求解算法是 Frank-Wolfe 算法，将寻找下降方向的子问题变成一系列的最短路径问题。但这一算法迭代过程要反复求解，耗时收敛缓慢，特别是对大型区域模型来说，难以得到高度收敛的准确结果。Bar-gera[252]最先提出了基于起点的 origin-based 算法用来求解 UE 模型，可以进行快速的收敛。而后在 2006 年 Dial 又在此基础上提出了两种改进算法，一种是“Algorithm B”即 B 算法[253]，但这一算法虽然比 Bar-gera 的 origin-based 算法快得多，但是由于其需要存储具体起点和具体用户类的数据组，如用来进行多用户类的大型网络分配则即使低准确度的也需要几十个 G 的巨大内存，较不适用于一体化模型，当然如果只有一个或两个用户类，或者不是超大的网络，该算法是个不错的选择。而对于超大规模网络以及十多个用户类的情况下，计算速度和硬件要求是需要考虑的，所以可以采用 Dial 所提出的另一种适用于多用户类网络的有效算法[254]进行交通网络的分配[255]。

Dial 所提出的算法可以根据不同用户实际路段阻抗的不同，快速生成不同用户的最短路径树，并在不同用户类间转换。实际上，在一个大型交通网络中，只有少数路段因收费、禁限等原因会存在交通阻抗不同的情况，所以大多最短路径对于不同用户组没有本质上的差异，因此可以从一个用户转移到另一个用户。因此，既然不是最初就生成最短路径树，所以就节省了大量的时间。为提高效率，需要对路段先进行分组然后再进行分配。根据 Dial 的算法，叶昕设计了“minpathtree-transfer”函数来实现不同用户的转换，并将其成功应用到 MSTM[256]，感兴趣的读者可以参阅相关文献。

需要补充说明的是，在构建路网路段时，为了实现交通流在交通网络上的分配，不仅需要描述车道的类型和功能、设计车速和通常的拥挤车速，还需要进一步描述对路段不同时段的车道数和禁限类型，以能够进行不同时段的交通分配。

4.6 模型之间关联与开发

4.6.1 模型关联

在一体化综合模型中，各模型的输入输出是相互联系的。

以交通模块中的个人出行模块为例，在交通生成阶段的输入是土地利用和经济模型的输出，包括对家庭分别按收入、大小、工作人数所进行的分类，另外，区域来访者模型中的来访者也作为在城市个人生成模型的输入；而交通生成模型的输出则是分为不同出行目的（主要包括5种家庭类型的基家工作、基家购物、基家上学、基家其他、非基家工作、非基家其他共18种出行目的）的日个人机动化出行，这些交通生成模型的输出又是交通分布模型的输入。交通分布模型的输入还包括交通网络步骤所输出的道路和公交网络矩阵；其输出为全天18种出行目的个人出行各小区产生和吸引的出行矩阵。这些OD矩阵以及交通网络矩阵作为交通方式选择的输入，从而得到18种出行目的不同出行方式的出行OD矩阵，然后作为时间分配模型的输入。

时间分配模型的输入除了个人出行模块方式划分模型的输出外，还有其他交通模块所得到的OD矩阵，包括城市与区域层的货运以及区域客运模块输出的OD矩阵。

时间分配模型输出不同时间段的18种出行目的的不同出行方式的出行OD矩阵，作为交通分配模型的输入，最后加载到交通网络上得到初步分配的交通量，然后将分配后得到的拥挤速度反馈到交通网络中，进行再次的交通分配。最终交通网络交通分配的结果作为其他模型包括能源消耗模型、排放模型等的输入。具体输入输出关系如图4-9所示。

总的来说，在土地利用与交通一体化模型的多层综合交通模块中土地利用是关键参数，土地利用因素的变化将直接影响着交通需求的生成、分布、方式、交通网络的运行。同时，可以考虑多种出行目的的个人出行和货物出行，得到可以分别或综合进行分析统计的分配结果。

4.6.2 模型开发

模型的开发应用还需要依据各步骤的模型，借助交通规划软件进行二次开发。例如使用cube软件，该软件不仅较为成熟且具有完整的土地利用和交通模块包括cube land（土地利用模块）、cube voyager（客运模块）、cube cargo（货运模块）等，各模块之间的输入输出也可以相互关联。另外，可以用cube的脚本语言对各步骤所采用模型参数等进行调整，方便对于各步骤模型的完善。还有，还可以与arcgis软件进行结合，具体cube的使用可参照其网站（http://www.citilabs.com/products/cube）。在模型开发前，需要有完整的交通网络数据和出行调查数据。然后运用cube的脚本语言、R语言等，编写各步骤的语言代码，最后编写一个批处理命令进行模型的运行。这里以一个批处理文件来展示交通模块主要步骤的运行流程。

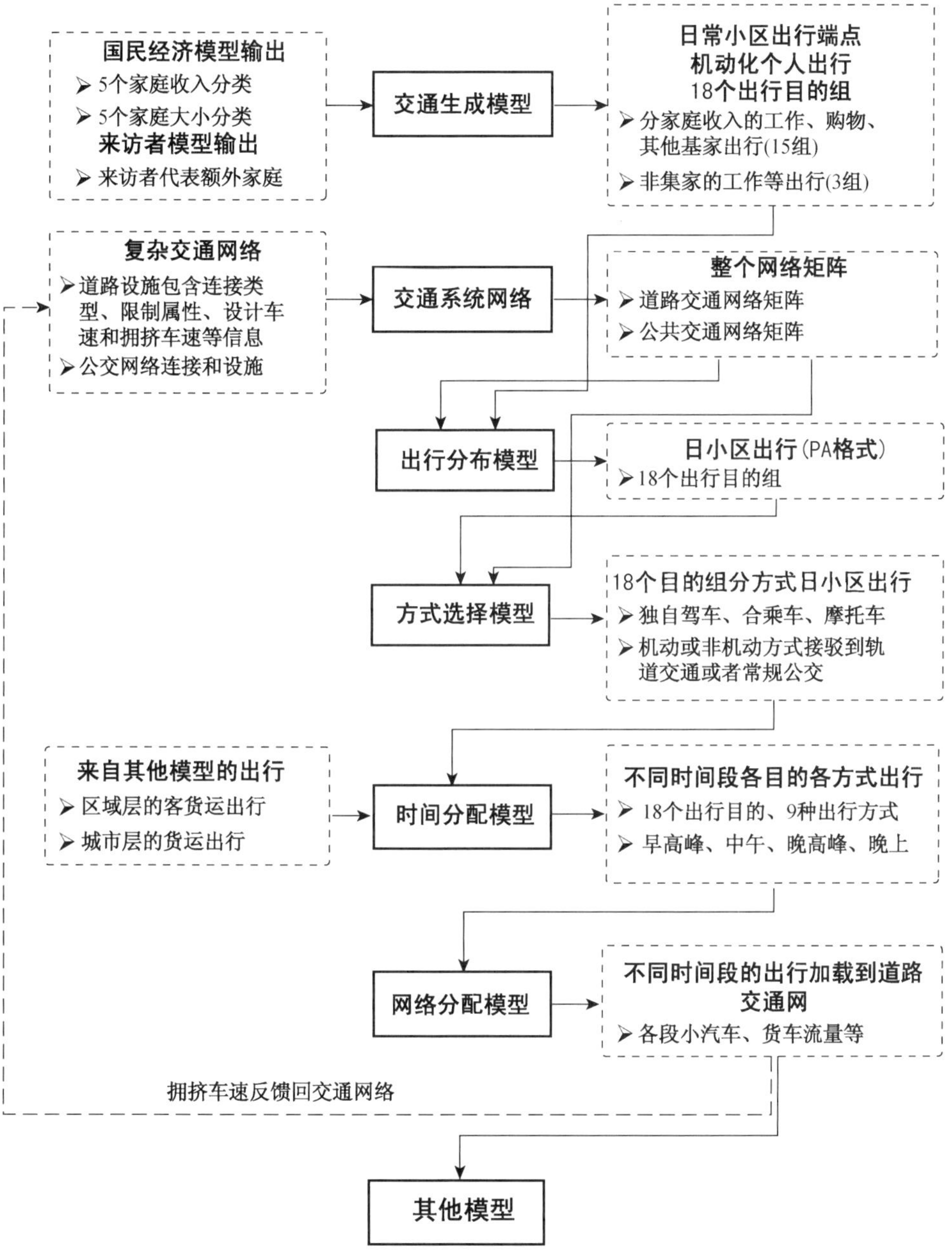

图 4-9　模型间的输入输出关联

➢ Step 0：设置模型运行的路径：

代码如下：

```
setrunpath=%CD%
echo The model-path is "%var%"
cd"%runpath%"\
```

这是批处理文件的开始，需将批处理文件放在模型数据的同一个文件夹中。

➢ Step 1：运行道路层处理程序：

代码如下：

```
ECHO Running Highway Skims...
cd "%runpath%"\CUBE_BASE_Scn_2007
runtpp"HighwaySkim.s"
if ERRORLEVEL 2 goto done
```

这里"CUBE_BASE_Scn_2007"是指的 cube 脚本"HighwaySkim. s"所在的文件夹，而"HighwaySkim. s"则是需要编写的形成公路道路网 skim 的 cube 脚本，其输入是带有属性的交通网络，输出的是计算过的不同时间段不同机动化方式的公路网的 skm。

➢ Step 2：运行公交层处理程序：

代码如下：

```
ECHO Running Transit Skims...
runtpp "TransitSkims.s"
if ERRORLEVEL 2 goto done
```

"TransitSkims. s"是需要编写的形成公交网 skim 的 cube 脚本，其输入是带有属性的交通网络和公交线路数据以及公交系统文件等，输出的是计算过的不同时间段不同公交方式的 skm。

➢ Step 3：运行迭代均衡拟合(IPF)过程

代码如下：

```
ECHO Running IPF...
runtpp " IPF.s"
if ERRORLEVEL 2 goto done
```

输入国民经济数据，产生各小区的根据收入和大小分类的家庭数以及根据收入和工人数分类的家庭量。

➢ Step 4：运行出行生成步骤：

代码如下：

```
ECHO Running Trip Generation...
runtpp " TripGeneration.s"
if ERRORLEVEL 2 goto done
```

输入的是各小区的区位、家庭数、岗位数以及根据调查统计得到的各出行目的不同区位家庭与岗位的出行产生和吸引率，输出的是各交通小区的出行产生和吸引量。

➢ Step5：运行货运模型和区域层客运模块

代码如下：

```
ECHO Running Truck and Regional Model...
cd "%runpath%"
call runTruckandRegionalModel.bat
```

“runTruckandRegionalModel.bat”是货运模型和区域层客运模块所集合成的一个批处理文件，文件中同样包括各自的出行生成、分布等步骤。

➢ Step 5：运行交通分布模型：

代码如下：

```
ECHO Running Trip Distribution...
cd "%runpath%"\CUBE_BASE_Scn_2007\
runtpp "TripDistribution.s"
if ERRORLEVEL 2 goto done
```

如采用的是重力出行模型，则需要计算的是小区间的组合时间矩阵。而这里建议采用的是目的地选择模型，需要提前标定出行分布效用函数中各变量的系数作为参数输入，从而得到不同出行目的出行分布矩阵。

➢ Step6：运行交通方式选择：

代码如下：

```
ECHO Running Mode Choice...
runtpp "ModeChoice.s"
if ERRORLEVEL 2 goto done
```

需要提前标定各交通方式系数作为输入之一，得到不同出行目的下不同方式的出行分布矩阵。

➢ Step7：运行时间分配模型：

代码如下：

```
ECHO Running Time of Day...
runtpp "TOD.s"
if ERRORLEVEL 2 goto done
```

根据出行的时间分布得到不同时间段各出行目的各方式的出行分布矩阵。

➢ Step8：运行公交分配模块

代码如下：

```
ECHO Running Transit Assignment...
runtpp "TransitAssign.s"
if ERRORLEVEL 2 goto done
```

➢ Step9：运行道路交通分配模型：

代码如下：

```
ECHO Running Highway Assignment...
runtpp "HwyAssign.s"
if ERRORLEVEL 2 goto done
```

得到全天以及不同时间段各路段各类交通流量。

其中，模型开发应用的关键是交通网络的建立、模型的采用和参数的标定，各城市需要结合大规模的土地利用和交通调查以建立模型并标定合理的参数。模型的研发是一个长期的过程，这里只提出了整体架构思路、模型的构成以及局部模型的改善，具体的开发应用还需要耗费多年时间逐步进行研发。

虽然这里所提出的一体化综合模型架构仍然借助于交通需求预测四步骤模型，但是，却对交通模型进行了整合和分层，划分成多个模块，用多模块的多个四步骤模型替代了传统的一个四步骤。既考虑了个人出行也考虑了货运出行，而且是既考虑了城市层的交通出行，也考虑了城市与外界的交通出行以及过境的客货出行，这种模型的架构更符合实际情况。同时，考虑了出行的时间分配，实现模型的融合和多类出行的综合分配，预测结果也相对更加准确。

作为从交通模型到土地利用与交通一体化模型的过渡，该模型完全能够反映土地利用对交通的作用，而交通对土地利用的作用较微弱，只能通过用地的可达性变化以及长期的效果来反映。但是其相比国内交通模型而言，已经具有很大的改进，模型更精细化，实现了多层的四阶段模型的融合，而且引入了非集计模型，能体现土地或者油价或者道路设施等对交通系统的影响，特别是宏观区域的作用效果，预测结果更加准确。对于大城市非常有必要建立完整的城市土地利用和交通一体化模型，用来评估未来土地发展对交通状况的影响以及怎样改善交通的交通状况等，更好地进行城市规划和调整。

5 用地再开发规划阶段交通拥挤预检

城市用地再开发规划，除了需要交通需求预测模型的支撑外，还需要技术工具来定量判别其规划方案的交通合理性，避免引发或加剧交通拥挤的再开发规划产生，以从根源上缓解交通拥挤。

本章针对用地再开发在规划阶段交通拥挤识别和方案评价技术工具的缺乏，提出对城市用地再开发下交通拥挤进行规划预检的思路，并构建预检中的交通状态和交通拥挤程度的分析指标体系，进而提出针对用地再开发方案交通合理性的判定方法，为合理的用地再开发规划方案的制定和选取提供技术支持。

5.1 交通拥挤的预检方法

5.1.1 目的和意义

通过前文的分析，获悉用地再开发下交通拥挤产生和加剧的最根本原因在于再开发方案的制定不合理即土地利用性质或强度以及配套交通设施不当所致，而深层原因在于规划与管理的体制、机制、技术方法等方面的不足。其中，缺乏一个合适的工具对规划进行定量的评价(如进行交通影响分析等)是一个关键的技术缺陷。

合理的再开发方案并不会加剧交通拥挤甚至可能会起到缓解交通拥挤的作用，用地再开发后导致交通拥挤形成或加剧的方案均存在不合理之处。可是，怎样辨别用地再开发方案在交通层面上的合理性？当然并不能等再开发实施后从其实施效果断定，因为那时即使发现不合理也为时已晚，只能做些补救措施，很难从根本上解决问题，所以很有必要提前判断所规划的用地再开发方案的交通合理性，尽量杜绝可能会引发交通拥挤的不合理的用地再开发规划。

目前，我国大中城市要求对大型土地开发建设项目包括用地再开发项目实行交通影响分析，对于交通影响较大的开发方案则认定为不可接受，需要对开发方案予以调整。对于我国现行交通影响分析体系的不足，在 2.6.3.2 节中已有论述。实际上现行的交通影响分析大多是在项目实施阶段，即基本上是在土地利用方案确定后也就是控制性详细规划甚至修建性详细规划制定后进行的，在这个阶段即使发现有严重的交通问题，几乎也很难再改变土地使用性质和使用强度，对土地利用方案调整方面的影响力度非常有限。而且，现行交通影响分析体系对用地再开发问题的针对性不强，没有考虑再开发与一般开发的差异，缺乏有效衡量用地再开发影响程度及其合理性的评价指标等。最关键的是，目前在用地再开发项目的规划阶段并没有要求进行交通影响分析，也没有统一的定量的评价指标与标准。

为此，这里提出针对城市用地再开发在规划阶段的交通拥挤预检方法，期望在规划的源头——控制性详细规划阶段就能考虑到再开发对交通的影响，通过对有无用地再开发项目情况下交通拥挤程度的比较来分析用地再开发是否会引发或者加剧交通拥挤，其目的是为了确保再开发规划方案的交通合理性，减少因再开发规划不当而产生的交通拥挤。为制定与交通协调的合理用地再开发规划提供有效工具。只有预检合格的规划方案才能进入后续的规划设计和实施阶段。合理的用地再开发规划方案将有利于控制和指导后续再开发方案的实施。

5.1.2 基本流程

预检方法的基本流程如图 5-1 所示。

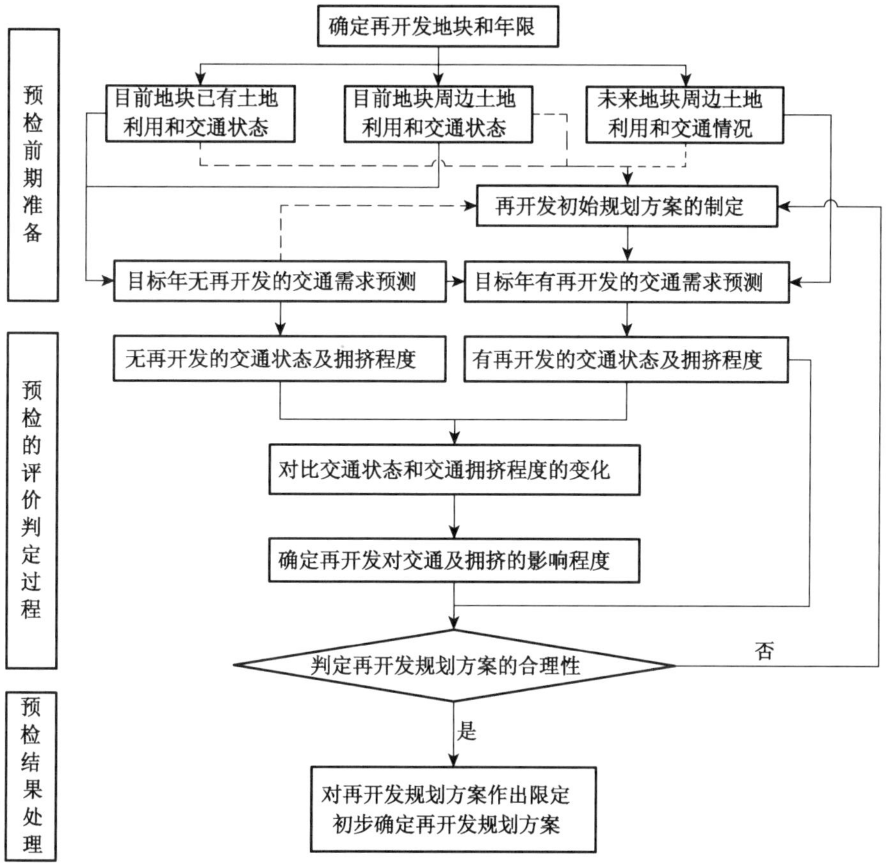

注:图中斜体字表示的是前期需要进行调研的内容,虚线表示有联系但非直接关联下一步。

图 5-1 再开发下交通拥挤规划预检流程框图

整个预检流程包括 3 部分内容:预检的前期准备、预检的评价判定过程和预检结果的处理。

1. 预检的前期准备

预检的前期准备,也是进入预检的先决条件,即提供待检的再开发规划方案,并给出有无再开发情况下的交通需求和供给情况。在预检的前期准备中需要包括的内容有:

(1) 明确用地再开发地块的位置、面积等情况,何时实施与完成再开发,正常投入使用的年限。

(2) 掌握再开发前该地块的土地和交通状况包括交通设施情况和出行特征(这也是再开发与首次开发的不同之处),明确地块当前产生和吸引的交通量以及分布和分配情况。

(3) 调查再开发地块周边的土地和交通状况,并评价其目前的交通状态。

(4) 掌握用地再开发地块周边土地和交通状况变化情况,包括交通设施的供给和服务状况的改变以及居民出行特性等交通需求的变化,确定未来年的状态。

(5) 根据现有及未来周边地块土地利用状况和交通状态,制定初始的再开发规划方案。

(6) 假设不对地块进行再开发,地块按其现有的土地利用状况进行继续发展,预测目标年该情况下整个区域无再开发的交通需求。

(7) 根据初始的再开发规划方案,预测目标年再开发后区域的交通需求情况。

2. 预检的评价判定过程

预检的评价判定过程,是预检实施的核心部分,也是本章的重点内容。在评价判定过程中主要包括以下几个步骤:

(1) 根据目标年无用地再开发情况的交通需求预测,分析目标年无用地再开发时的区域交通状态和交通拥挤程度。

(2) 根据目标年有用地再开发的交通需求预测,分析目标年用地再开发下的区域交通状况及交通拥挤程度。

(3) 对比分析有、无用地再开发情况下目标年的交通状态和其拥挤情况,明确再开发项目所带来的交通状态及拥挤程度的变化。

(4) 根据再开发项目对交通及拥挤的影响程度,判断用地再开发规划方案的交通合理性。

3. 预检评价判定后的处理

预检评价判定后的处理,是预检的目的所在,即确保后续实施的是合理的再开发规划方案。

通过预检的合理方案才可进入后续的规划设计与实施,而其他方案则需要返回到最初的用地再开发规划方案的制定,待调整修订后重新进行预检。

在这里,预检流程重在对用地再开发规划方案合理性的判定,是在原始的再开发方案给出后,对其进行的类似交通影响分析的过程,属于对规划后期的定量评价,应当作为最终制定与修改控制性详细规划以及修建性详细规划的一个必备步骤。

对用地再开发方案在交通上的合理性进行判定的目的不仅是为了预检再开发方案的合理性,更重要的是为了避免用地再开发所导致的交通拥挤的形成和加剧,所以对判定后的再开发方案的处理也极为重要。

首先，对于判定为合理的用地再开发方案，说明了再开发方案的整体设计在交通上较为合理，对交通拥挤的影响是正面的，方案通过了预检，可以按照此方案的用地性质和开发强度以及配套设施进行规划，并在此基础上进一步做后续具体方案设计。

其次，对于判定为不合理的用地再开发方案，说明再开发方案的整体设计在交通上不可行，再开发后会加剧交通拥挤或者仍然存在严重交通拥挤，方案不能通过预检，需要进行重新设计。此时，需要记录下该方案的用地性质和开发强度以及配套设施情况，作为一个限度，凡是性质相同，配套相同，开发强度超过此方案均为不合理的再开发。然后，结合周边地块的用地性质和开发强度以及交通承载力，尝试对该再开发方案进行较大幅度调整重新设计方案：①是否需要调整用地性质，进行混合土地利用或者改变用地功能；②能否降低再开发强度，进行低强度再开发；③能否提高交通承载力，完善交通设施。在重新设计方案时，要明确如果方案本身的交通需求与交通设施与初次方案相差不大，则方案仍不会是合理方案，所以重新设计的方案的交通需求特征必须要与原来的有较大差异或者交通设施有较大改善。如此对重新设计后的再开发方案重新进行需求预测或模型运行，重新比较分析其影响，判定其合理性。每次调试的方案设计及判断结果都要进行记录，为规划方案的制定做出限定的同时以便为下次方案的制定做参考以制定更优方案。

再次，对于判定为可接受的用地再开发方案，说明再开发方案的整体设计对交通的影响处于可接受范围，此时需要记下此方案的性质和开发强度以及配套设施，然后分析该方案周边的用地性质和开发强度以及交通承载力，尝试对该再开发方案进行调整和完善，首先是否需要调整用地性质，然后能否降低再开发强度，最后能否提高交通承载力，如此对调整后的用地再开发方案重新进行需求预测或模型运行，重新比较分析其影响，判定其合理性。同样每次的调试都要进行记录，以制定更优方案，尽量将可接受方案调整成合理性方案。如果由于种种因素制约多次调试后，方案仍无法修订成合理性方案，则只能从中选择最优的负面影响最小的方案作为用地再开发方案。

需要特别说明的是，预检机制是针对规划而言的，侧重的是从整体上来判定方案对交通而言的合理性，并没有经过具体的方案设计，预检通过的方案只能说明总体设计是合理的，但还需要进一步的完善和落实，并无法避免方案在后续设计过程中因一些局部的细节等设计不足引发交通拥挤，所以该预检流程并不能替代交通影响分析。

此外，预检流程还可以用于规划前期对最初用地再开发规划方案的制定过程，当某个区域需要进行再开发或者需要对区域土地利用进行调整时，就可以按照该流程，通过多种方案的判断以及不断的循环测算和调整，来制定最优的合理初步再开发方案。也可以用于规划实施前的交通影响评价，或者其中的评价指标和判定标准也还可以用于再开发方案实施后的评估。只是具体的步骤和流程处理会有所差异,还需要进行适当的调整。

5.1.3 关键技术

在预检流程中,针对前期准备阶段,比较关键的是初步规划方案的制定以及有无再开发的交通需求预测:

(1) 用地再开发初步规划方案的制定,直接关系到后续的判定结果。如果能够在最初的规划方案制定时就考虑土地利用与交通的协调发展,则能避免或减少预检不合理后反馈调整的烦琐流程。

(2) 有无用地再开发的交通需求预测的烦琐程度以及准确性,直接影响到预检实施的可行性和可信性。如果有一套适用于再开发的土地利用与交通一体化模型,则能够进行科学的交通需求预测,有效缩短预测时间、减少预测流程的机械重复,提高预测的准确与可靠性,为预检结果提供强有力的支撑。

对于这两个关键内容,本书前两章已进行了分析,第 3 章已给出了初步规划方案制定的具体策略,第 4 章则具体描述了交通需求预测方法。

本章重点介绍预检的评价判定过程中关键步骤和核心内容,包括有无再开发交通状态及拥挤程度的分析和对比以确定再开发的影响程度、再开发规划方案的合理性判定这三个方面的关键技术。

1. 有无用地再开发交通状态和拥挤程度的分析

交通状态和拥挤程度分析是在交通需求预测的基础上,分析评价范围内交通系统的交通量分布、交通系统的供需和运行状况等。而交通需求预测模型输出的原始结果是大量的数据,所以这就需要采用恰当的指标来分析与评价交通状态和拥挤程度。然后才能在此基础上对有、无用地再开发下的交通状态和拥挤程度进行比较。预检机制中对交通状态和拥挤程度的分析应该尽可能简单明确全面,采取的指标尽量具有可比性,能对有无再开发时的交通状态和交通拥挤程度进行比较。而目前的交通状态及拥挤评价指标尚无统一标准,需要对现有的指标进行分析选取或构建合适的指标运用到预检机制中。

2. 有无用地再开发交通状态和拥挤程度的对比以确定再开发的影响程度

确定了有无用地再开发下的交通状态和拥挤程度后,就需要进行对比分析,明确有无再开发交通状态与交通拥挤程度的变化,采用合适的指标和标准来确定再开发对交通及交通拥挤的影响程度,为判定再开发的合理性奠定基础。目前尚无适用于用地再开发的交通影响分析与评价指标,如何根据有无再开发的交通状态和交通拥挤程度变化来评价、确定再开发对交通及交通拥挤的影响程度,是需要进一步研究的关键问题。这也是后续进行合理性判定的基础。

3. 用地再开发合理性的判定

根据再开发对交通及交通拥挤的影响程度，对再开发规划方案在交通上的合理性进行判定，确定再开发规划方案是否加剧交通拥挤，作为调整与确定再开发规划方案的依据。怎样的影响程度是合理的？怎样的是不合理的？这需要一个科学的判定方法和合理的评价标准，但是目前这方面尚没有现成的研究成果。

所以，在本章针对规划预检最需要解决的是以下 3 个问题：

(1) 采用哪些指标对交通状态和拥挤程度进行分析？

(2) 需要哪些指标进行用地再开发对交通及拥挤的影响分析与评价？

(3) 如何判断再开发规划方案在交通上的合理性？

这 3 个问题是规划预检实现的关键，本章对这 3 个问题具体分析解决思路，以制定合理的再开发规划方案，缓解因再开发规划不合理而产生的交通拥挤。

5.2 交通状态及拥挤程度分析指标

交通状态及拥挤程度分析指标是用来预先评价有无再开发时的交通状态和拥挤程度，以比较分析再开发带来的交通影响。交通状态和拥挤程度的评价是多维的，其分析指标也应涵盖多个方面，全方位的体现交通状态及拥挤程度。在对现有的基础指标筛选的基础上构建适用于预检的分析指标体系。

5.2.1 基础指标选取

5.2.1.1 交通流特性及其相关参数与指标

明确交通流特性及其相关参数与指标，是提取交通状态评价指标、交通拥挤评价指标以及影响评价指标的前提，也是分析再开发对交通及拥挤影响的基础。

1. 交通流特性主要参数

交通流是道路上通行的人车流的总称。交通流特性是指道路上车流的特性，通常用道路上有关交通流参数的定性和定量特征及其在不同时空条件下的变换规律和相互关系来描述。

交通流参数是描述和反映交通流特性的物理量，分为宏观和微观参数两种。宏观参数把交通流看作一个整体，用于描述交通流的整体特性，包括交通量或流率、速度、交通流密度。微观参数用于描述交通流中彼此相关的车辆之间的运行特性，包括车头时距、车头间距。此外，还有一些特定的交通流参数，主要是用来描述间断流的，如损失时间等。用来分析损失时间的主要指标是延误，根据延误发生的原因可分为停车延误、行程时间延误、排队延误、引道延误和控制延误等。

2. 交通流的时空特性及指标

交通流时刻处于变动之中，随时间及空间不断演变，这被称为交通流的时空特性。

交通流随时间变化的特性，也称时间分布，通常用交通量的时间分布图表示，如月变图、周变图、时变图等。其时变特征主要体现在周期性和集中性两个方面。周期性是指交通流随时间的变化进行循环，以交通流周变图为例，一般工作日的交通量变化不大，休息日变化显著，但整体以周期 $T(T=1$ 周) 循环。集中性是指交通流的时间分布呈现不均匀性，对于一天的交通流而言，通常出现早晚高峰，早晚高峰交通量越大，出行越集中，过于集中的出行不利于交通流的疏散，容易造成交通拥挤。在同一地点高峰小时交通量有或多或少的变化，但高峰小时却每天都几乎发生在同一时间段。

交通流随空间变化的特性，一般是指在同一时间，随地区、地点、方向和车道等的差别而变化的情况，也称空间分布，通常用交通量的空间分布图来表示，交通流的空间分布表现出不均匀性。不均匀性在路段、交叉口及路网上都有体现。在路段上如果方向不均匀性较大，可能造成一个方向交通拥挤，而另一个方向道路资源闲置。在交叉口由于各车道交通量的不同，造成排队长度有很大的差异。对于整体路网而言，各路段的交通量及饱和度有很大的不同。

常用来反映或评价交通流时空特性的指标主要有出行时间分布、高峰小时系数、饱和度、排队长度、延误、方向不均匀系数等。其中，体现交通流时间特性的指标主要是“高峰小时系数”及“出行时间分布”，它们反映道路资源利用率随时间的变化情况。出行时间分布常用交通量变化图来反映；高峰小时系数则反映的是高峰小时交通量的集中程度。而交通流的空间特性则体现在路段、交叉口及路网三个方面，反映的是道路空间资源利用情况。路段常用的评价指标主要有饱和度、方向分布系数；交叉口常用的评价指标主要有延误、交叉口排队长度，其中延误同时也是时间特性的反映；路网则经常用空间不均匀系数来反映交通流的空间分布状况及空间资源的利用情况。

5.2.1.2 交通拥挤特性以及界定评价指标

基于交通流特性的分析，可以看出交通拥挤产生的本质，即交通需求大于交通供给。而由于交通流随时间和空间在不断发生变化，所以，交通拥挤的发生和发展也是一个随时间及空间不断演变的动态过程，而且具有在时空上扩展的特性。

城市道路交通拥挤的时间分布特性包括两个方面：拥挤发生的时刻和拥挤持续的时间。对于偶发性拥挤，由于突发事件的不确定性，所以偶发性拥挤的发生时刻是随机的；而其持续的时间，在很大程度上取决于发生的地点、发生的时刻以及抢救的时效性。对于常发性拥挤，其发生的时刻和持续的时间会呈现出一定的规律。随着城市规模的不断扩大，早高峰和晚高峰是大中城市交通拥挤发生的普遍的时段，并且高峰时段的时长有扩展的趋势。

交通拥挤的空间特性同样包括两个方面：拥挤发生的地点和拥挤在空间上的蔓延。对于拥挤发生的地点，可能是交通需求大于供给，也可能是由于交通设计出现问题，拥挤的发生通常具有常发性。当拥挤发生时，车辆不会堆积在一点，而是以排队的形式沿路段向后蔓延，如果不及时疏导，拥挤就会传播进而影响到相邻的交叉口或路段，即交通拥挤由点发展成线甚至面，导致区域大面积的交通瘫痪。在一个城市中，往往点、线、面各种拥挤分布形式并存，并随时间的推移而不断变化。如图 5-2 所示为城市道路网中某一时刻典型的交通拥挤的分布形式，图中深色加粗段为排队车辆。

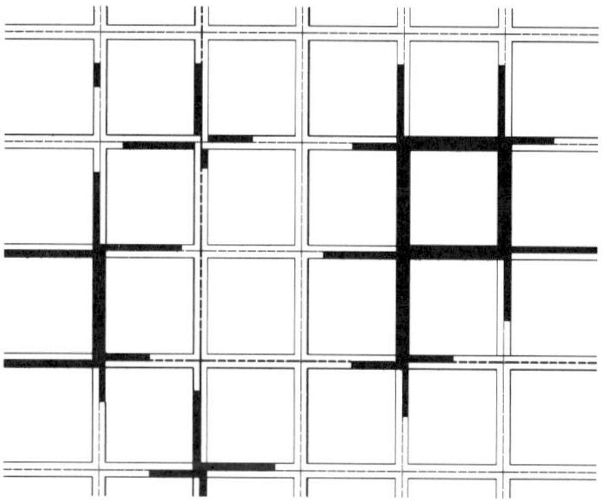

图 5-2 城市道路中典型的交通拥挤空间分布形式

交通拥挤具有时空特性，如何判定是否发生了交通拥挤，不同地区有不同的描述或界定标准和指标[257-261]。从国内外对交通拥挤的界定来看，主要用到的界定指标为占有率、出行时间与延误、平均行程车速、地点车速、排队长度、停车次数这几个指标，另外也有用饱和度或延误组成的服务水平指标界定拥挤的，总结如图 5-3所示。

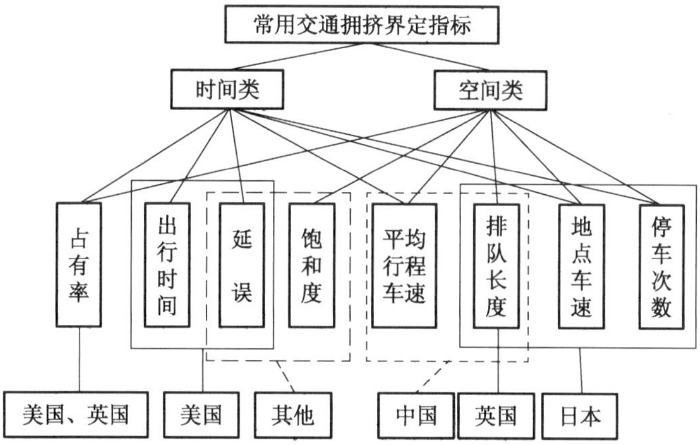

图 5-3 交通拥挤常用界定指标

以上这些指标主要是用来判定交通状态的，以判断是否发生了交通拥挤。对交通拥挤的度量和评价指标则与交通拥挤的界定指标不完全相同。

对交通拥挤的度量和评价，国外较早就展开了研究，主要集中在欧美、日本等发达国家和地区，其中以美国的研究成果最为丰富，从 1982 年起就开始发布城市年度机动性报告[262]，现在部分州已经建立拥挤管理系统[192-193]、联邦公路管理局也开始发布季度城市交通拥挤报告[263]。总的来看，国外常用的针对交通拥挤的评价指标主要分成两类，一类是在统计报告中用的宏观评价指标，重在对交通拥挤造成的时间及其损失的评价，除油耗、成本等经济类的指标外，主要是出行时间指数（*TTI*）和出行延误（*TD*），而拥挤小时(*CH*)、预计出行指标(*PTI*)、道路拥挤指数(*RCI*)、拥挤出行百分比(*PCT*)、缓冲指数(*BI*)等指标也有出现过;另一类则是面向交通拥挤管理层面的,重在评价交通拥挤程度,主要用的是饱和度(*V*/*C*)或服务水平(*LOS*)、行程车速、行程时间、车辆时间延误(*VHD*)、车辆行驶里程(*VMT*)、拥挤车公里(*CLM*)、拥挤持续时间等一些简单的交通评价指标。

我国在这方面的研究开展较晚,但也已有一定的研究成果,一些大城市也开始在交通调查或交通发展年度报告中对交通拥挤进行了度量和评价[264-266]。我国统计报告中主要采用的是交通量、饱和度、行程车速、交叉口服务水平等基本指标,也有学者[267]提出采用基于拥堵里程比的拥堵指数、基于平均车速的拥堵级别里程比、拥挤路段数量和分布等宏观指标,并且这些宏观指标正在用来构建北京城市道路拥挤指标体系[266]。此外,还有学者[268]提出了以平均速度、停车次数、饱和度、排队长度、延误等多指标的微观的评价指标体系,也有学者提出拥挤持续度、拥挤影响度、时间波动度等指标[195]。总体来说,我国拥挤评价指标以宏观统计类指标或复杂的合成指标或微观的多个指标的评价体系为主,正趋于复杂化、多指标方向发展,但面向拥挤管理的评价指标与体系尚且研究不足。

总结国内外交通拥挤的评价指标,主要分成两大类:基础指标和衍生指标,如表 5-1 所示。其中,所采用的基础指标国内外基本相同,但衍生指标则差异较大,我国的衍生指标相对更为复杂多样。

表 5-1　　国内外常用的交通拥挤评价指标

类别	国外常用指标	国内常用指标
基础指标	延误、饱和度、服务水平、行程车速	
	行程时间等	交通量、停车次数、排队长度等
衍生指标	拥挤持续时间	
	出行时间指数(*TTI*)、拥挤小时(*CH*)、预计出行指标(*PTI*)、道路拥挤指数(*RCI*)、拥挤出行百分比(*PCT*)、缓冲指数(*BI*)、车辆时间延误(*VHD*)、车辆行驶里程(*VMT*)、拥挤车公里(*CLM*)等指标	拥堵里程比、拥堵级别里程比、拥堵指数、拥挤路段数量和分布、拥挤持续度、拥挤影响度、时间波动度、日交通拥堵指数、其他的拥挤率与拥挤度等指标

5.2.1.3　基础指标集的确定

通过对交通流与交通拥挤特性及其常用指标的分析,发现无论是常用的交通时空特性指标还是常用交通拥挤界定与评价指标,都是以交通运行基本参数和指标为基础,所以预检中的交通状态及拥挤程度分析指标也应当是在基础参数和指标的基础上选取与构建。下面首先对基础指标进行适用性分析,然后确定交通状态分析指标,最后确定交通拥挤程度分析指标。

基础指标是指能够反映基本交通流特性或者运行状况的参数和指标，诸如流量、密度、速度、饱和度、排队长度、延误等指标，其中交通量、饱和度、行程车速、地点车速、行程时间、延误、占有率、排队长度、停车次数等指标常用作交通拥挤界定和交通拥挤评价的基础指标。下面分析这些基础指标是否能体现交通状态或者反映交通拥挤程度。

1. 交通量或流率以及饱和度

交通量是重要的统计指标，在一定程度上反映了道路上某点的交通状态。国外的车辆行驶里程（*VMT*）指标就是在此基础上的衍生指标，用来评价交通运行的总体情况。但在同一流量水平可以对应两种截然不同的交通状态，因此往往不能单独将流量作为判断交通状态的参数，也不能作为拥挤程度的评价指标。

与流量相关的饱和度（V/C），是重要的交通状态评价指标，常用来界定交通拥挤。很多的衍生指标是基于饱和度界定的交通拥挤评价指标，如国外的拥挤车公里（*CLM*）等（一般指的是饱和度大于 0.8 的车道的长度与其上交通流量的乘积），以用来反映城市总体交通拥挤状态，进行宏观总体评价。但是由于饱和度是基于流量数据的，同样具有两重性，所以并不能很好地反映局部节点或交叉口的交通拥挤程度，但可以辅助其他指标共同进行总体的拥挤程度评价。

2. 速度与行程时间

速度中针对单个车辆的速度概念，以及微观参数车头间距和车头时距等不宜用来作为交通拥挤评价指标，部分指标如地点速度等可作为交通拥挤的界定指标。

平均行程车速、地点平均速度较适合用来做交通拥挤评价指标，但二者相比平均行程车速更合适[269]，原因如下：①这两个指标在连续流状态下差别不大，但对于拥挤流二者的差异则随速度的降低而增大；②对于很短的路段或很短的行程时间，平均行程车速更稳定；③在拥挤状况下，当拥挤程度改变时，地点平均速度基本不变，而平均行程速度则随拥挤程度的增加而降低，能很好地反映交通拥挤的实际情况。

与速度相关的行程时间以及描述间断流的指标延误，常用来进行拥挤评价，因为这两个参数同样是拥挤的单值函数，会随着拥挤程度的增加而增加，能反映交通拥挤的状况，简单易懂，但还需与其他指标结合增加其可比性。很多衍生指标都是在基于这两个参数，如国外常用的车辆时间延误指标（*VHD*）就是基于拥挤与非拥挤下行程时间的差值，属于行程时间延误。

3. 密度与占有率

密度不具有流量的二值特性，是重要的交通状态评价指标，发生交通拥挤时，车辆间距会因静止排队而缩到最小，于是密度达到最大。但已经发生交通拥挤后密度会保持在接近或等于最大密度状态，无法区别拥挤程

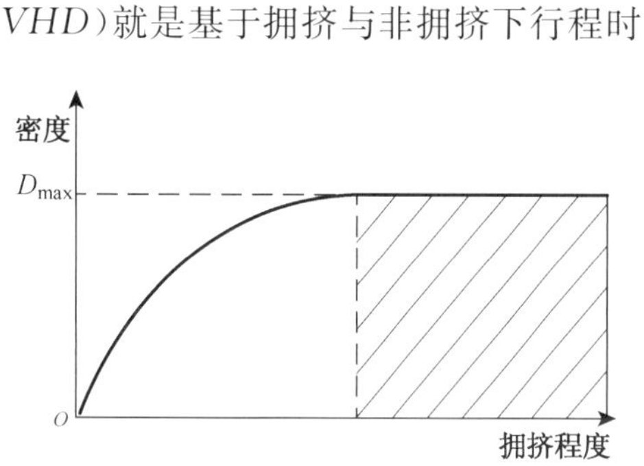

图 5-4　密度和拥挤程度之间的关系

度如排队长短等(图 5-4),不适合作为交通拥挤程度的评价指标。

用来获取密度的时间占有率,同密度一样能够体现交通流的运行状态,但不适合用来描述交通拥挤程度。

4. 排队长度与停车次数

排队长度反映了公众对交通拥挤的直观感觉,也反映了交通拥挤的空间特征,是重要的交通管理指标,应尽量避免排队长度蔓延到上游交叉口的这种情况出现。排队长度可以作为评价交通拥挤的基础指标,但由于路段长度的不同,相同排队长度,拥挤程度不一定相同,排队长的交叉口,交通拥挤程度不一定更严重。所以,排队长度需与路段长度结合来构造拥挤评价指标。需要注意的是,由于城市交叉口交通信号控制的存在,所以红灯期间必定会有排队,这种在 1 个信号周期能通过的排队不属于交通拥挤的范畴。

停车次数指标虽然能在一定程度上反映交通状态,但较难获取也不能准确反映拥挤程度,所以不宜作为交通状态或拥挤评价指标。

综合上述对基础指标的分析可以看出,平均行程车速、行程时间与延误、排队长度这几个指标既适合进行交通状态评价也适合做交通拥挤程度评价的基础指标。交通量、饱和度、密度与占有率能在一定程度上反映交通状态和拥挤程度,但有局限性不能单独使用。基于对基础指标的适用分析,最终所得到用来评价交通状态和交通拥挤的基础指标集,如图 5-5 所示。

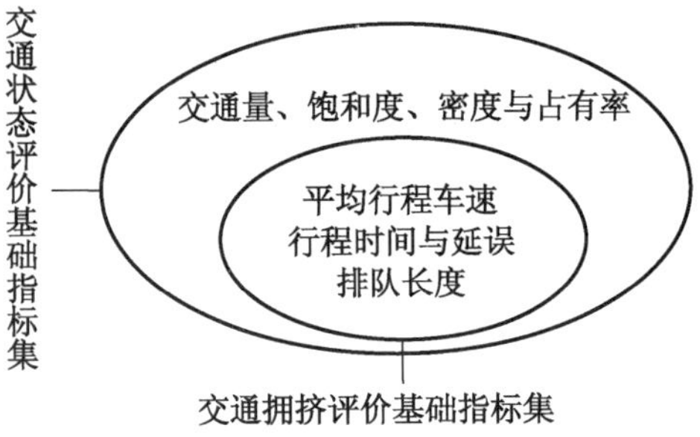

图 5-5　交通状态与交通拥挤评价基础指标集

5.2.2　主体指标确定

考虑到预检对交通状态及拥挤程度分析主要是基于交通需求预测而不是实际的交通运行状态,所以选取指标时要考虑是否易获得。而且所采用的指标应当具有可比性,尽量满足既能体现交通状态,又能在一定程度上反映交通拥挤程度。另外,预测的交通需求在总体层面的可信度相对较高,而对局部某个交叉口则可信度相对较低,而且预检重在对总体路网状况的把握,所以评价指标主要针对的是总体路网,应是宏观而非微观指标。

根据对基础指标的适用性分析所获得的交通状态与拥挤程度评价基础指标集来构建预检体系中的交通状态和拥挤评价主体指标。由于预检是交通需求预测,评价指标是基于所获得的最后的交通分配结果的基础上所进行的评价。因此,主要针对道路上的机动车辆提出以下指标:

(1) 由于预测最直接得到的是道路上的车辆数即交通量,所以基于交通量,提出总

体的车辆出行公里 *VKT*(Vehicle Kilometers Traveled)指标，来看总体的交通需求的空间状态；再结合行程时间，采用总体的车辆出行小时 *VHT*(Vehicle Hours of Travel)，来体现总体交通需求的时间特性。但这两指标并不能体现交通拥挤，结合延误采用总体车辆延误小时 *VHD*(Vehicle Hours of Delay)，这可以在一定程度上体现交通拥挤，但仍无法反映拥挤程度，所以在 *VHT* 和 *VHD* 的基础上，提出车辆延误指数 *VDI*(Vehicle Delay Index)，即车辆延误小时 *VHD* 与车辆出行小时 *VHT* 之比，作为相对指标反映拥挤程度，具有横向可比性比出行指数更能直接看出拥挤程度。

(2) 结合道路通行能力，采用饱和度 V/C 来看路网各路段的交通状态，然后基于 V/C 采用拥挤车道里程 *CLK*(Congested Lane Kilometers)概念即拥挤的车道总长度，来把握总体的交通拥挤状态，但拥挤车道里程并不能反映拥挤程度，所以提出拥挤车道里程比 *CLKR*(Congested Lane Kilometers Ratio,)即拥挤车道里程与所有车道里程的比值，作为相对指标来反映拥挤程度，具有横向可比性，拥挤车道里程与拥挤车道里程比采用的是车道长度而不是路段长度，所以比拥挤里程与拥挤里程比更能准确反映拥挤程度。特别说明，此处采用的是基于 V/C 指标而不是平均行程速度或者排队长度，是因为这一指标在预测中较易获得，如果针对的是实际交通，宜基于平均行程速度或排队长度指标。

(3) 结合 *VHT* 和 *VKT*，通过计算获取平均行程速度来作为交通状态和拥挤评价指标，然后对照以平均行程速度为依据的交通拥挤的界定标准，如我国的公安部门的标准[270]来评价拥挤程度。

考虑到以下 4 点：①从整个路网范围平均行程车速与拥挤程度的评价标准较难衡定；②它和行程时间具有相互转化关系，而行程时间延误又是基于行程时间的指标；③时间比车速更直观，又是交通拥挤的最终作用对象，大车率及转向等影响交通拥挤程度的因素都能在行程时间里得到体现；④与前文交通拥挤常用的界定和评价指标分析中(表 5-1)国外更倾向于采取时间指标相符。所以，采用行程时间作为主要基础指标及其构成的 *VHT*, *VHD*, *VDI* 等指标来反映交通状态拥挤的时间特性。

此外，前文对基础指标分析中还提到的排队长度指标，虽然它同样适用于对交通拥挤程度的界定和评价，但是这一指标在预测中较难得到，所以预检中并没有采用这一指标。而表 5-1 中还有一些其他的常用指标如拥挤持续时间等，但主要是对实际交通状态的评价，所以在预检机制中并不采用。

5.2.3 辅助指标构建

考虑到交通流与交通拥挤的时空特性，针对预测所得到的分配结果，本书提出采用交通状态的时空评价指标来衡量交通设施的时空利用率，作为交通状态和拥挤评价的辅助指标，为缓解交通拥挤提供思路。基于交通流的时间分布，采用高峰小时分布系数 *PHDF*(Peak Hour Distribution Factor)来衡量局部路段的交通量的时间集中性，并由其构建的交通时间分布系数 TTDC(Traffic Temporal Distribution Coefficient)作为相对指标来对区域出行的时间集中程度进行评价。而对于交通流空间分布，则对局部路段采用交通方向分布系数 TDDF(Traffic Directional Distribution Factor)以及由其构建的交通空间分布系数 TSDC(Traffic Spatial Distribution Coefficient)作为相对指标评价交通资源的空间利用情况。

另外，考虑到交通状态及拥挤程度分析指标体系是为预检服务的，而预检的目的是为了识别不合理的用地再开发以及减少交通拥挤的产生，所以在这里针对其他交通需求预测的结果，提出了与土地利用相关的出行状态类评价指标作为辅助指标，用来评价用地再开发方案。可采用交通出行的评价指标包括平均出行空间距离 ATL(Average Trip Length)和时间距离 ATT(Average Trip Time,)、总出行次数 TN(Trip Number)，用来反映交通需求的总体状态，作为对交通状态和拥挤状态分析的辅助指标，以利于对用地再开发方案的分析。另外，用各方式的分担比 MSR(Mode Share Ratio)来衡量总体交通出行结构，反映有无用地再开发情况下出行对小汽车的依赖性，这也是交通拥挤的一个潜在诱因。

5.2.4 指标计算方法

最后，建立的预检机制中的交通状态及拥挤评价指标体系如图 5-6 所示，分为主体

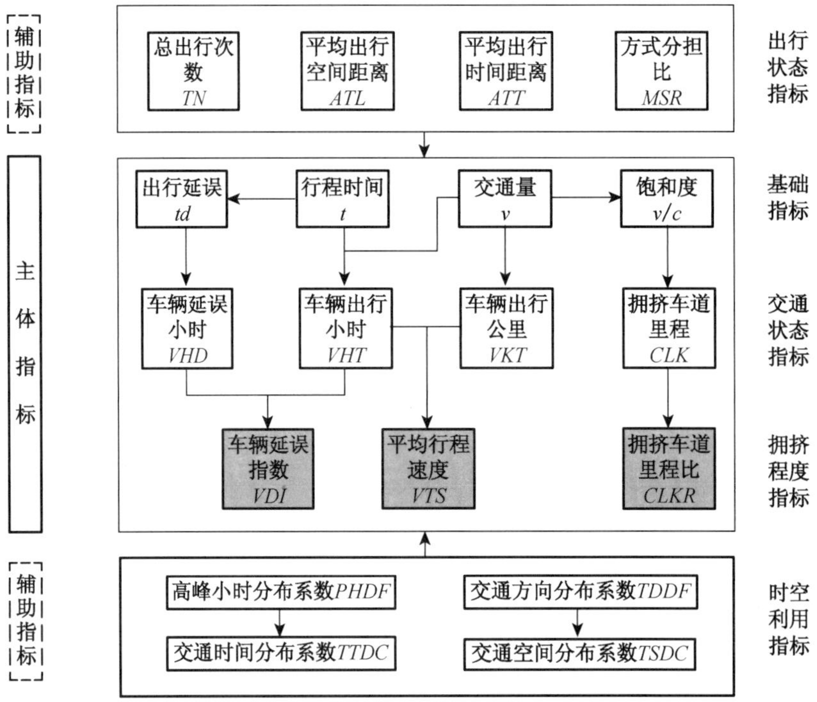

图 5-6 交通状态及拥挤程度分析指标体系

指标和辅助指标，主体指标针对的是一般的交通状态和拥挤程度评价，辅助指标则是与土地利用相结合，从时空资源利用以及出行特征角度出发所提出的指标，旨在为后面分析用地再开发方案的影响及其合理性奠定基础。

在图 5-6 所示的交通状态及拥挤程度分析指标体系中，出行状态指标和基础指标是较为成熟的指标，这些指标因已有成熟的计算方法，在此不进行赘述，这里重点介绍所构建的交通状态指标、拥挤程度指标以及时空利用指标的计算方法。按照图 5-6 中指标出现的顺序从上到下、从左到右，依次解释如下：

(1) 车辆延误小时(VHD)：

$$VHD=\sum_{i=1}^{n}[v_i\cdot(CT_i-FT_i)] \tag{5-1}$$

(2) 车辆出行小时(VHT)：

$$VHT=\sum_{i=1}^{n}(v_i\cdot CT_i) \tag{5-2}$$

(3) 车辆出行公里(VKT)：

$$VKT=\sum_{i=1}^{n}(v_i\cdot L_i) \tag{5-3}$$

(4) 拥挤车道里程(CLK)：

$$CLK=\sum_{i=1}^{n}(\lambda_i\cdot m_i\cdot L_i)$$
$$\lambda=\begin{cases}1,\text{如果 } v_i/c_i>0.8\\0,\text{如果 } v_i/c_i\leqslant 0.8\end{cases} \tag{5-4}$$

(5) 车辆延误指数(VDI)：

$$VDI=VHD/VHT \tag{5-5}$$

(6) 平均行程速度(VTS)：

$$VTS=VKT/VHT \tag{5-6}$$

(7) 拥挤车道里程比($CLKR$)：

$$CLKR=CLK\Big/\sum_{i=1}^{n}m_i\cdot L_i \tag{5-7}$$

(8) 高峰小时分布系数($PHDF$)：

$$PHDF_i=v_i^p\Big/\sum_{d}v_i \tag{5-8}$$

(9) 交通时间分布系数($TTDC$):

$$TTDC = (\sum_{i-1}^{n} |PHDF_i - 0.15|)/n \quad (5-9)$$

(10) 交通方向分布系数($TDDF$):

$$TDDF_i = v_i^a/(v_i^a + v_i^b) \quad (5-10)$$

(11) 交通空间分布系数($TSDC$):

$$TSDC = (\sum_{i-1}^{n} |TDDF_i - 0.5|)/n \quad (5-11)$$

式中 n——所有的路段数(个);

v_i——路段 i 的小时交通流量(pcu/h);

CT_i——考虑拥挤的路段 i 的出行时间(h);

FT_i——设计车速下的路段 i 的出行时间(h);

L_i——路段 i 的长度(km);

m_i——路段的 i 的车道数(个);

c_i——路段 i 的通行能力(pcu/h);

v_i^p——路段 i 的高峰小时 p 交通流量(pcu/h);

$\sum_d v_i$—— 路段 i 的全天交通流量(pcu);

v_i^a, v_i^b——分别为路段 i 两个方向 a 和 b 的小时交通流量(pcu/h)。

5.3 交通状态及拥挤程度影响评价指标

交通状态及拥挤程度分析指标从不同的角度和方面来分析有无用地再开发时的交通状态和拥挤程度,而用地再开发对交通状态及拥挤程度的影响还需要进一步的综合评价指标来判断。

5.3.1 评价指标概述

5.3.1.1 对交通状态影响的评价内容

用地再开发对交通及拥挤的影响是针对无用地再开发情况而言的,所以其比较的对象是无用地再开发时未来年的交通状态而非现状。将有用地再开发情况的交通状态和拥挤程度与无用地再开发情况下的交通状态和拥挤程度进行比较,分析用地再开发整体对交通及交通拥挤的影响,为用地再开发在交通上的合理性的判定提供依据。

用地再开发的交通及拥挤的影响分析与一般交通影响分析不同。在一般的交通影响分析中,分析的是新生成的交通需求对交通系统运行的影响,而这里考虑的是整个有用地再开发情况的交通状况，而不仅是由用地再开发新生成的交通需求对交通系统运行的影响。因为在用地再开发前地块原本就有交通需求存在，用地再开发会使得交通需求变化，很难清晰界定哪些是新生成的交通需求。

结合本书第 3 章对用地再开发与交通系统的关系分析，用地再开发对交通及拥挤的影响涉及交通系统的各个方面，其影响评价同样也要综合考虑。按照第 3 章中的用地再开发对交通系统的影响过程，用地再开发影响到交通需求的生成、分布、方式划分以及最终的交通流格局，所以，用地再开发对交通及拥挤的影响评价也应当从交通生成、交通分布、方式划分以及交通分配这 4 个方面进行。

(1) 用地再开发对出行生成的影响，再开发地块本身的出行生成会发生变化，而且由于再开发地块的变化会使得其周边地块的产生和吸引重新调整。这一阶段用地再开发的影响在于是否比无再开发情况下的交通生成增加，如增加了总体的交通出行数量或者高峰时段的出行强度等。

(2) 用地再开发对出行分布的影响，再开发地块及其周边地块重新调整后的出行生成必然会使得出行的时空分布有所变化，这一阶段用地再开发的影响更加关注的是是否比无再开发情况下的平均出行时间和距离增加，对交通拥挤的影响则更关注是否增加了高峰小时的出行次数或者出行系数等。

(3) 用地再开发也会对出行方式的选择产生影响，用地再开发方案的设计和定位包括再开发项目配套交通设施如停车公交站点等，都会影响到产生和吸引客流的出行方式。这一阶段用地再开发的影响在于是否减少了小汽车的出行比例，从而减少道路交通拥挤。

(4) 用地再开发对交通分配的影响是再开发项目对交通最直观的影响，用地再开发对出行生成、分布、方式选择的影响都直接表现在分配后道路的交通流格局上。这一阶段用地再开发对交通及拥挤的影响，需要与无再开发情况下的道路交通状态和拥挤程度进行比较分析，比较内容包括区域路网交通出行时空状态的各个方面，如根据前文交通状态和拥挤程度的评价指标来分析，用地再开发是否使总体车辆出行公里(VKT)、车辆出行小时(VHT)、车辆延误小时(VHD)、拥挤车道里程(CLK)等增加？是否使的交通时空分布更加不均匀，交通拥挤更加严峻？

根据交通状态及拥挤程度分析指标，从以上这些方面来对比分析用地再开发所带来的交通状态和拥挤程度的变化，分析用地再开发对交通及交通拥挤的影响，特别是用地再开发是否加剧了交通拥挤。至于如何从这些方面进行定量的评价和比较并确定影响程度，还需要进一步提出合理的影响评价指标和影响程度界定分级标准。

5.3.1.2 常用的交通影响评价指标

现有的交通影响评价指标主要有饱和度、延误、排队长度、路口预留容量、通行能力利用率等，但由于各国的实际情况不同，评价指标也不尽相同[271]。

美国大部分城市主要用交通系统服务水平的变化来评价建设项目对交通系统的影响，即通过评估关键交叉口以及开发设施专用出入口处的饱和度和每车平均延误来确定建设项目开发前后的服务水平变化，同时采用服务水平（LOS）作为交通改进的依据也就是影响程度评价的依据。除了饱和度，部分地区使用每车平均延误、高峰小时单方向新增交通量等指标来进行交叉口交通影响评价。

英国交通系统影响评价的方法主要是衡量路网的负荷水平即饱和度，必要时对重点路口进行详细的评价，如交叉口的排队长度等[272]。

我国香港交通影响程度评价重点在于路口的敏感性分析[273]，主要是分析利用交叉口预留容量与项目开发所加载在该交叉口的流量的对比情况，判定项目开发对交通的影响程度，交通影响评价关键指标为交叉口预留容量。

我国大陆交通影响分析方法主要借鉴美国的经验，因此通常选取饱和度、延误及服务水平作为评价指标。北京交通影响评价采用项目生成和吸引交通量所占比例在不同等级道路上的差异性判定项目开发的交通影响评价，交通影响评价指标为交叉口通行能力利用分析（*ICU*）。

可以发现，现行的交通影响评价指标主要是微观类交通状态评价指标，更多的是考虑项目开发周边关键交叉口的交通运行状态的变化，侧重用这些指标值的变化来评价新增交通量对周边路网的交通影响程度。但这些指标本身并不能直观反映交通状态的变化，没有衡量总体出行特征变化的指标，也无法体现交通拥挤程度的变化，而且现有的指标对整体路网上由于用地再开发所引起的交通拥挤变化考虑不足。因此，现有的交通影响评价指标不能满足用地再开发对交通及拥挤的影响评价需求，需要结合用地再开发对交通及拥挤的影响评价内容要求，建立一套偏宏观的完整的影响评价指标并应用到预检机制中。

5.3.1.3 预检机制采用的影响评价指标

基于预检机制的目的在于避免用地再开发所导致的交通拥挤的形成和加剧，减少不合理再开发的发生，所以评价用地再开发对交通和拥挤的影响指标应更多的侧重是否存在加剧交通拥挤的可能。又因交通拥挤通常发生在交通需求的高峰时段，所以评价的指标主要针对的是高峰时段的交通状态和拥挤程度。根据用地再开发对交通及拥挤的影响评价内容的 4 个方面，依次提出评价指标。

(1) 用地再开发对出行生成的影响，选取的是高峰小时的出行次数 *PHTN*（Peak Hour Trip Number）作为基础评价指标，分析用地再开发相对无再开发情况下，高峰小时的出行强度增减情况，如果用地再开发比无再开发时的高峰小时出行强度减少，则再开发方案较合理的可能性较大。

(2) 用地再开发对出行分布的影响，用平均出行空间距离（*ATL*）与平均时间距离（*ATT*）作为基础评价指标，分析用地再开发是否缩短了平均出行的时空距离。如果再开发的用地功能正好弥补了区域用地功能的不足，则极有可能会缩短区域出行的时空距离。反之若用地再开发下时空出行距离出现大幅增加则说明此用地再开发方案存在不合理性，合理的用地再开发应当会在一定程度上减少出行距离。

(3) 用地再开发对出行方式选择的影响，采用小汽车出行分担比 *CMSR*（Car Mode

Share Ratio)的变化来看有用地再开情况下是否降低了小汽车的依赖性,并提高了公共交通与非机动车及步行交通的竞争力,这至少能在一定程度上反映用地再开发的合理性,采用小汽车而不是公交分担比也是为了与其他指标值变化的益弊保持一致。

(4) 用地再开发对交通分配的影响涉及的内容较多,基于交通状态和拥挤程度的评价指标,分析有用地再开发情况下相对无再开发时的交通状态和拥挤程度的变化。从总体上先看车辆出行公里(*VKT*)以及车辆出行小时(*VHT*)增减情况,然后看和拥挤相关的车出行延误(*VHD*)以及拥挤车道里程(*CLK*)等指标的增减情况。但这 4 个指标只能反映有、无用地再开发的交通拥挤状态,并无法反映拥挤程度的变化,要分析对拥挤程度的影响,还需要拥挤程度评价指标即车辆延误指数(*VDI*)、平均行程速度(*VTS*)、拥挤车道里程比(*CLKR*)。但是其中的平均行程速度指标还与道路等级等相关,主要是针对路段的指标,从区域总体上较难计算与判定,所以这里不纳入影响评价指标集。

此外,前文提出的时空利用指标即交通时间分布系数和交通空间分布系数,可以在一定程度上反映时空资源的利用率,也可以作为对交通影响的辅助评价指标,因为该指标具有两重性,并无法体现拥挤程度,例如交通空间分布系数小仅说明空间利用均衡,各路段的两个方向流量相当,也有可能是同样的拥挤。

根据上述分析而得到的用地再开发对交通及拥挤的影响评价指标集如图 5-7 所示。其中,“相对指标”是针对“绝对指标”而言的,“绝对指标”反映的是路网状态,通常是有量纲的;而“相对指标”反映的是绝对指标的变化情况,是一个比率,一般无量纲,其值均处于 0~1 之间。

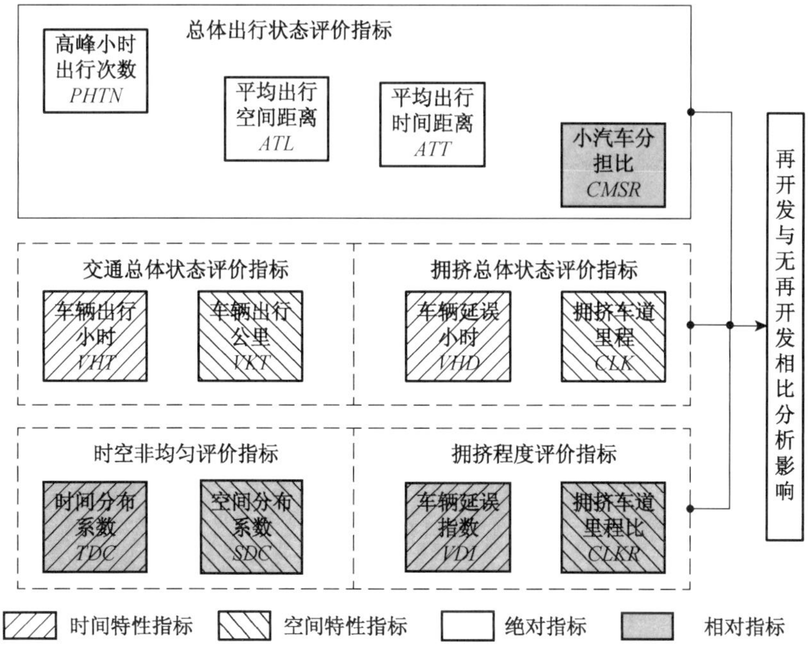

图 5-7　再开发对交通及拥挤的影响评价指标集

以上这些指标反映的是交通与拥挤状态的不同方面，与交通评价指标不同，它们均是从区域路网整体角度提出的而并不针对某个具体路段，这也是预检与交评的不同，预检侧重的是从整体上判定为规划服务，并不能取代再开发过程中的交评。

有无用地再开发条件下的指标值的变化可以反映用地再开发对交通及其拥挤的影响情况。但是图 5-7 中的时空非均匀性指标具有两重性，不易比较量化评价，所以在预检体系中不采用该系列指标。而总体出行状态指标中的平均出行时间距离（ATT）和平均出行空间距离（ATL）这两个指标相关性较大，在预检中二者择其一即可，这里选择相对独立的平均出行空间距离。另外，在总体出行状态评价指标中的高峰小时出行次数（$PHTN$）虽能说明用地再开发对出行的影响，但是并不是出行状态的最终评价指标，而且可以将其他指标均限定为高峰小时，所以在预检中舍弃该指标。

因此，按照图 5-7 的指标集，最终所选取的预检中的交通状态及拥挤评价指标如图 5-8所示。所有指标均为单值指标，在用地再开发下指标值增加则说明再开发具有负面影响，而指标值减少则说明用地再开发带来的影响是积极的。

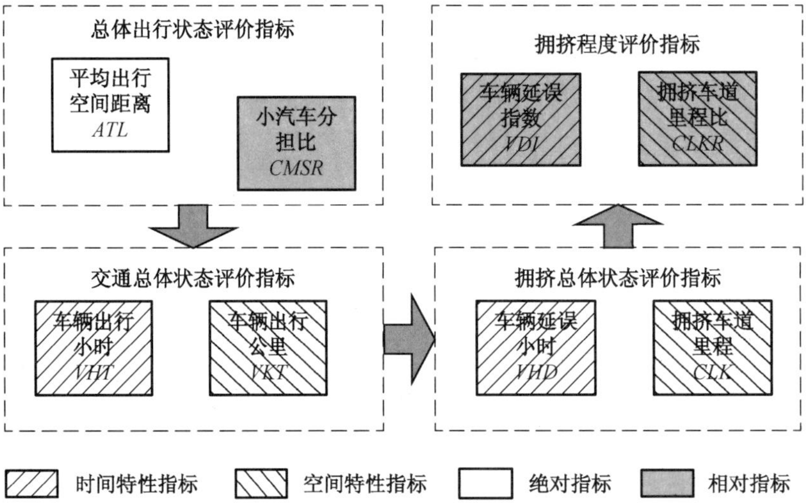

图 5-8　预检中的交通状态及拥挤评价指标

5.3.2　综合指标构建

用地再开发下，所有指标值均增加则说明对项目影响范围内的交通产生了负面影响，均减少则说明用地再开发对交通带来的影响是积极的。但是这种极端情况往往较少，一般情况下是有用地再开发与无用地再开发相比，有的指标值增加，有的指标值减少，并不是所有这些指标值均增加，或者均减少，因此还需要综合比较分析以判断影响效果。

为了减少影响程度判定的难度增加其客观性，除了比较分析判定外，在预检机制中还需要一个综合评定指标来定量评价再开发对拥挤的影响程度。所以，基于交通及拥挤影响评价指标，特别是交通拥挤程度评价指标，首先提出一个综合指标“路网交通拥挤率”NCR(Network Congestion Rate)来反映路网总体交通拥挤状态与程度，然后基于此提出“路网交通拥挤促成度”NCC(Network Congestion Contribution)来对有无再开发下路网整体的交通拥挤率进行比较，衡量评价对总体交通拥挤的影响与贡献程度。

1. 路网交通拥挤率(NCR)

路网交通拥挤率为拥挤程度评价指标车辆延误指数(VDI)和拥挤车道里程比($CLKR$)的合成指标。对二者赋予不同的权重 α, β,得到路网交通拥挤率的计算公式，见式(5-12)：

$$NCR = \alpha \cdot VDI + \beta \cdot CLKR \tag{5-12}$$

式中 VDI——车辆延误指数，计算方法见前文式(5-5)；

$CLKR$——拥挤车道里程比，计算方法见前文式(5-7)；

α, β——分别为两者的权重系数，且 $\alpha + \beta = 1$。

若要偏重于反映出行者角度的拥挤时可适当增加 α 的值，而若要偏重于反映空间拥挤程度面向的是管理者时，则可使得 β 值大于 α。由于 VDI 与 $CLKR$ 值均在 0～1 之间，所以 NCR 值也在 0～1 之间。NCR 越大，说明拥挤程度越高。

NCR 与拥挤程度的判定关系，还需要结合 VDI 与 $CLKR$ 分别与拥挤程度的关系以及各自的权重系数取值来给出。

2. 路网交通拥挤促成度(NCC)

路网交通拥挤促成度是指用地开发或者再开发对影响范围内路网交通拥挤率的增加程度。用有用地(再)开发与无用地(再)开发下的路网交通拥挤率的差值表示。侧重的是开发或再开发所引起的路网交通拥挤程度的变化来评价对其对交通拥挤的影响。

$$NCC = NCR_2 - NCR_1 \tag{5-13}$$

式中，NCR_2 与 NCR_1 分别为有用地(再)开发情况下与无用地(再)开发情况下的交通拥挤率。由于 NCR_2 与 NCR_1 均$\in[0,1]$，所以 $NCC \in [-1,1]$。

当 $NCC > 0$ 时说明有用地(再)开发相对无用地(再)开发情况对交通拥挤的作用是消极的，即加剧交通拥挤，而 $NCC < 0$ 时说明有用地再开发相对无用地再开发情况对交通拥挤的作用是积极的，即缓解交通拥挤。

5.4 用地再开发交通合理性分析阈值

5.4.1 评价指标分级阈值

用地再开发对交通及拥挤的影响程度用前文所提出的交通及拥挤影响程度评价指标的变化程度来反映。在此，本书将影响程度分成 7 个等级：A(极大缓解)，B(部分缓解)，C(轻微缓解)，D(无显著影响)，E(轻微加剧)，F(部分加剧)，G(严重加剧)。下面具体分析各指标值的变化情况以及影响程度间的关系。

1. 单个指标

一般而言，①总体出行状态指标的变化较少一般变化在10%之内，较难判断影响程度，如果其中任一指标值有用地再开发比无用地再开发增加20%则均认为是显著影响，严重加剧交通拥挤，而减少20%则认为是极大缓解交通拥挤。②交通总体状态评价指标与交通拥挤总体状态评价指标中的4个指标的变化能反映影响，但变化程度还与指标值大小相关，而指标值的大小则与评价范围有关，同样大小的改变，平均范围越小原值越小，变化率则相对越大，所以很难给出判定影响程度的标准；但不管怎样的范围，有用地再开发比无用地再开发增加30%则均认为是显著影响，严重加剧交通拥挤，而减少30%则认为是极大缓解交通拥挤。③拥挤程度评价指标属于相对性指标，指标值的差异能体现有、无用地再开发下拥挤程度的不同，能够反映再开发对交通拥挤的影响，有用地再开发下与无用地再开发相比指标值的大幅增加或减少幅度超过25%均认为是显著影响，严重加剧或者极大缓解交通拥挤。

但这种有无用地再开发情况下指标值差异较大的情况毕竟较为少见，更多的是差异较少的情况，而且各指标的差别情况不同，所以还需要综合指标进行比较以判断影响程度。

2. 综合指标

表5-2是根据美国马里兰地区的实际数据通过分析仿真得到的路网交通拥挤率与拥挤程度之间的关系。由于考虑到规划阶段时间与空间拥挤同样重要，故其中的权重系数均取为0.5。另外，各地区的交通拥挤接受程度不同，所以路网交通拥挤率与拥挤程度的判断标准还需根据地区的实际情况进行调整。

表5-2　　路网交通拥挤率与拥挤程度之间的关系

交通拥挤程度	不拥挤	较不拥挤	轻度拥挤	较为拥挤	严重拥挤
交通拥挤等级	0	1	2	3	4
路网交通拥挤率 *NCR* 值	[0, 0.05)	[0.05, 0.10)	[0.10, 0.20)	[0.20, 0.35)	[0.35, 1]

表5-3为结合马里兰地区的路网交通拥挤率以及历史数据所给出的 *NCC* 取值与交通拥挤影响等级对应关系。以此为标准，根据再开发方案的 *NCC* 值来判断再开发对交通拥挤的影响程度。

表5-3　　基于 *NCC* 的交通拥挤影响程度划分

交通拥挤影响程度	极大缓解	部分缓解	轻微缓解	无显著影响	轻微加剧	部分加剧	严重加剧
交通拥挤影响等级	A	B	C	D	E	F	G
路网交通拥挤促成度 *NCC*	[−1, −0.15)	[−0.15, −0.06)	[−0.06, −0.02)	[−0.02, 0.02)	[0.02, 0.06)	[0.06, 0.15)	[0.15, 1]

通过 *NCR* 和 *NCC* 这两个综合相对指标，既可用来定量评价用地再开发对交通拥挤的影响程度，又可为用地再开发方案的交通合理性的判定提供基础指标。

5.4.2 合理性判定标准

根据预检流程框图(图 5-1)，通过对比有无用地再开发下的交通状态和拥挤程度的变化来确定用地再开发对交通与拥挤的影响程度，并以此为依据判断用地再开发方案的合理性。具体判定流程如图 5-9 所示。

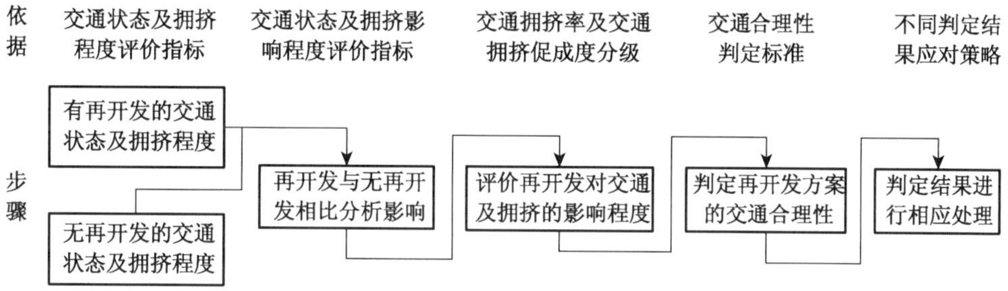

图 5-9　再开发的交通合理性判断流程

其中，交通状态及拥挤程度评价指标在前文 5.2 节中已经给出，交通状态及拥挤影响程度评价指标在前文 5.3 节中也已经给出，并同时提出了评价的综合指标路网交通拥挤率及路网交通拥挤促成度及分级标准，判定后的处理方法在前文 5.1 节已经列出，这里还需进一步给出确定用地再开发交通合理性的判断标准。

前文提到的有用地再开发情况下与无用地再开发相比，交通及拥挤的影响评价指标指标值大幅增加产生了显著影响的均是不合理的用地再开发，而大幅减少产生了显著的积极影响的均为合理的用地再开发。除此之外，判定交通合理性还需要一个具体的判断标准。

需要特别注意的是，用地再开发方案在交通上的合理与否，不单纯取决于其与无用地再开发时相比对交通拥挤的影响程度，还在于有用地再开发情况下或者受用地再开发影响后的整个交通系统的交通状态或者交通拥挤程度。

另外，用地再开发方案在交通上的合理性除了合理与不合理两种情况外，还应当有一些介于二者之间的情况发生，所以这里将在交通上的合理性的判断结果分为 3 种情况：合理、不合理、可接受。

(1) 所谓合理的，其对交通的影响是积极的，不会加剧交通拥挤，且会对交通拥挤起到了一定的缓解作用，但对拥挤有所缓解的未必就是合理的。

(2) 所谓不合理的，其对交通影响的综合效果是不利的，对交通拥挤无法起到一定的缓解作用，但是对交通拥挤影响程度有轻微加剧的确未必是不合理的。

(3) 所谓可接受状态，处于可接受状态的用地再开发方案不会严重加剧交通拥挤，对应的情况较为复杂。

具体哪种情况下属于合理的用地再开发，哪种情况是可接受的，在此，结合路网交通拥挤率与拥挤程度的关系（表 5-2）以及路网交通拥挤促成度与拥挤影响程度的关系（表 5-3），给出了具体的用地再开发交通合理性的判断标准，见表 5-4 与图 5-10。

表 5-4　　用地再开发交通合理性判定表

拥挤影响程度 \ 有再开发拥挤程度	0 不拥挤	1 较不拥挤	2 轻度拥挤	3 较为拥挤	4 严重拥挤
A 极大缓解	合理	合理	合理	合理	可接受
B 部分缓解	合理	合理	合理	合理	可接受
C 轻微缓解	合理	合理	合理	可接受	可接受
D 无显著影响	合理	可接受	可接受	可接受	不合理
E 轻微加剧	可接受	可接受	可接受	可接受	不合理
F 部分加剧	—	可接受	可接受	不合理	不合理
G 严重加剧	—	—	不合理	不合理	不合理

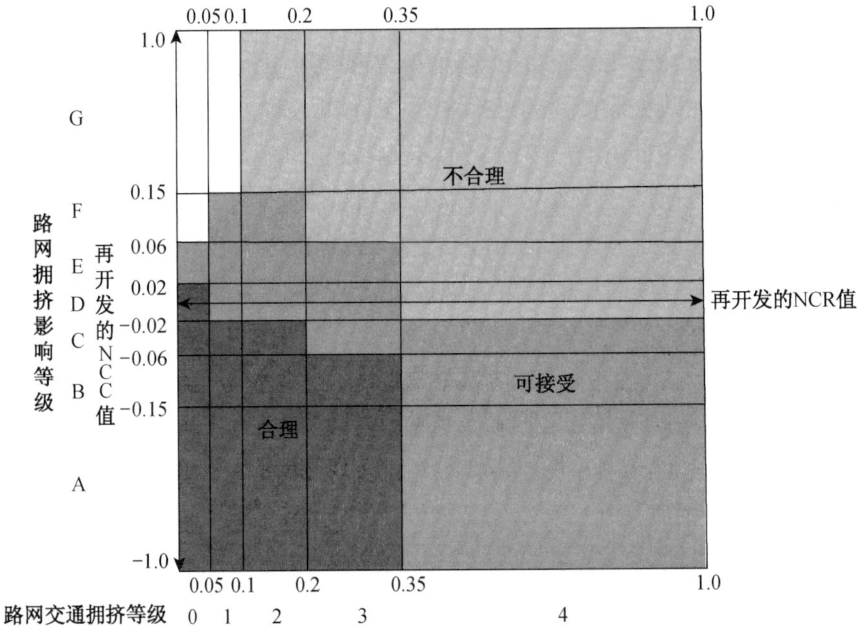

图 5-10　再开发的交通合理性判断图

6 用地再开发实施阶段交通影响分析

合理的城市规划需要有序有效的实施作为保障。城市用地再开发规划需要在实施过程中不断进行交通检验和改善。即使预检合理的城市用地再开发规划方案，也需要在实施过程中进行细化和完善以保障规划的有序有效实施。城市用地再开发实施的交通影响分析方法，是交通拥挤识别和方案评价及制定改善措施的依据。

本章针对用地再开发实施阶段中现有交通影响分析体系的不足，对用地再开发下的交通影响分析流程进行再造，提出适用于用地再开发的交通影响分析启动阈值、影响范围确定方法、影响分析指标体系、交通改善措施等一系列的完善策略，为完善我国的交通影响分析体系提供参考，以期减少规划实施中交通管理问题所造成的交通拥挤。

6.1 现有交通影响分析及存在问题

6.1.1 交通影响分析方法的起源及在我国的发展

交通影响分析(Traffic Impact Analysis, TIA)起源于美国，由于有关政府部门逐渐认识到开发建设项目对交通产生的影响，所以从20世纪80年代初开始，美国联邦政府以及大部分的州和市(县)等地方政府有关部门，都要求开发商在进行用地开发之前必须进行交通影响分析，作为是用地开发管理的一个关键程序，1985年联邦公路局发布了交通影响分析法案和工作手册，各州也随后颁布了各自的法案和具体的交通影响分析工作指南，并于20世纪90年代形成了审查者和申请者各自的工作指南[274-276]。同时为了更好地支撑交通影响分析工作，美国针对不同用地的交通出行特征进行大量调查，形成出行率手册，并不断对其修正，到目前为止已是第9版[132]，另外近年也有学者对交通影响分析方法进行了更新完善，补充了交叉口的具体评价方法等[277-278]，目前基本上形成了完善的体系和手册来指导交通影响分析工作。

在我国则是在20世纪90年代才有学者引入这一方法，率先在几个大城市开始了尝试，2001年北京率先确立了交通影响分析工作的法律地位，随后南京、上海、浙江、江苏等省市也先后颁布有关法令条文确立了交通影响分析工作的法定地位和管理程序。由于我国更强调交通影响分析中的评价结果，普遍采用的是交通影响评价的概念，并将两个概念等同。实际上评价只是交通影响分析的重要步骤，所以本章采用的是交通影响分析的概念，但在涉及我国具体标准和研究状况时沿用的仍是“交通影响评价”的叫法。

近几年，交通影响分析的应用加快，很多中小城市也开始对重大建设项目进行交通影响分析，国家在2010年颁布了新的建设项目交通影响评价技术标准来进行具体指导[191]。同时，我国也成立了交通出行率指标研究课题组，对多类建筑性质的交通出行率进行调查并编制了《交通出行率手册》，其已成为从事建设项目交通影响分析工作的技术人员必备的工具书[279]。目前，交通影响分析是渗透于城乡规划管理和建设管理的重要技术环节，已成为开发项目在立项或审批阶段一个必不可少的前期程序，纳入土地使用、修建管理的审批之中，在中、微观层面进一步核实土地利用与交通系统规划建设的合理，对促进城市可持续发展意义深远。

然而，直到现在，国家及地方标准关于建设项目不同实施阶段开展交通影响分析的要求差别较大，概括起来，对应于项目建设的不同阶段，交通影响分析主要涉及3个工作阶段：控规阶段、选址阶段及报建阶段，不同阶段交通影响分析的状况如表6-1所示[280]。

表 6-1　我国交通影响分析现状

实施阶段	委托单位	研究对象	功能和目标	优点	缺点
控规阶段	规划单位	控规编制单元	对控规中的用地开发强度进行核算并提出建议	能够及时对控规进行反馈，协调多个开发项目	为控规的组成部分，对交通重视程度不够
选址阶段	建设单位	重大建设项目	为是否建设项目及确定项目建设规模提供决策支持，对建筑设计方案进行指导	对项目开发强度进行控制，有效防止项目选址不当	相关资料较少，研究内容不深入，与相关管理程序存在衔接问题
报建阶段		一般建设项目	评价建设项目交通影响程度，对建筑设计方案进行局部改善	评价能达到一定深度，并能对项目内部交通进行组织优化及细化设计	交通评价不够客观、公正，对土地利用方案调整的影响力度不大

6.1.2 存在的主要问题

从表6-1中可以看出，我国现行的交通影响分析体系仍然不够完善，在各阶段主要还存在如下问题：

1. 控规阶段

针对控规阶段，目前以一般的交通分析为主，没有要求编制交通影响分析报告。有很多学者提出需要介入交通影响分析[281-282]，甚至有学者提出在城市总体规划阶段就介入交通影响分析[283]，既可以为规划的编制提供支撑，又可以及时调整土地利用。但是必须要注意在该阶段的交通影响分析，与其他阶段的交通影响分析并不完全相同，评价的内容和指标应更偏重中观层面而非微观，并不能替代后续阶段的微观层面的交通影响分析。而且第5章提出的用地再开发规划阶段交通拥挤预检可以为规划阶段的交通影响分析编制提供参考。

另外对于新区而言，由于设施和建筑均是新建，如果在控规或者修规阶段进行了区域交通影响分析，而后续的建设项目严格按照指标实施，则可以只进行方案的交通设计审查，而无须再逐个项目编制交通影响分析报告，所以在上海浦东新区率先试点缩减报建阶段的交通影响分析报告编制。但是对于用地再开发项目则不同，其涉及了周边的交通设施和建筑，所以它的交通影响分析是必不可少的，而且也存在很多与新建项目的不同之处。

2. 选址阶段

对于选址阶段，只是对于重大项目有要求，交通影响分析并不普及，交通影响分析的深度不够，较难对建设项目内部交通进行分析和评价。而且其编制主体是建设单位，易偏主观和微观忽略公共利益，还需强调对交通等公共设施以及区域用地空间的分析。在该阶段交通影响分析的介入是非常必要的，可以有效协调土地开发与交通系统，对建筑设计方案进行有益的指导，减少建筑设计方案对地块周边及自身带来的不利影响。该阶段的交通影响分析也不同于报建阶段，评价的内容和指标应更偏重中观层面而非微观，并不能替代后续阶段的微观层面的交通影响分析。目前选址阶段的交通影响分析还需在报建阶段做进一步深化，以此弥补其不足。

3. 报建阶段

对于报建阶段，很多大城市均要求进行交通影响分析，不仅能够评价建设项目对外部交通系统的影响，还能够对其内部交通进行组织优化及细化设计。但是现有的交通影响分析工作内容不够细化，对交通设施建设改善的重视和实施力度不足，并没有完全发挥作用。且其编制主体是建设单位，同样易偏主观和微观忽略公共利益，还需加强对公共设施以及用地布局的分析内容和评价指标。

总的来说，我国现行的规划管理流程中的交通影响分析工作并未完全普及，还存在较多问题[284]：

（1）对交通影响分析的介入阶段，各标准并没有明确统一的要求，在规划阶段如控规阶段的交通影响分析实施较少，仍停留在理念层面，而在规划实施阶段的交通影响分析主要是在报建阶段进行，对土地利用方案调整方面的影响力度不大，选址阶段交评不够普及和深入，缺相应的指标和标准，不利于及时发现交通问题。

（2）在交通影响分析体系中，关注更多的是机动车辆，对非机动交通的分析不足，且缺少定量评价指标和标准。

（3）现有的交通影响分析并没有区分首次开发和再开发项目对交通影响的差异，采用的是相同的交通需求预测方法和评价指标，但实际上用地再开发因其原本地块会存在一定的交通需求、交通设施以及周边交通，所以其交通需求预测和评价指标应更为复杂。

对于规划阶段，交通影响分析由城规部门进行，本书在第5章已经提供了方法，本章则重点对实施阶段由建设单位编制的交通影响分析进行研究，对实施流程进行改造，增加针对用地再开发的内容和指标，完善交通影响分析工作体系。

6.2 交通影响分析特点与流程再造

6.2.1 特点与要求

交通影响分析出发点是当新的土地开发（或原有的土地使用性质的变化）及重大建

筑项目完成后，由此开发所产生的新增交通需求会使该项目周围一定区域内的交通环境恶化。交通影响分析就是在这些开发项目的立项或审批阶段，分析该项目在建成后将会对周围多大范围内的交通环境产生何种程度的影响，从而在一定服务水平下确定对策以减小由于此项目开发带来的负面影响。

交通影响分析最初的基本思想就是通过对新的开发项目进行交通影响的评价，基于预测项目完成后交通环境的变化，确定是否由开发商负担与开发产生影响相当的交通设施建设费或要求开发商修改开发计划使影响降低到最低。交通影响分析的作用有以下几点：

(1) 交通影响分析是在新的开发项目的立项和审批阶段进行的，主要对新的开发项目的引入后产生的地区性影响做出评价，它专指由于土地开发(用地性质的变化)带来的交通方面的影响，而区别于一般的交通分析和交通管理、交通政策等的变化带来的交通上的变化。

(2) 交通影响分析是一个分析的过程。它是为了使得土地开发和交通系统更为有效地融合到一个整体中而作的分析，此分析必须对新的开发是否对周围地区交通设施效益的发挥产生影响作出判断，并为削减这种影响能够从“量”上对土地开发进行调控，或为由于此开发带来的影响要付的交通责任做出技术支持。

(3) 交通影响分析是一个评价的过程。它必须将土地使用的效益和交通设施的效益统一在一定的满意度或类似于满意度的目标之下。

交通影响分析中评价的目的在于：第一：评价必须对开发项目是否对周围地区产生交通影响做出明确的判断；第二：如何确定影响的“度”的问题也是评价应解决的主要问题；第三：评价对有影响的开发项目的开发如何采取降低影响的对策提出建议。

从交通影响分析的定义、作用和目的可以看到，它指的是用地变化对交通状况的影响，并不是指对某一交通方式、交通设施、交通政策的影响。交通影响分析区别于一般的交通分析或交通评价，其特点表现为：

(1) 更为细化与复杂。一般的交通分析的评价都会面临多方案的选择问题，这些方案可以是路网方案，也可以是不同交通管理、交通措施的取舍方案等，通过分析得到多个可行方案。而交通影响分析则不同，方案已不再是多个交通方案，而仅有“开发前”和“开发后”这两个用地方案。交通影响分析评价中对交通状况的评价要求更为具体和细化，包括影响程度和等级。

(2) 包含决策判断。一般的交通评价的目的在于为在诸多方案间做出决策提供依据。分析人员只能“客观”地摆出各个方案在某些方面的比照，虽然有时会出现推荐方案，但最终的决策权并不在分析者方面，评价只为决策服务。而交通影响分析的评价则是在“公证客观”地分析开发前后用地、交通状况的基础上，对开发项目是否对周围地区产生交通影响做出明确判断，并对影响的“度”给出量测。交通影响分析的评价本身就包含了决策的内容。管理机关和开发商将分析的工作交与分析者的同时就赋予了他们这一决策的权力。在交通影响分析中，主管部门和开发商只是分析评价的协助者和监督者。

(3) 具有落实性重在改善。一般的交通评价是用一群表征交通状况的指标去测试各个方案，从而得出各个方案孰优孰劣。而对交通影响分析中的交通状况来讲，用地开发后通常要比开发前所在范围内的交通状况差(不包括那些交通设施改善的开发项目)，其目的重在分析对交通的影响程度是否可接受如何减少影响程度，而不是为了判断方案的优劣。

当前我国的交通影响分析侧重项目的可行性分析，对交通设施的改善以及非机动车和行人交通的分析较为笼统，对地块出入口及内外部交通的组织分析与落实力度不足，使得交通设施没有完全进行配套改善，开发商并没有承担起对交通基础设施需求应付出的责任，无形中为用地再开发下交通拥挤的形成埋下了隐患。例如，再开发地块有大量的非机动车交通产生，而外部的非机动车道容量不足，就会使得非机动车道拥挤，非机动车溢出到机动车道上造成机动车道的拥挤；再如，因为用地再开发使得其邻近交叉口左转车流量大增，而该交叉口左转车辆的通行能力不足，如果没有落实对该交叉口的配套改善，则用地再开发后该交叉口就会引发拥挤。所以需要完善交通影响分析体系，落实用地再开发后的交通配套设施的改善措施。

此外，现行交通影响分析体系中没有区分新开发与再开发项目的差异。根据交通影响评价标准[191]，目前交通影响评价(TIA)的定位是"根据建设项目所在地区的土地利用和交通系统状况，评价建设项目新生成交通需求对评价范围内交通系统运行的影响，并应根据交通影响的程度，提出对评价范围内交通系统以及建设项目选址、建设项目报审方案的改善建议"。这里的定位适合于新建项目而非用地再开发项目，对用地再开发项目而言，考评的不应仅是项目新生成的交通量，而是所有因用地再开发项目引发的交通需求的变动对周边交通系统的影响。所以，交通影响分析的定位应当是"根据建设项目所在地区的土地利用和交通系统状况，评价建设项目引发的交通需求变动对评价范围内交通系统运行的影响，并应根据交通影响的程度，提出对评价范围内交通系统以及建设项目选址、建设项目报审方案的改善建议"。

6.2.2 流程再造

根据交通影响分析的阶段需求，构建交通影响分析体系架构，分成规划阶段的交通影响分析、规划实施过程中选址和报建两个阶段的交通影响分析以及规划实施后项目正常使用初年的交通影响分析共 4 个阶段(图 6-1)。

(1) 在规划阶段的交通影响分析，称为交通影响预检验。与其他阶段的交通影响分析并不完全相同，交通影响分析是在一般交通分析基础上的深化，目的在于定量检查用地方案是否合理、是否会加剧区域交通拥挤，以及时调整用地和交通设施规划，评价的

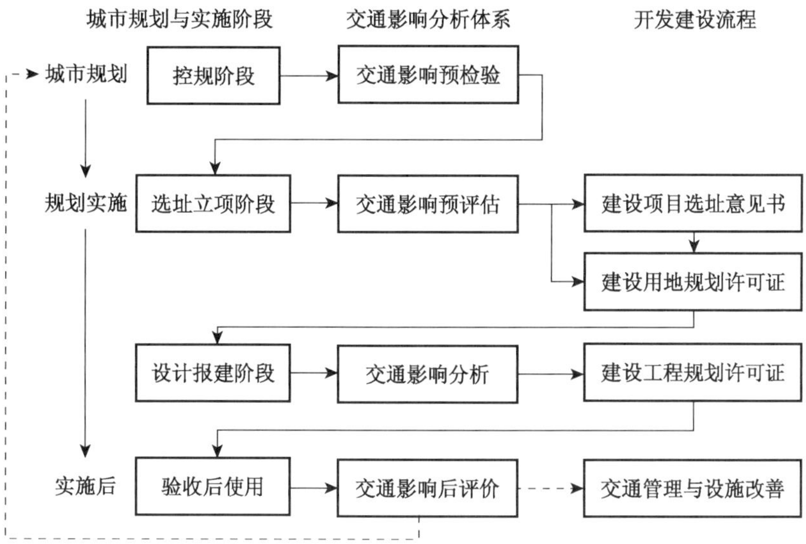

图 6-1　交通影响分析工作阶段

内容和指标应更偏重宏中观层面,结合已有研究探索城市更新规划方案进行区域交通影响分析的方法。

(2) 选址阶段的交通影响分析,称为交通影响预评估。选址阶段交通影响分析的介入是非常必要的,分析的目的在于明确是否建设该项目及确定项目建设规模,并对建筑设计方案给出指导建议。其分析内容和指标应更偏重中观层面而非微观,还需在报建阶段进一步深化研究,结合已有研究提出该阶段的交通影响分析在城市更新管理上的内容要求。

(3) 报建阶段的交通影响分析,就是通常说的交通影响分析。报建阶段的交通影响分析目的在于对建筑设计方案进行局部改善和交通组织优化。分析内容和指标偏微观落实层面,在已有研究基础上增加能反映城市更新影响的指标。

(4) 实施后的后评估阶段。在项目实施后项目正常使用初年进行交通调查和影响分析,目的在于及时发现问题,进行交通改善的同时也为其他城市更新项目提供参考。

城市更新项目不同于新区新建项目,对于新区而言,由于设施和建筑均是新建,如果在控规或者修规阶段进行了区域交通影响分析,而后续的建设项目严格按照指标实施,则可以只进行方案的交通设计审查,而无须再逐个项目编制交通影响分析报告,但城市更新项目涉及了周边的交通设施和建筑,所以规划实施阶段的交通影响分析是必不可少的,而且内容和指标也存在很多与新建项目的不同之处。

这里重点对规划实施中的选址和报建阶段的交通影响分析进行研究,其交通影响分析流程如图 6-2 所示。

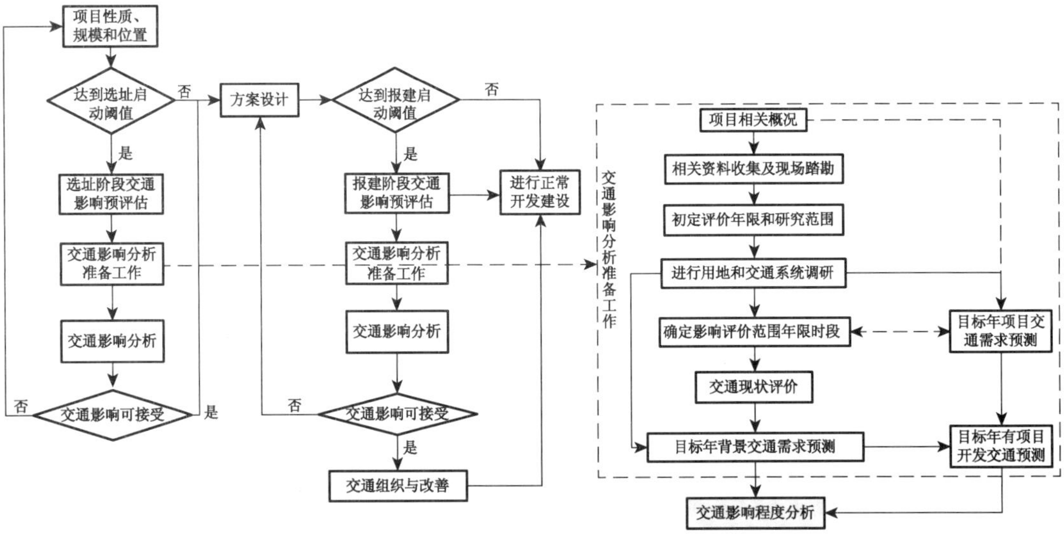

图 6-2　实施阶段交通影响分析流程

选址和报建阶段的交通影响分析步骤相似，主要包括交通影响分析准备工作、交通影响分析过程、交通影响分析结论和改善措施及建议三大部分。交通影响分析报告主要内容包括：项目概况与准备工作概述；现状分析；交通量预测；交通影响评价；交通组织和改进措施；结论与建议等。但对于选址和报建阶段的交通影响分析的目标、内容和指标以及要求不同。

在交通影响分析流程中几个关键步骤包括：

(1) 交通影响分析开始前的启动阈值；

(2) 交通影响分析准备工作中，相关资料的收集、交通影响范围的确定、目标年项目、背景以及有项目交通需求的预测以及交通状况的评价；

(3) 交通影响分析时，交通影响分析指标和程度的确定；

(4) 交通影响分析结论和改善措施及建议的提出。

目前，在这几个关键环节和内容中还存在不足，需增加城市用地再开发的内容或者指标，以及时发现城市更新中需要进行优化完善的方面，加强对交通设施建设改善的重视和实施力度，保障交通设施的配套和落实。

6.2.3　启动阈值

交通影响分析开始前，需要科学合理的交通影响分析启动阈值。阈值过小，很多交通影响不大的项目则也要进行交通影响评估，会额外增加开发成本、报批时间和行政审批工作，不利于城市建设管理；而阈值过大则会使得很多对交通影响较大的项目得不到有效管理，加剧交通拥挤，不利于城市可持续发展。

当前的交通影响分析，并没有统一的启动阈值。国内外通常采用的阈值主要有 3 种：建设项目在特定时间（高峰小时或全日）所产生的交通量阈值、建设项目周围路网服务水平阈值、建设项目本身的规模阈值。而国外的启动阈值，除了以建筑规模作为指标外，还采用了高峰小时交通生成量、日交通生成量、服务水平等做相关指标。

如美国，各州和地方政府均依据当地实际情况制定了各自的交通影响分析阈值。加州的萨克拉门托县，将项目高峰小时以及一天内的交通生成量、对路段和交叉口的影响以及对周边交通系统以及衔接的改变作为重要指标进行考虑。加利福尼亚州的交通影响分析工作指南[285]则涉及了高峰小时交通生成量、对延误和服务水平的影响，还有交通事件、开口等其他指标。

新加坡则以项目建筑规模作为交通影响分析阈值，其阈值标准不单纯以建筑面积为单位，而是考虑了具体的单元，如宾馆以房间为单位、医院采用床位为单位、学校以学生为单位等。

我国的启动阈值大多以建筑规模为指标，在国家标准中，给出 36 类城市规模的建设规模范围作为参考，而在一些大城市的地方标准中，启动阈值则具体到了某个建设规模数值，地区划分也更加细致。但是单一的规模阈值，并没有体现和考虑到项目周边的道路和用地情况，特别是对再开发项目而言与周边的交通衔接很关键，并且在地区划分时，对外环外或远郊地区也没有体现老镇中心或紧邻主干道区域与一般地区的差别。

总结国内外的交通影响分析启动阈值，主要分为 3 类，一类是国外常用的出行规模启动阈值，另一类是国内常用的建筑规模启动阈值，第三类是交通条件启动阈值，这一类通常在国外作为重要指标，如开口或衔接等进行考虑。

实际上建筑规模类指标的启动阈值是运用高峰小时出行量等出行阈值结合道路的交通运行条件和服务水平计算得到的。出行阈值是项目所在地城市道路所能允许增加的交通量。由于一般不允许项目交通量增加后道路交通状况变化过大，因此对出行阈值定义为：恰好能使项目所在地道路现有交通状况等级不降低所增加的交通量，基于此定义，出行阈值实际上是不同交通状况道路的相对剩余通行能力。对每一个路段交通状况可给定一个出行阈值，然后用出行阈值处以项目高峰小时出行产生率，计算得到规模阈值。故规模类启动阈值的确定方法和步骤为：

（1）先确定背景的交通状态和服务水平；

（2）计算确定出行阈值；

（3）计算确定规模阈值。

例如：某路段的通行能力为 1 600 pcu/h，背景交通量为 1 120 pcu/h，则其饱和度为 0.7，路段服务水平为 C 级（指饱和度 0.6～0.75）。如果该路段服务水平不发生变化，则最大可接受的高峰小时出行量为 1 600×(0.75－0.7)＝80 pcu/h。假设某类项目高峰小时的出行产生率为 50 pcu/h/万 m^2，则该路段该类项目的规模启动阈值为 1.6 万 m^2。

所以，针对不同道路的出行规模指标作为启动阈值较为符合交通影响分析的初衷。

但是在我国，虽然采用出行规模类指标如高峰小时出行量或者对道路服务水平的影响是启动阈值较为科学的指标，由于我国当前交通需求预测并没有规范、完整的生成率手册作为依据来核定建筑规模，所以该指标当前不宜直接作为起评标准。考虑到我国的实际情况，每个城市或地区的交通规划部门结合交警等部门共同依据地区的出行生成等数据，给出一个各地区和各道路服务水平的各类项目规模启动阈值。所以，给出的规模启动阈值，应当涵盖建设规模和交通条件两个坐标。

总之，建设规模的确定不仅需要考虑不同类型项目不同区位的交通生成量，还需要综合考虑项目周边的交通条件如道路等级和服务水平以及用地情况等相关指标共同确定启动阈值。我国给出的启动阈值中，只给出建筑规模，却忽略了交通条件。

以上海的交通影响评价标准启动阈值为例（表 6-2），不考虑建筑规模的计算是否按照确定方法的准确计算，只定性地给出部分考虑交通区位和交通条件的补充建议：

表 6-2　　上海市建设项目交通影响评价启动阈值

启动阈值		
区位	建筑面积/万平方米	
	商业、服务、办公等公建类	居住类
一类地区：市级公共中心（市级中心、城市副中心）	≥1	≥2
二类地区：内环内除一类以外地区	≥2	≥3
三类地区：内外环间除一类以外地区、新城建成区	≥3	≥5
四类地区：外环外除一类、三类以外地区	≥5	≥8
停车泊位数超过 200 个的所有新建项目		
所有大型交通设施类项目（T08）		
所有单独报建的学校（T07）		
所有二级及以上医院的新建、改建和扩建项目		
用地面积超过 10 ha 的所有工业项目		
其他政府管理部门认为需要进行交通影响评价的项目		

（1）现有的标准中，只进行了分区给出了不同的启动规模，此处的分区还需要完善，如将内环外一些老城镇的中心区如南翔古镇中心等划到二类区；

（2）还需要增加结合交通状况的启动阈值，如①一类和二类地区，紧邻主干道或一个相邻交叉口时主干道，或者开口在交通拥堵服务水平在 E，F 级的道路上（交警定出具体道路路段）的所有新建、改建项目均需要交评；②对于三类和四类区域，紧邻主干道或一个相邻交叉口时主干道，或者开口在位于交通拥堵服务水平在 E，F 级的路段上（交警定出具体道路路段）的所有新建、改建项目启动规模按二类地区计算进行交评；

（3）宜结合区位和道路交通拥挤状况，划分更为细致的启动阈值分区图，甚至结合城市道路交通状况进行分级，对各等级道路提出相应的建设项目交通影响分析出行阈值。

此外，如果项目周边有其他的大型项目同时建设，则需共同进行交通影响分析。对于选址阶段的启动规模阈值，为了更好地提前发现问题，建议启动阈值与报建阶段相同。

6.3 面向用地再开发的准备工作技术

6.3.1 影响范围确定方法

交通影响范围实际上指的是建设项目周边受影响区域，主要需要确定的是受影响区域的边界路段（或交叉口）。

美国交通工程师协会推荐交通影响分析范围应包括由项目产生交通量占高峰流量5%以上的所有道路、匝道、交叉口以及其他交通特性有明显改变的区域。

在国内，国家建设项目交通影响评价范围，基本上采用的是根据项目建设规模大小结合周边的路网结构来界定，基本上分为 3 个层次：①建设项目邻近的城市干路围合的范围；②建设项目邻近的城市主干路或快速路围合；③建设项目邻近的第 2 条主干路或快速路围合的范围[191]。这样界定评价范围存在的问题是如果项目紧邻主干道，则导致项目位于研究范围的边界，使得部分受影响区域未分析。对于这种情况，最新的上海地方标准则规定如主干路或次干路为项目边界则顺移至下一条，但其只采用了前 2 个层次邻近的主次干道并未扩大到第 2 条干道。这是一种定性的确定方法，虽结合了项目规模，但影响范围是否合理还需要结合周边的交通状态采用定量的方法来确认。

很多学者提出了定量的交通影响范围的确定方法，普遍基于将建设项目周围信号交叉口的服务水平下降一个等级作为阈值确定交通影响范围的方法[286]。这首先要计算项目建成前后周围信号交叉口的服务水平，然后将服务水平下降一个等级的交叉口连线作为影响范围边界。具体采用的模型主要有圈层外推法以及改进的圈层外推法[287]、基于协同理论确定最大影响距离的烟羽模型法[288]、基于时间的交通影响范围量化方法、可达性法、类别吸引率法、基于影响因素或城市“断裂点”等的交通影响范围模型方法[289]。这些方法各自有其适用性和利弊，但总的来说，整体上还是理论化、实用和可操作性有待进一步研究。模型中考虑的因素较少、对影响范围因素综合性考虑不足、影响模型的准确性；参数标定、验证模型的数据不易采集，影响模型的标定，其中最大的不足是对确定建设项目影响范围的关键步骤（交通量的生成预测及其在路网上的分配）考虑得较少，未将其与影响范围的确定有机结合在一起。

这里将定性和定量分析相结合，提出基于道路条件和交通需求预测的交通影响范围的两步骤确定法。第一步先结合项目规模，根据规范要求采用建设项目邻近的城市干路围合的范围，如项目紧邻干路则顺移至下一条干路使项目尽可能位于研究范围的中部而非边界；第二步则在初定范围基础上进行交通运行状况评价、项目和背景交通需求预测和分配，然后分析初定范围内的交通影响，根据影响程度最终以离项目最近的影响不显著的路段和交叉口为界确定影响范围，具体步骤见图 6-3。

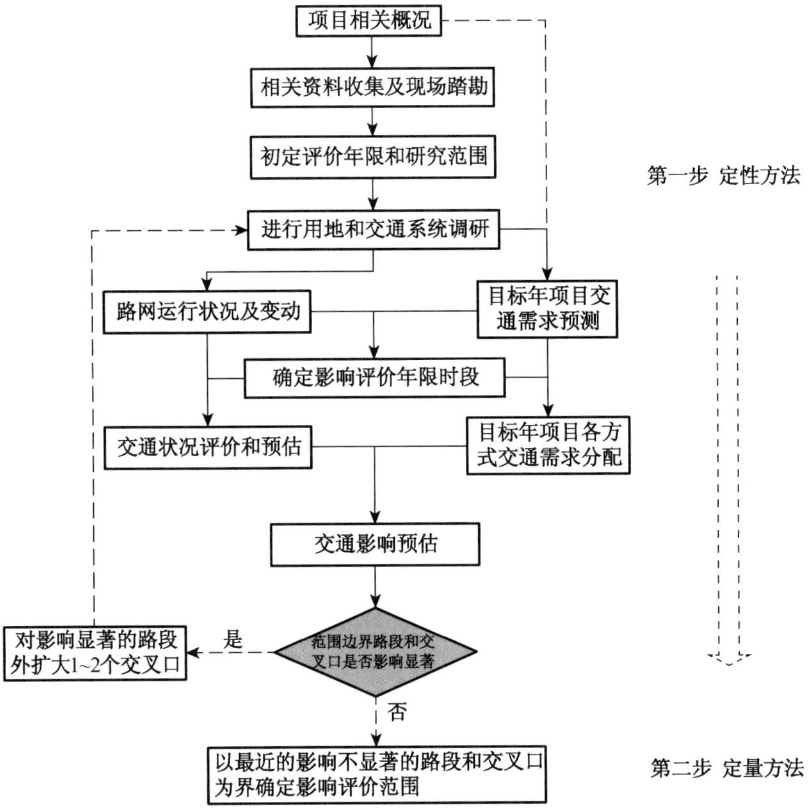

图 6-3　交通影响分析范围的确定方法

该方法在现有规范的基础上进一步优化，相比规范而言，其紧密结合交通影响分析过程，通过分析过程中的结果最后调整选定真正的影响范围撰写分析报告，影响范围的合理性得到了定量化的认证。相比各种模型而言，其无须烦琐的参数取值和模型标定过程，而是基于交通中必不可少的交通需求预测和影响分析步骤来进行，减少了工作量，确保了范围的合理性。但唯一的不足可能是根据规范初定的研究范围过大或者过小后续需要调整，一般情况下初定的范围会稍微大一点，在第二部中需要的是缩小影响范围，只有极个别情况下可能界定的范围过小，需要进行扩充范围。

另外，对再开发而言，公共交通、非机动车和步行交通需要特别重视，影响范围应该与机动车影响范围区分，而在标准中并没有涉及非机动车和步行交通的影响范围。对于非机动车、行人与公共交通，其初定影响范围相对机动交通要小一些，具体结合周边地块功能和路网来确定。建议采用非机动车和步行交通的活动范围为界，步行和公共交通采用以项目步行出入口为中心，半径为 1 km 的范围；非机动车则采用 2 km 为半径。

另外机动车交通研究范围的确定还要考虑以下几点：

(1) 开发项目所有的出入口及与开发项目相邻的所有的主要交叉口应包含在研究范围内。

(2) 服务于开发项目出入口的每条街道上的第一个灯控交叉口应包含在研究范围内。

(3) 在上述地域范围的基础上，依据当地的政策、开发项目的大小及开发地点的特性，管理机关可依据分析者提供的资料决定是否包含其他的地区。

(4) 必须对土地开发是否对居民区可能产生的居住影响作出判断，如果产生了影响，这一影响是否也应包括在分析工作之内也应明确。

(5) 对于分阶段的开发，影响范围的大小应以多阶段开发产生的积累交通量为基础。

(6) 可能被项目的开发影响到的所有的已知的交通拥挤点也应多注意。

(7) 如果预测开发项目产生了相当于至少 5% 以上的此交叉口的高峰小时容量(Peak Hour Capacity)，则此交叉口应包括在研究范围之内。

6.3.2 交通需求预测方法

在交通影响分析的交通需求预测中，涉及的交通需求包括动态交通需求和静态交通需求两大部分内容。

1. *动态交通需求预测*

动态交通需求，主要是道路上的人、车交通需求量预测，主要涉及的是目标年背景交通量预测、目标年项目交通量预测、目标年有项目的总交通量预测。交通预测内容不仅包括机动车高峰小时交通量、交叉口的流量流向，还包括公交和慢行交通的交通量。针对再开发，特别需要注意，有无用地再开发导致的交通需求变化，如果现状交通流量调查时再开发地块并未拆迁仍有部分交通量产生，预测背景交通量时这部分交通量可能因为地块的再开发而消失或者转移。另外，项目产生的交通量和有项目的总交通量预测时不能简单地将项目产生的交通量进行叠加，还需要注意项目建成诱发的交通量的转移，转移交通量通常来自于同类的竞争性项目[290]。

对于项目交通量，目标年交通产生和吸引量往往采用产生和吸引率法进行预测，办公类用地的出行数量取决于其提供的岗位数，宜采用岗位吸引率；商业与住宅类用地的出行生成量区取决于提供的建筑面积，宜采用其所属区域与等级类别的单位面积生产率进行预测，基础数据可以参考《出行生成率手册》[279]。另外，在预测时要区分居民、从业人员与来访人员分别进行生成量预测，因为不同类型和出行目的人员的出行方式等都有差异。对于方式划分宜结合区域交通报告和调查确定不同人员出行比例。对于出行分布和分配用势力圈法、类推法、OD 法、重力模型法等预测不同方向分布，还应当结合项目具体的市场分析进行。

背景交通量指在无项目的条件下，研究范围内道路网上交通量的大小、构成及分布。在交通影响分析过程中，背景交通量是交通分配和拟建项目对其影响范围内路网影响程度的基础。背景交通量包括过境的通过性交通以及起讫点至少一段在范围内的境内交通，预测时对已有的不变的用地产生的交通需求可以通过观测得到，而对于变化的用地如在建项目和待建项目（本项目除外）所产生的交通需求则需要根据用地功能等进行预测得到，预测方法与项目交通量的预测相同。

预测背景交通量的方法较多，通常采用有趋势分析法、类比法、回归分析法、交通规划法、OD 反推规划预测法等[291]。

（1）趋势分析法中预测对象的发展过程不能突变，必须是一个渐变的过程，即对项目周边的土地规划利用和交通状况的变化比较敏感，适用于周边变化较少的背景量预测。

（2）类比法是找到 1～2 个与研究项目具有类似建筑性质、规模、项目周围土地利用模式、周边路网及交通特性等条件的建设项目；然后，对类比项目影响范围内路网历史背景交通数据进行收集，并分析其发展变化规律；最后，选择较为合适的变化规律与所研究路网的背景交通类比，该方法不适用于一般情况的背景交通量预测，更适用于项目产生的交通量预测或周边大量新建项目的新区的背景交通量预测。

（3）回归分析法是利用回归分析手段对影响背景交通量的变化因素进行分析和预测，从而预测目标年背景交通量的一种方法。一般适合短期小型项目的预测，并且土地利用模式和路网结构的变化较小，不适用于长期以及路网和土地利用模式发生变化的交通预测。

（4）交通规划法是完全采用四阶段交通预测方法对研究路网的路段交通量进行预测，准确性较高，适用于区域交通影响分析且预测年限较长，但该方法预测过程较复杂，小型用地项目和支路较多情况不适合用此方法预测背景交通量。

（5）OD 反推法是通过调查得到现状交通量，然后通过 OD 反推得到现状 OD，然后基于该 OD 进行背景交通量预测，该方法反推 OD 准确性不高，同样不适用于未来 OD 发生变化的情况。

（6）叠加法是将研究范围内对所有纳入规划或已经确定的新开发项目或改建项目的交通产生量叠加。该方法对路网原有的背景交通量进行预测，并与在建和待建项目的交通生成量叠加，简单且预测结果较准确，适用于预测年限较短的开发强度中等水平的区域。

此外，对于已经有区域交通规划的地区还可以从城市交通规划资料中经简单处理后得到背景交通量，但通常交通规划中之给出主次干道的交通量，其他的道路还需要结合调查确定，该方法适用于有完整交通规划资料的城市和区域。

以上方法预测项目和背景交通量都有一定的适用性也存在一定的局限性。我国交通影响评价项目中,目标年道路和用地交通系统往往存在变化,更加适合以土地利用规模和性质为基础,通过建立交通生成模型来预测未来年各小区交通生成量,再通过交通分布、方式划分,以及交通预测来获取未来道路交通负荷。采用本书第4章提出的区域土地与交通一体化交通规划模型,可以简单获取目标年背景和有项目条件下的交通需求,但该方法较为复杂,对基础数据要求较高。

所以,需要构建城市交通需求预测共享信息平台[292],加强交通信息资源共享。通常在交通规划部门往往已经建有区域的交通需求预测模型,如果该信息可以共享,将节省交通影响分析中交通需求预测的工作量且提高准确性。同时交通影响分析的数据和结果不仅可以为其他交通规划和影响分析项目提供参考,还可以用来支撑和完善区域的交通需求预测模型。

2. 静态交通需求预测

静态交通需求预测,主要是机动车和非机动车停车需求,同样是需求预测的重要内容,不能被忽略。城市发展与土地使用、经济水平与车辆保有量、路网条件与交通状况、公共交通服务水平、城市区位与停车政策、交通调控政策等均会影响停车需求。常用的预测模型有停车生成率模型、用地与交通影响分析模型、出行吸引模型、交通量-停车需求模型、多元回归分析模型、静态交通发生率模型等。

一般的交通影响分析项目的静态交通需求预测较为简单,不同于区域的停车需求预测,无须大型的停车需求预测,而且项目地块有详细的项目用地规划和功能与性质,所以可以采用停车生成率法进行简单预测。除此外,由于不同城市和地区往往有各自的停车库场设置标准或配建标准,所以还可以采用简单的停车场配建泊位预测法。对于没有生成率,也没有标准可参考的特殊用地项目或车型,则往往借用类比方法进行。

6.3.3 用地与交通系统评价

在进行交通影响分析时,需要分析评价范围内现状、各评价年限的土地利用与交通系统,以在此基础上进行再开发前后对比确定再开发的交通影响。

进行用地分析评价时,主要从用地自身以及其与周边的协调两方面进行:①用地自身方面,包括用地自身开发功能、开发强度等的设计是否符合规范、配套基础设施是否完善等方面。②用地与周边用地的协调方面则需要分析用地与周边的一致或互补情况是否适宜,包括周边用地性质、强度所承载的人口与岗位等,分析区域内用地结构、用地是否会对周边产生噪声等其他影响或者受到周边的设施如垃圾处理站等的影响。但用地的功能与开发强度更多的则是需要通过交通系统的评价进行反映。

交通系统分析评价内容,不仅包括道路交通设施的分析和动态交通系统的运行评价还包括静态交通系统的分析与评价,归纳为以下几个方面:

(1) 道路系统包括路网连通性、等级结构和密度等,可以采用路网等级级配、连接度指数[293]作为评价指标。

(2) 交通管理设施方面涵盖交叉口信号设施、路段行人过街设施、机非分隔设施以及标志标线等的分布和设计情况，该方面的评价较难定量，可以采用逐项打分法进行设施设计规范合理性评价。

(3) 公交系统包括公交线路布置、站点分布以及公交服务、可达性与剩余承载力状况，采用项目非机动车和行人出入口 500 m 范围内公交站点和线路数以及公交剩余承载力来评价。

(4) 静态交通系统，主要指范围内机非停车设施分布与供需状况，可以用停车需求缺口量来评价。

(5) 非机动车和行人交通系统，包括它们的交通环境和路权，可以根据城市道路交通管理评价指标体系(2012 年版)来进行级别评定[257]。

(6) 交通运行状况，涵盖交通流量、流向、速度、饱和度、延误等，对建设项目交通影响分析涉及范围内的道路网通行能力等各类交通设施的供应和需求进行对比分析。通常用机动车服务水平来评价路段、交叉口，在交通影响评价标准中给出了具体的机动车服务水平分级标准[191]。对于有信控的交叉口机动车服务水平用饱和度和延误来衡量；无信控的交叉口用流量来衡量，路段则用车道密度或延误来评价。但非机动车和步行交通的服务水平与机动车服务水平不同，目前没有明确的界定和分级，考虑到指标获取的难易程度及可比性，建议交叉口与路段均采取高峰小时流量 V 与设计通行能力 C 之比即饱和度 γ 来表示相应的交通设施服务水平，但设计通行能力的计算方法不同。结合非机动车与步行交通的特点，考虑舒适性及空间距离等要求，给出相应的交通服务水平分级如表 6-3 所示，对应的饱和度 γ 越大，则服务水平越低[294]。

表 6-3　非机动车与步行交通服务水平评价分级表

LOS	一级	二级	三级	四级	五级
$\gamma(V/C)$	≤0.25	0.25～0.40	0.41～0.55	0.56～0.7	>0.7

6.3.4 其他技术处理方法

交通影响分析的准备工作的工作量远远大于其他部分，而且这些准备工作的到位与否甚至决定着整个交通影响分析的成败。除了影响范围的确定、交通需求预测、交通状况评价外，还有最基本也是最重要的准备工作就是相关资料的收集，而面向用地再开发的交通影响分析则特别要注意收集再开发前后所涉及变化的道路的设施和交通状况，结合周边的变化和建设项目自身来确定预测年限和高峰小时(时段)，如何在交通分析中取舍这些变化。

1. 交通影响分析背景资料的收集

与研究范围相对应，交通影响分析背景资料的收集也分为 3 个阶段：第一阶段是初步收集，用于初步确定研究范围、年限和时段；第二阶段则是在初定范围、年限等确定后的更细化针对性的收集；第三阶段，则是如果初定范围过小，则需要扩大研究范围，进行交通资料的补调查。数据资料通过文献收集、实地调查等方式获得，主要涵盖以下几个方面：

(1) 项目自身：开发规模、用地性质、建成年限、位置和区位、出入口设置、建筑方案、停车场位设置等；如果是用地再开发项目要注意收集现状或再开发前的用地情况、出入口情况、停车情况、出行数据等。

(2) 周边土地使用：项目周围的现状土地使用性质、密度和开发、住宅或商铺等入驻情况；已经审批同意的开发项目和规划已完成的数据资料；其他未开发地块的开发设想；土地使用专业规划；地域范围内的区划；不同类型的开发的吸引率。

(3) 人口情况：区域范围内的按照调查区或交通小区获取的现状和未来的人口和岗位数。

(4) 交通情况：现状的道路系统特性(流向、车道、路权、进出口控制、交通控制等)、道路功能划分、线路的政府管辖权、交通信号的设置和配时；项目附近的街道公共交通服务(包括线路、方向、站点)以及使用运行状况；人行设施和自行车的使用；停车设施特别是公共停车场的布置和数量等；研究范围内的规划的通道和开发；地方性的规划；即将实施的交通政策等。

(5) 交通量：范围内各交叉口、路段现状及历史的日、高峰小时交通量，包括机动、非机动车、行人等。

(6) 其他的交通数据 OD 出行量或出行分布数据与开发地点相邻近处的事故历史数据，以及附近的主要交叉口处的已被确认了的事故隐患。

资料收集，不仅针对机动车交通，还要对公共交通、慢行系统进行定量调查；要注意收集相关的现状与规划信息。

2. 预测年限和高峰小时(时段)的确定

通常，预测年限依据开发项目的建成年限、规模及其所产生的交通量以及开发是否分阶段而定。还要结合周边道路设施和用地的变化以及其他大型开发项目进行适当调整或分阶段进行。一般项目的预测年限为项目建成正常使用初年。但若项目规模较大或者分阶段建设或者周边用地和道路系统会发生较大变化，则预测年限要分成多个。对规模较大的项目(规模大小的界定取决于与启动阈值的比值)，分为项目建成正常使用初年、项目建成正常使用 5 年，当建设项目正常使用第 5 年超出了正在执行的城市和镇总体规划的目标年限时，宜用规划目标年限作为交通影响分析年限；而对分阶段的，则根据项目建成的几个阶段，评价各阶段投入正常使用的初年；对于周边道路发生较大变化的，如果在项目建成正常使用后的 2～5 年内发生的，则预测年限还需分为项目建成正常使用初年、周边道路变化正常使用的初年。如选址阶段，则评价年限应为建设项目正常使用初年以及城市和镇总体规划的目标年限。

高峰小时的确定方法与交通规划中的方法相类似。但注意开发项目产生交通的高峰时段不一定与周围交通系统的高峰时段一致，比如商业开发产生交通的高峰不一定是在早上或黄昏，此外，再开发项目还要注意再开发前后项目的高峰时段差异，应对这两个高峰时段都作分析，确定最不利的时段（即开发项目产生的交通量和周围地区交通系统的交通量之和在这一小时达到最大）作为研究用的高峰时段。这其中要注意开发项目交通高峰时段的重要性，应掌握一天内的流量的时变及日平均交通量。当然在实际的分析中可适当作简化处理。

3. 分析年限内，用地变化和道路交通变化在交通影响分析中的取舍

这一工作其实应与背景资料的收集相结合来做。在交通影响分析背景资料的收集内容中所述的背景资料只是给定一个交通影响分析资料收集的工作方向，在分析年限内，这些背景情况会发生变化，这些变化中有些是与开发项目有关，而有些则与开发项目无关，必须要有取舍，即要分清预测年限内开发地区周围（研究区域内）的交通状况的变化是由于什么因素造成的，不要把不是开发项目产生的"恶果"加到开发项目身上来。

应注意交通设施在分析年内的改善情况，不能由于周围地区的交通状况的改善而对开发项目可能产生的交通影响放松警惕。应注意预测年限内用地（审批过的）、交通设施（道路，信号灯等）、交通政策和管理控制等措施对交通影响分析的影响。

6.4 面向用地再开发的影响分析内容

6.4.1 影响分析方面

一个完整的交通影响分析体系不仅包括对动态交通运行的影响状况，还应当包括对设施配套的影响情况。对交通系统影响的各个方面进行分析，确定项目建设所产生的各种正负面影响，并明确对交通运行的主要的影响方面及影响程度。

分析的对象涵盖到再开发地块内部、外部以及内外衔接出入口处的动静交通系统，如关键交叉口及路段、基地出入口交通分析评价，行人交通设施、公交设施及停车设施的影响分析评价等。结合交通系统的分析评价内容，交通影响分析的具体方面如表 6-4 所示（黑体的部分是需要着重分析的方面）。

表 6-4　　交通影响分析具体方面

交通影响分析方面		外部	出入口	内部
设施配套	路网	有无改善	**是否规范**	**是否规范合理**
	公交	有无改善	有无增加站点或线路	有无增加站点或线路
	停车	有无增加停车位	**是否规范有无停车等候空间**	**车位是否符合标准是否足够**
动态运行	**机动交通**	**有无影响**	**有无影响**	**交通组织**
	非机动车与步行交通	**有无影响**	**有无影响**	**交通组织**

对于设施配套方面，分析的方法主要是对照相应的规范要求，核查设计是否符合相关规范标准要求。而对于动态运行方面则需要进一步细分并明确具体的分析指标进行定量分析。

动态交通影响分析涵盖的内容较多，如图 6-4 所示，如机动交通对外部的影响中既包括对外部机动交通的影响也包括对外部非机动车与步行交通系统的影响，而机动交通对内部的影响，则既包括对内部机动交通组织的影响，也包括对内部非机动车与步行交通组织的影响。评价对象涵盖各种交通系统，机动交通既包括机动车（含公交车、出租车等）的路网运行也包括停车系统，而非机动车与行人交通则包括自行车或电动车的路网运行和停车、行人以及公共交通乘客的慢行阶段。

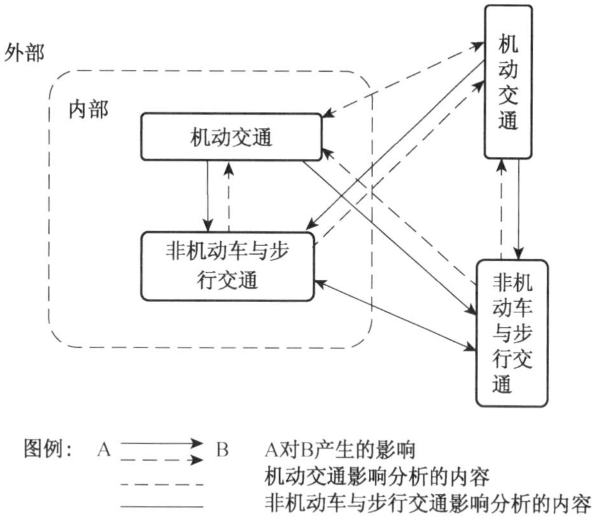

图 6-4 动态交通影响分析涉及方面的相互关系

另外，需要说明的是，选址阶段和报建阶段在影响分析内容方面是有所差异的。选址阶段的深度较浅，在交通影响分析方面，重点在于分析对外部的交通影响，无须分析内部的交通影响和交通组织，而在报建阶段则需对各方面均进行交通影响分析，在选址阶段进一步深化研究，特别是内部交通组织和外部交通改善方面需要加强。

6.4.2 影响分析指标

在对动态交通即交通运行的影响中，对外部交通的影响主要体现在对外部交叉口和路段上的机动车交通、慢行交通、公共交通、停车系统服务水平的影响，而对内部的影响主要体现为对内部交通组织的合理性的影响，此外出入口衔接会对内外部的交通运行产生影响。所以，针对外部、内部及内外衔接这三类，分别提出具体的影响分析指标，以进行定量评价与影响程度确定。

对外部交通的影响分析指标结合已有的交通影响分析指标进行确定：①公交系统采用剩余载客量作为公交服务水平的代表指标进行影响分析；②路段和交叉口则采用机动交通和慢行交通的饱和度来界定服务水平，对于机动车交叉口饱和度大于 0.85 的则采用延误作为服务水平的评价指标；③对于停车系统，则用外部的停车系统缺口量来分析是否对外部停车系统产生了不利影响。

对内部和内外衔接的交通影响分析指标，主要是用设计和组织的合理性来分析，通过对各方面的合理性分析可以促进更好的交通组织设计以减少影响。因此，以人为本基于服务质量（QOS）从交通系统的安全性、便捷性、独立性、舒适性这 4 个方面来评价内部和衔接交通系统组织设计的合理性。内部不仅要分析动态道路系统，还要分析静态停车系统，分析指标如表 6-5 所示，用这 4 个方面的指标变化情况来反映总体内部交通服务质量（QOS）的变化，分析用地（再）开发的影响。

表 6-5　地块内部交通系统分析指标

评价方面	分析内容	评价指标
安全性	内部交通组织可能引发交通安全的方面	冲突点数
便捷性	出入口设置与停车场、公共交通及慢行设施的协调情况	距重要节点（如公交站、停车场）的平均绕行距离
独立性	机动和慢行交通系统的独立和完整程度，是否机非混合相互干扰等	与机动车设施（如车道、停车场）的混合程度
舒适性	交通设施布设是否合理、各类交通组织是否可以通达，交通组织流线是否通顺	通行秩序

内外部的交通影响分析指标汇总，如图 6-5 所示。通过指标值得变化来定量分析并确定再开发对交通运行的影响。

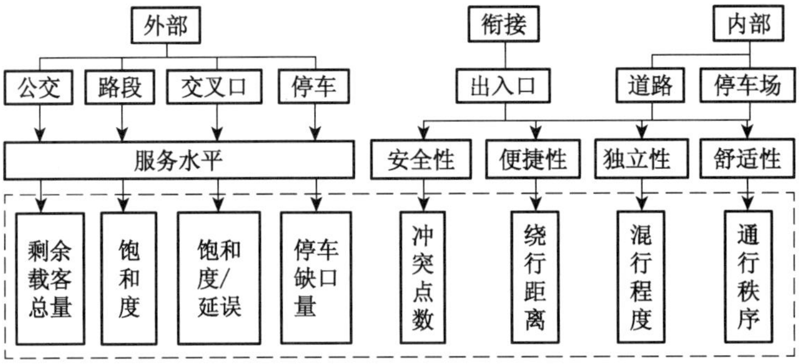

图 6-5　影响分析指标

6.4.3　影响程度确定

影响程度的确定，需要用影响分析指标对目标年有无项目开发的交通系统进行评价，然后比较分析来确定影响程度。目前，影响程度在现有的标准中仅对机动车交通的显著影响有明确规定，为了更好地评价交通影响，将交通影响程度分为 4 个等级，影响程度从弱到强依次为：1 级、2 级、3 级、4 级，各等级特点如表 6-6 所示[271, 295]。1 级表示拟建项目对周边交通几乎无影响，项目可以建设；2 级表示拟建项目对周边交通产生可接受影响，实施相应改善措施后项目可以建设；3 级表示拟建项目对周边交通产生极大影响，需对项目自身及周边交通设施进行调整，然后反复进行交通影响评价直到其影响程度达到2级及其以下项目才可建设；4级表示拟建项目对周边交通产生致命影响且无法改善，禁止此类项目开发。

表6-6　　　　交通影响程度分级表

影响等级	影响描述	项目可行性	需采取措施
1级	基本无影响	可行	无需改进
2级	可接受影响	调整后可行	改进交通组织、提高管理措施
3级	重大影响	调整后再审	改进交通组织、完善交通设施，局部调整项目规模功能
4级	致命影响	禁止	调整项目规模功能重新设计

对外部的影响的等级，主要结合影响分析指标确定。

1. 公交系统

采用剩余载客量作为公交服务水平的代表指标进行影响分析，如果项目所产生的公交乘客完全可以用剩余载客量来满足，则项目对公交系统基本无影响，如果无法用剩余载客量来满足，即有项目后公交的剩余载客总量为负值，则说明对公交系统产生了显著影响。

其中，显著性影响又根据情况分成多种：①如果项目自身可提供或增加班车或者接驳车满足项目所产生的公交需求，或者按额定载客量的85%计剩余载客量，项目所产生的公交需求可用剩余载客量来满足，则该影响为可接受影响；②如果按额定载客量的100%计剩余载客量，可满足公交需求，需要改进周边公交系统，通过增加公交站点和某公交发车频率可以实现按70%计算时公交的剩余载客量为正值，则为重大影响；③如果产生的公交需求较多，按额定载客量的100%计剩余载客量也无法满足，而且通过对项目和公交系统的局部调整仍无法减少影响，则对公交系统产生了致命影响，需调整规模和功能重新设计。

2. 路段和交叉口

采用机动车交通和非机动车与步行交通的饱和度来界定服务水平，对于机动车在交通影响评价标准中给出了具体的机动车服务水平显著性影响的判断标准[191]。

对于判断对非机动车与步行交通影响的显著性与否，则需要分析比较各类相应设施的服务水平，包括人行道、非机动车道、过街设施等方面，进行综合判定。导致任一类慢行服务水平的大幅度降低，则认为是显著影响。表6-7是结合非机动车与步行交通对空间舒适性等要求，根据调查进行聚类分析，给出了其显著判断标准以供参考。

表6-7　　　　判断非机动车与步行交通服务水平显著影响的标准

无再开发背景LOS	一级	二级	三级	四级
有再开发LOS	三级及以上	四级及以上	四级及以上	五级

注：背景非机动车与步行交通服务水平为五级时，若有项目后服务水平仍为五级，且对应的饱和度高于背景则为显著影响；否则为不显著影响。

其中，对机动交通或非机动车交通的显著性影响又进行细分。如果通过交通组织或交通管理措施可以将服务水平的影响控制在不显著水平，则为可接受的影响，如果需要局部路段拓宽或进行交叉口渠化或者局部调整项目功能等可使服务水平变化不显著的则为重大影响，否则为致命影响必须重新设计。

3. 停车系统

如果项目内部的停车无法满足自身需求，则会造成停车缺口，对外部停车系统产生了显著影响。

其中，如果可以通过调整内部设计增加或共享内部车位，或者通过与相邻地块的车位共享，能够满足停车需求，则为可接受影响。如果周边已经存在停车缺口，而该项目的少量停车需求无法通过共享得到满足，可能会导致违章停车现象，则认为产生了重大影响，通过局部完善交通设施或调整项目规模无法降低影响的则认为是致命影响，需要重新设计项目的用地性质和功能。

对内部和内外衔接的交通影响分析，主要是分析有项目情况下的交通设计的合理性。一方面对照规范和标准来核实出入口位置、数量、进出方式以及内部交通设计包括停车位的设置、特殊车辆车位的设置等是否符合要求，不符合要求则认为是显著影响。如果可通过交通组织管理的调整达到标准，则是可接受影响，否则为重大影响，需要进行位置和设施调整。另一方面，按照服务质量从交通系统的安全性、便捷性、独立性、舒适性这 4 个方面用来评价内部和衔接交通系统组织设计的合理性，如果需要通过优化交通组织和管理进一步提高合理性，则认为可接受影响，而需要调整设施位置或增加设施的则认为重大影响。

最后，项目的交通影响分析，需要列出所有的显著性影响，项目总的影响程度则以其中最严重的影响为准。

6.5 面向用地再开发的交通改善和建议

交通影响程度分析中交通组织与改善，是目前交通影响分析体系中最需要完善的内容，特别需要强调的是要有具体针对性的内外部的交通组织和改善措施。在交通影响程度分析基础上有针对性地对设计方案进行修改和完善，或者对周边设施进行改善以实现最大可能的减少项目开发或再开发所带来的影响。

6.5.1 选址阶段的交通改善和建议

选址阶段交通影响分析的重点在于分析项目的可行性，并为报建阶段的交通影响分析提供参考和依据。所以报建阶段的交通改善措施主要是依据分析评价结果，提出减小建设项目对周围道路交通影响的改进方案或措施包括对外部交通的完善，处理好建设项目内部交通与外部交通的衔接，提出相应的交通管理措施，并对改进的措施和方案进行评估。

选址阶段交通影响分析的结论在于明确项目对外部交通各方面的影响程度是否在可接受范围，或者通过交通改善后是否在可接受范围，以确定项目的可行性。

对于可行的项目，重点要对项目后续的设计提出相应的建议，分成必要性措施和优化性措施。必要性的措施是依据前面的影响分析，必须要落实的建议，如对外部公交系统影响较大，确定要开通班车的，或者要增设公交站点的；又如在出入口附近需要设置出租车候车空间的，或者对出入口的位置、数量和设置形式有要求的；另外，其他方面如内部车道断面形式、停车场位置和数量布设、特殊车辆的停车区域和交通组织设计等方面需要配套设计以减少内部影响的都应当作为强制的必要性措施提出。此外，还需要对建设项目建设规模和周边交通设施改善提出优化建议。建议部分为后续的建筑方案设计和优化提供参考。

交通组织和改善只能在一定程度上缓解用地开发或用地再开发带来的影响，对于交通影响较显著的建设项目，如果通过各种改善措施仍无法将影响降到可接受程度时，必须要从根本上改变用地开发与用地再开发方案，重新调整地块的性质和强度。

6.5.2 报建阶段的交通改善和建议

报建阶段交通改善措施，主要是依据分析评价结果，提出减小建设项目对周围道路交通影响的改进方案或措施（外部或内部交通系统），处理好建设项目内部交通与外部交通的衔接，提出相应的交通管理措施，并对改进的措施和方案进行评估。改进措施应包括研究范围内和拟建项目内部的交通系统改进。

(1) 分析区域交通系统改进涉及：①现有道路设施、交通管理设施、停车设施的改进；②新增道路设施、交通管理设施、停车设施的数量和布置；③交通组织方案。

(2) 拟建项目内部交通系统改进：①出入口的布置；②与外部交通的衔接组织；③配建停车设施数量及进出组织。

报建阶段交通影响分析的结论和建议不仅在于明确项目对外部交通各方面的影响，而且在于通过影响分析，明确存在的问题，提出需要后续落实的交通改善措施和内部交通组织优化方案。

目前，针对机动车的交通组织和改善措施较多，而针对非机动车与步行交通的改善往往被忽略。所以，对于非机动车与步行交通组织和改善，应该考虑：

(1) 作为内外部衔接主体的地块出入口的交通组织和改善，是减少内外交通影响的关键。可通过改变地块出入口的位置来减少影响，例如，将机动车出入口设置在非机动车或行人较少的道路上，而将非机动车或行人出入口设置在距公交站点或过街设施较近处；也可通过合理组织地块出入口的进出方式来减少影响，如对机动车辆实行右进右出、机非出入口分开设置等。当然，出入口的设计还要考虑到地块内部交通，要与内部停车库出入口保持一定的距离以使得停车排队不会对地块出入口道路上的非机动车与步行交通产生影响。

(2) 地块内部非机动车与步行交通组织和改善是最易实现的,故对此最应当寻求最优的方案。应当从行人角度尽可能地追求安全、便捷、舒适的交通组织设计,完整独立的非机动车与步行交通系统比机非混行的道路系统更具有安全性和舒适性,总之应当尽量减少慢行与机动交通的冲突与交织,考虑无障碍设计等因素。

(3) 地块周边非机动车与步行交通组织和改善,是一般交通影响分析中最容易被忽略也最难实现的部分。当通过内部非机动车与步行交通包括出入口的组织和改善仍无法将对周边非机动车与步行交通的影响减少到可接受程度是,就需要对外部的非机动车与步行设施进行组织改善。主要内容包括:①主要影响路段或交叉口过街设施的设计,例如在非机动车或行人出入口路段增加或改变过街设施如人行天桥或人行横道等,或者设置中央隔离栏;在距地块较近的交叉口增加过街横道宽度等;②对主要影响交叉口交通信号控制进行调整,如增加非机动车信号灯,调整行人绿灯时间和周期等,信号的调整需要结合再用地开发后该交叉口预测的交通量进行具体计算;③对主要影响道路和交叉口进行渠化设计,增加非机动车道或人行道宽度,设置交叉口非机动车左转待行区等。

另外,通常已经通过选址阶段影响分析的,往往在报建阶段产生的交通影响可以通过采取各种交通组织和改善方案来缓解用地开发或再开发带来的影响。对于交通影响较显著,通过各种改善措施仍无法将影响降到可接受程度的建设项目,必须从根本上改变用地开发与再开发方案,重新调整地块的性质和强度。

对于位于市区或镇区的用地再开发项目,由于周边已经有各类用地和交通状态,对于施工期较长或者施工影响较大的项目,为了减少影响,还应当对项目建设时的施工期进行影响评价以及交通组织。施工期的交通影响主要体现在两个方面:一是施工所引发的货运交通对周边交通的影响;二是施工期对周边道路空间的占用或改道。对这些影响进行分析,给出有效的交通组织方案,以减少建设期的影响。

此外,对于交通影响分析报告所提出的建议,特别是必要性建议还需要交警部门的严格监督和管理确保其落实。

7 用地再开发与交通拥挤治理策略应用

本书针对城市用地再开发提出了一系列的交通拥挤管控策略，并给出了适用于城市用地再开发的土地与交通一体化模型、规划阶段交通拥挤预检方法、实施阶段交通影响分析体系三大工具。但具体策略和工具的有效性还需要在实践中不断进行检验和完善。

本章以美国马里兰州围绕公交站点的再开发规划为案例，借用该州已有的土地利用与交通一体化模型工具进行交通需求预测，并利用所提出的交通拥挤预检方法来判别各再开发方案的交通合理性，展示城市用地再开发交通拥挤管控策略的应用方法和效果。

7.1 应用背景简介

随着交通拥挤的加剧，调整土地利用模式成为减少小汽车依赖性提高公交系统分担比的一个重要元素。美国政府从 20 世纪中下叶开始提出了“精明增长战略”，倡导对城市进行改良式的发展，综合考虑交通和土地利用，反对城市的蔓延，强调对现有社区的改建和再开发。其中，以公交为导向(Transit Oriented Development，TOD)的土地利用策略被认为是精明增长实现城市的可持续发展的一个重要部分。

美国许多州选择了“精明增长”，马里兰州是其中的典范。1997 年马里兰州通过 5 项立法提案，其中包括“精明增长地区法 1997”；2000 年，成立了马里兰州大学精明增长研究和教育国家中心(NCSG)，研究精明增长及相关的土地和交通问题，并主持马里兰州的精明增长方案及其实践研究。为了促进精明增长，2008 年马里兰州政府又签署了立法来促使 TOD 发展的创立，授权马里兰运输部(MDOT)来综合利用各部门资源支持 TOD 项目，而其中关于 TOD 发展方案的研究则由 NCSG 进行。通过 NCSG 的研究为最终政策的制定提供依据和参考。到目前为止，TOD 区域和公交站点已经被筛选确立，再开发的土地利用方案则还在进一步讨论中。

同时，在美国虽然每个都市区的 MPO 均有自己的交通模型，但是这些模型无法准确预测都市区之间以及之外的交通，也就没法评估跨越多个都市区的客货交通。而实际上在中长距离的州内交通是很多的，居民在郊区居住但在市区上班甚至在一个城市居住到另一个城市上班的情况也是存在的，所以很多州(如加州、俄亥俄州、马里兰州等)构建了全州范围的交通模型来预测各种交通方式包括市内和市际公交、公路、铁路的客货运交通流。在过去 10 年里，全州范围的模型在土地和交通结合方面有了很大的提高。其中，马里兰州历时多年所研发的州交通模型 MSTM 就是一个土地利用和交通一体化的综合模型，用来准确预测不同发展模式下的交通需求和交通状态。

基于以上两方面的背景，考虑到目前国内尚无大型的宏观土地利用与交通一体化模型，且相应的数据资料获取方面的困难，由于作者之一曾在 2011—2012 年间到 NCSG 学习，参与了其土地利用与交通一体化模型(MSTM)的部分研发和应用工作，并且获得了对数据与模型使用的许可，所以本章以美国马里兰州的土地利用与交通一体化模型为基础，讨论该模型在用地再开发条件下交通拥挤管控的应用。

依据本书中的用地再开发与交通拥挤治理策略，为了缓解马里兰地区的交通拥挤状况，作者对马里兰的 TOD 再开发规划进行多种方案设计，运用 MSTM 模型进行预测，并采用交通拥挤预检方法对再开发方案的交通及拥挤状态进行分析，确定最优再开发方案并进一步完善来减轻交通拥挤。一方面展示本书第 4 章的土地利用与交通一体化模型的优点和应用，另一方面探讨不同的 TOD 再开发土地利用方案对交通的影响，并利用本书第 5 章所提出的预检方法对再开发方案进行交通合理性判断。具体策略的应用流程如图 7-1 所示。

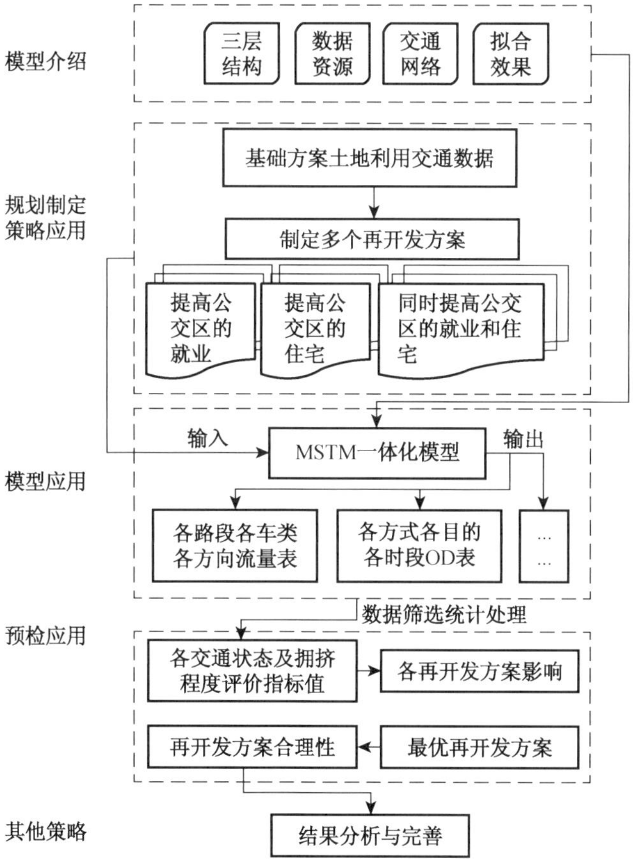

图 7-1 策略应用流程

值得一提的是，美国对城市发展的管控非常注重运用城市规划这一工具，虽然美国的城市形态并不完全适合我国城市的发展，但是我国同样也需要城市的集约型增长，通过美国的精明增长以及马里兰地区用地再开发的方案仿真与影响分析，可以对我国城市的发展给予启示。

7.2 土地利用与交通一体化模型(MSTM)简介

7.2.1 模型结构

MSTM 作为土地利用与交通一体化模型，具有国家区域层、州层和城市层三层结构，如图 7-2 所示。

第一层次：最高层为国家区域层，覆盖全美有 151 个大区(Regional Model Zones, RMZ)，包括国家区域的经济预测模型、货物流模型以及长距离的个人出行模型；

第二层次：中间是局部区域的州层，有 1 588 个小区(Statewide Model level Zones, SMZ)，包括郊区以及 MPO 区域以及外部州的主干道路网，这一层主要是中短距离的个人出行模型由出行生成、分布、方式划分以及分配等模型组成；

第三层次：最底层是城市都市层，主要是 MPO 区域，涵盖次干道网络，整合了 MPO 模型的数据，包括 3 056 个都市模型小区(Urban Model Zones, UMZs)，直接来源于巴尔的摩 MPO(1421 TAZs)以及华盛顿 MPO(1972 TAZs)的交通小区。

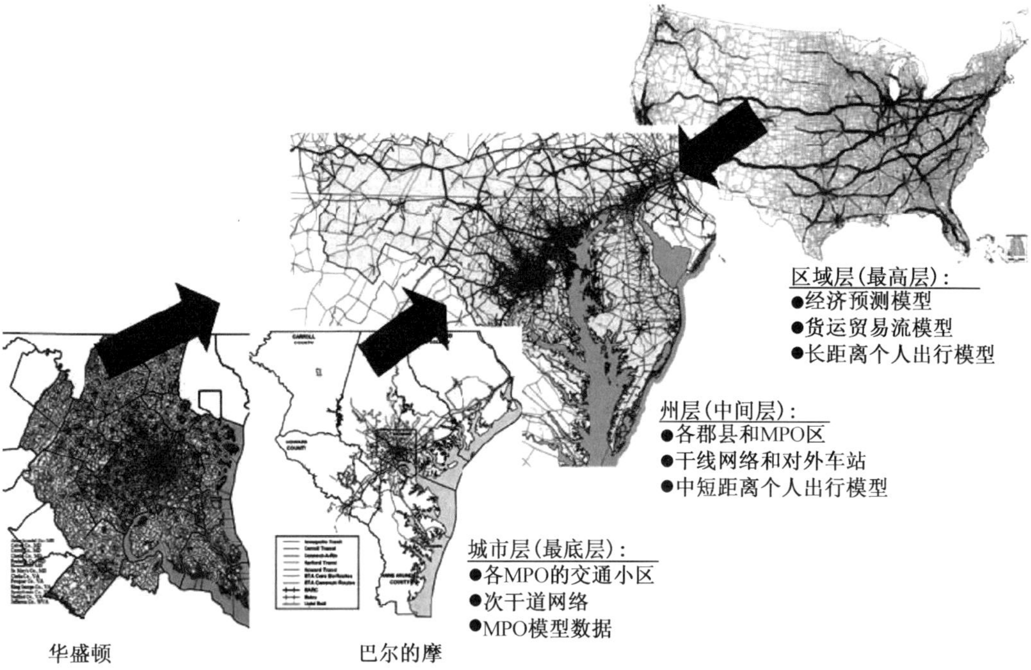

图 7-2 MSTM 的三层模型

交通行为在各自适宜的层面进行仿真，三层之间通过提供上下层的仿真结果来相互作用和完善。其中，重点研究是在州层，区域层的 RMZ 只用来进行区域长距离的出行建模，其分配的结果再进一步分配到州层，州层的 SMZ 是 MSTM 模型交通分配以及土地利用输入的基础，将其数据结果与都市层进行比较加以修正，所有的交通需求最后分配到州层。

整个模型整合了土地利用和交通出行特征与交通网络数据，由经济和土地利用模型（lowry 模型）驱动作为整个模型的输入，基本组成结构与本书第 4 章所示的一体化模型构成（图 4-2）类似。

在个人出行方面，区域模型包括居民和来访者长距离（大于 50 mi）与州层中短距离个人出行模型（用出行生成、分布、方式选择组成）相结合。区域层的长距离和访问者模型是基于国家家庭出行调查（NHTS）数据进行的微观仿真模型，针对的是从外部进入马里兰的（EI）、马里兰州外出的（IE）以及路过马里兰的（EE）个人出行包括汽车、火车、公交、飞机等的乘客出行。州层的个人出行模型中，出行生成是按收入、工人数、家庭大小进行聚类分析和拟合形成的在各小区（SMZ）的分布，然后根据不同目的和家庭类别（包括收入和工人数的交叉分类）的出行率进行计算得到；出行分布最初采用的是单约束的重力模型，后期改进为目的地选择模型，方式选择中采用的是巢式多层 Logit（NML）模型。

在货运方面，区域层模型是由美国联邦运输部所提供的货运贸易流建立全美的长距离的货物流非集计模型得到每个郡县的货运产生和吸引，然后再非集计分布到马里兰区域的每个 SMZ，最后与州层短距离的货运出行模型相结合。

最后，区域层和州层模型所形成的客货交通流被分配到各个时间段（早高峰、晚高峰、非高峰期）经调整后作为一个多层网络空间分配的输入。模型目前反馈是通过人工分析分配结果，然后调节土地利用模型输入再重新运行模型，模型仍在进一步完善中。

7.2.2 模型基于的网络与数据

MSTM 采用了多模式的交通网络，出行模式包括了小汽车、公交、飞机、火车、轮船等多种模式；交通网络既包括道路网，也包括各种公交网；是对各种范围内已存在的模型包括 MPO、DOT 以及其他来源的汇集并进行统一规范化。

最早形成的交通网络是在 2000 年，随后基于 2007 年巴尔的摩和华盛顿联合家庭出行调查（HTS），对模型和网络进行了更新，最终形成了 2007 年的交通网络。在此基础上，根据马里兰地区的长期约束规划，又形成了 2030 年不同规划方案的道路与公交线路网。目前，MSTM 具有 2007 年现状以及 2030 年长期约束规划（CLRP）下的完整的土地利用和交通网络模型，数据分别来源于各部门调查和规划资料。

交通网络的路段属性包括端点、功能类型、距离、速度限制、容量、车道数、收费、所属的 SMZ 与 RMZ、名称、编号等。另外，还有一些对应的限制属性，例如是否属于 HOV 车道或者货车道或者属于公交专用道等。其中，路段的功能类型包括 21 种，如 Interstate，Freeway，Expressway，Major Arterial，Minor Arterial，Collector，Medium Speed Ramps，Local Roads，Centroid Connector，Drive Access Link，Rail Link，Rail

Walk Link 等，不同的功能类型用不同的代码表示，以便于建模与统计处理。整个模型共有超过 16 万个路段和超过 13 万个节点。

公交网络包括马里兰及相邻州 MPO 和都市间的公交系统涵盖 Local Bus，Express Bus，Premium Bus，Light Rail，Metro Rail，Commuter Rail，Amtrak Rail，Greyhound Bus 这 8 种公交模式。其公交费率、路径和时刻表来源于 BMC（Version 3.3）和 MWCOG（Version 2.2）模型以及公交系统，作为公交网络的输入文件。

交通需求来自国民社会经济活动——主要是不同的家庭类型和不同行业的岗位数。用统一的、可操作的分类和定义获取每个 SMZ 的社会经济数据形成了整个模型区域内的土地利用输入。2000 年的人口普查数据、季度人口就业和工资（QCEW）数据、MPO 的 TAZ 数据以及其他的数据被有效整合作为 MSTM 模型各 SMZ 的输入。其中，数据主要来源的其他 MPO 模型包括 BMC 2000，2010，and 2030（7.0）（2010 年发布）；MWCOG 2000，2010，and 2030（2010 年发布）；PennDOT 2002 and 2030（2005 年发布）；VDOT 2000 and 2030（2005 年发布）、DELDOT 2000 and 2030（2005 年发布）。

具体数据应用如下：①2007—2008 年巴尔的摩和华盛顿两个 MPO 所收集到的家庭出行调查数据（HTS）主要用来形成出行产生和吸引率、校核出行长度、方式划分和不同时间段出行；②2002—2009 年的全国家庭长距离出行调查（NHTS）数据主要用来进行区域长距离出行的建模和验证；③1993—2010 年的交通统计数据如空运等也用来进行长距离的交通建模；④第三版的货运分析框架（FAF3）数据包括不同方式的货物流用来主要进行区域的货运建模；⑤马里兰公路管理局的交通检测数据以及公路检测系统所提供的数据涵盖区域内 2 883 个 AADT 监控站和 7 000 多个交通数据点作为模型交通流的输入与建模结果的有效验证。

7.2.3 模型的效果检验

为了验证模型的有效性，将仿真结果与实际的调查统计结果进行对比，分析其与实际交通状态和交通行为的相符性，主要分析以下几个方面：

(1) 用出行距离来检验个人出行分布模型的拟合情况。将所采用的非集计目的地选择模型（DC Model）的仿真结果与家庭出行调查结果相比，如图 7-3 所示，可以看出仿真结果与实际数据的拟合度较高。

(2) 将 MSTM 模型所得到的各出行目的下的出行方式结构与实际调查结果进行比照，以分析模型与真实情况的相符度，如图 7-4 所示。可以看出，个别出行目的下模型的仿真结果与调查结果的有所差异主要是公共交通方式。这主要是由于美国不同地区存在公交服务的差异，而调查的统计范围主要位于都市区，对公交不发达区的调查数据较少，所以导致了调查结果中公交比例偏高，模型是考虑这一因素后对数据进行了调整之后的结果，因此更符合整个区域的实际情况。

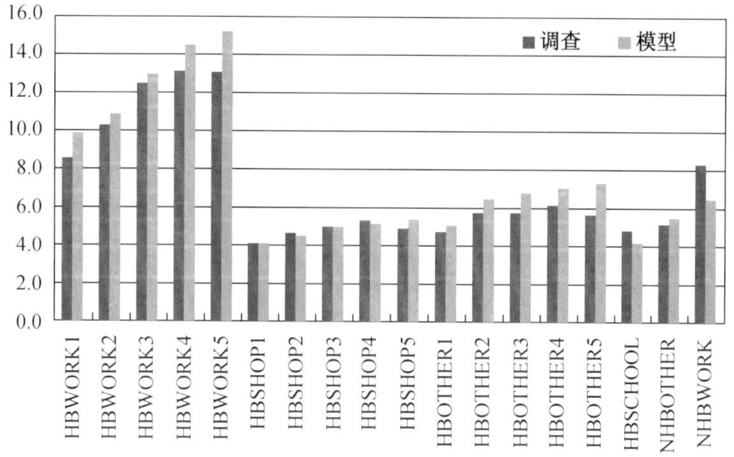

图 7-3　MSTM 模型得到的各出行目的下小汽车平均出行长度与调查比照

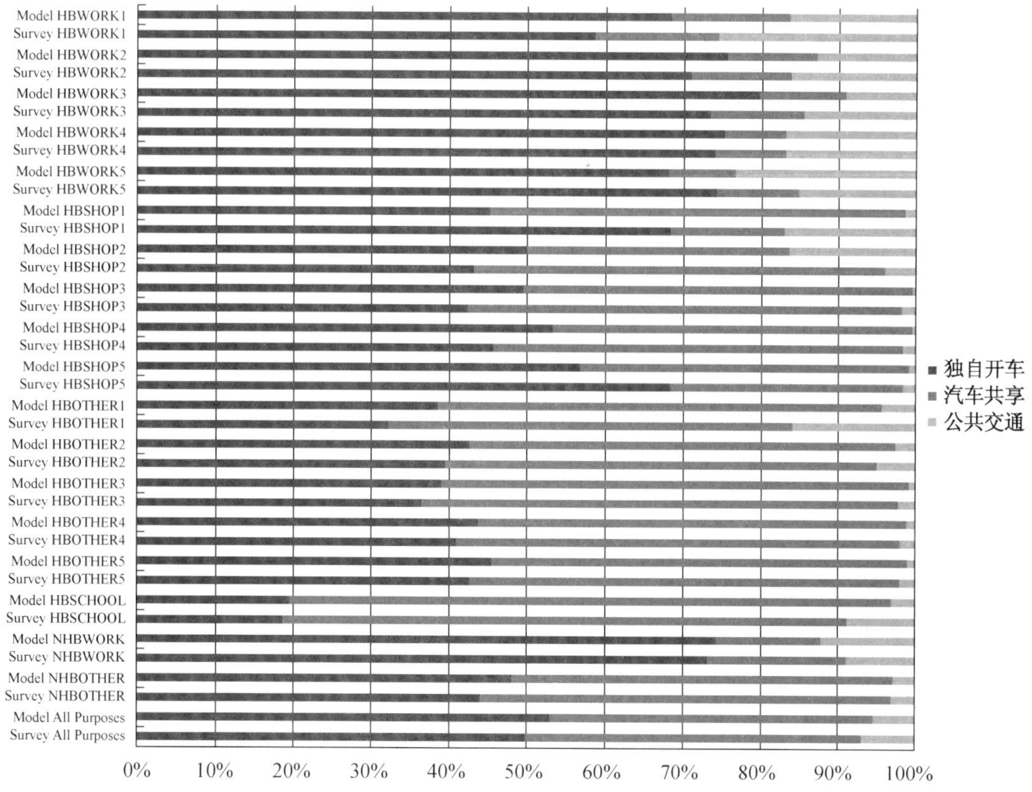

图 7-4　MSTM 模型各出行目的下的方式结构与调查比照

(3) 通过对模型的分配结果的整理获取整个交通状态的重要评价指标日均车辆出行里程(*VMT*)的结果与联邦公路局所提供基于监测系统(HPMS)的结果进行对比，如

图 7-5 和表 7-1 所示。从图 7-5 所示的按各郡县道路统计的结果，可以看出模型结果准确度极高，差异仅在 3%以内，同样从表 7-1 所示的按道路设施类型分析的统计结果也可以看出，特别是在主要道路，模型的误差较少，拟合度很好。

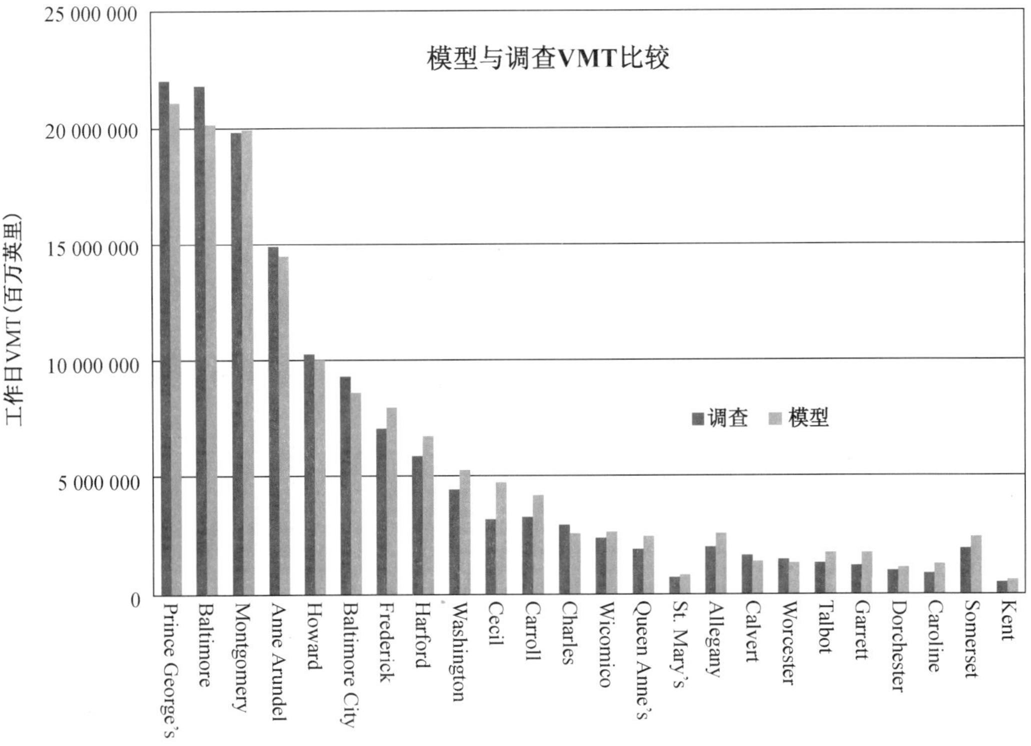

图 7-5　MSTM 模型路网分配所得的各郡县道路的 VMT 与监控预测的 VMT 比照

表 7-1　MSTM 模型分配得到的各等级道路 VMT 与观察值比较

设施类型	VMT/百万车英里		误差		分布	
	模型估计	调查	差异	差异比例	模型估计	调查
州级公路(Interstates)	42.02	43.25	−1.23	−2.84%	29%	30%
高速公路(Freeways)	11.95	12.38	−0.43	−3.48%	8%	9%
主干道(Major Arterials)	36.76	38.47	−1.89	−4.86%	26%	27%
次干道(Minor Arterials)	22.24	23.18	−0.94	−4.03%	16%	16%
集散道路(Collector)	11.99	11.42	0.53	4.95%	8%	8%
其他(Other)	17.83	16.79	1.04	6.18%	12%	12%
总体(Total)	142.79	145.66	−2.86	−1.97%	100%	100%

注：差异＝模型估计－调查，差异比例＝差异/调查×100%。

从以上 4 个方面的统计结果可以清晰显示 MSTM 一体化模型的良好拟合度。而且其所用的模型以非集计模型为主,基本上符合本书第 4 章一体化模型框架,包含了对现有四阶段模型的改进,能够满足用地再开发下的交通需求预测要求。故后续运用该模型对无用地再开发方案以及有用地再开发方案的未来交通需求进行预测,所得数据用来进行交通影响分析和合理性判定。

7.3 再开发方案设计

基于马里兰州选择精明增长的大背景以及 TOD 发展的相关立法,结合马里兰州已有的未来土地利用和交通的长期规划方案,探讨设计 TOD 再开发方案以缓解交通拥挤。

7.3.1 再开发区域和数据

7.3.1.1 再开发区域

马里兰州包括 23 个郡和一个独立市——巴尔的摩市,紧邻美国首都华盛顿。其中,大部分居民集中居住或就业在中部巴尔的摩到华盛顿区域,即马里兰都市区(Maryland metropolitan region),也称巴华都市区。所以,选取了该区域作为用地再开发方案研究区域,即图 7-6 中粗黑线所圈范围,共 8 郡 1 市。在 MSTM 中,马里兰州共分成 1 151 个 SMZ,其中 957 个 SMZ 位于该都市区。

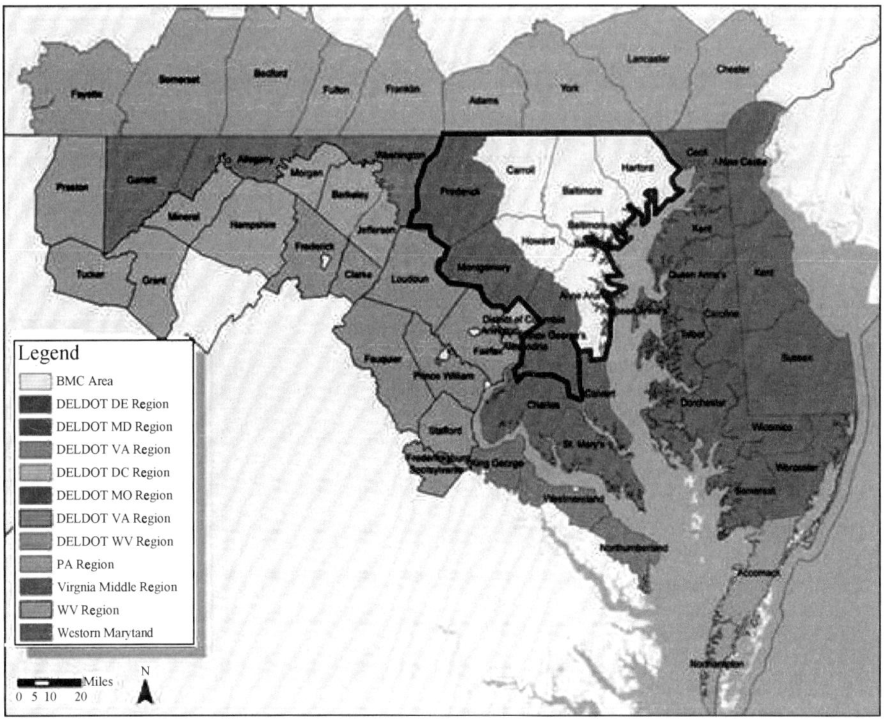

注:黑色框线内为再开发方案涉及范围。

图 7-6 MSTM 州层覆盖区及再开发范围

区域内西部的 3 个郡(Frederick County, Montgomery County and Prince George's County)紧邻首都华盛顿,属于华盛顿 MPO 范围,称为华盛顿区(Washington area)。东面的 5 个郡(Anne Arundel County, Baltimore County, Carroll County, Harford County and Howard County)以及其所围绕的巴尔的摩市(Baltimore City)则属于巴尔的摩 MPO 范围,称为巴尔的摩区(Baltimore area)。

用地再开发区域内有一个强大的专用通行权的公交运输网络,由 4 个不同的公交系统组成包括 Baltimore Subway, Baltimore Light Rail, MARC Commuter Rail 和 Metrorail,共 96 个站点(统称为轨道公交站点)贯穿了巴华都市区。

根据马里兰州政府所签署的关于 TOD 的立法(http://www. mdot. maryland. gov),将研究区域分为 3 种不同的地理区域:

(1) 公交优先区域(Priority Transit Areas,PTA),立法中所指定的优先发展的轨道公交站点所在区域。

(2) 其他公交区域(Other Transit Areas,OTA),指的是除了 PTA 外的其他轨道公交站点所在区域。

(3) 非公交区域(Non-transit Areas,NTA),指的是研究的都市区内没有轨道公交站点的区域。

在都市区内,84 个 SMZ 属于 PTA,167 个 SMZ 属于 OTA,剩下的属于 NTA,具体整个研究区域以及各个不同的公交属性区域布局如图 7-7 所示。

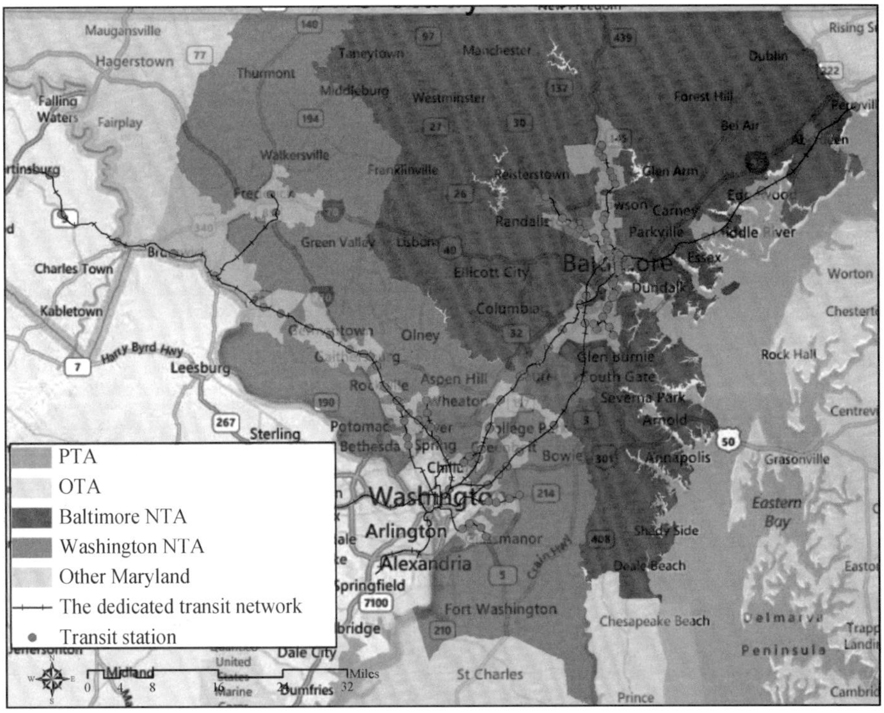

图 7-7　再开发区域的不同公交区域划分地图

7.3.1.2 基础数据

在美国，每个人口大于5万的城市区域根据联邦政府的规定需要制定交通运输规划，这个规划是受财政约束的，并且需要符合美国交通运输部(USDOT)的都市规划规则(23C. F. R. Part450)以及环境保护局(EPA)的一致规定(40C. F. R. §93.108)。响应联邦要求所形成的受约束的长期规划(CLRP)是所有战略和项目的来源，并且至少每5年更新一次(空气质量监督区每三年进行更新)。

每个城市区域有一个都市规划组织(MPO)来监督联邦授权的交通规划程序。这个程序包括形成一个CLRP来定义长期(至少20年)的交通需求并且每3～5年修正一次。因此，每个MPO必须评价已存在于未来的多模式交通网络，形成一个远景规划和约束的长期计划，以指导该地区在未来几年的交通投资。这个规划程序必须与联邦要求包括21世纪的交通权益法案(TEA-21)的联邦交通条例、都市规划要求以及环境公平要求等保持一致。

案例采用的基础方案数据为CLRP下的2030年的土地和交通信息，来源于马里兰州的两个MPO的CLRPs。根据两个MPOs的数据显示，马里兰州约80%的住宅和84%的就业位于巴华都市区，与2010年相比，CLRP下巴华都市区2030年住宅单元数和工作岗位的增长情况如表7-2所示。表7-2同时给出了都市区不同公交区域的住宅单元以及工作数。从表7-2中可以看出非公交区域NTA有最大的人口和工作数，职住比例(JHB)较低，而在公交优先区域JHB则较高。

表7-2　CLRP下都市区2030年住宅单元数和工作岗位数及其增长

地区		2030 CLRP 住宅单元数	住宅增长量	住宅增长率	2030CLRP 工作岗位数	工作增长量	工作增长率
巴尔的摩区	Total	1 187 152	160 335	15.61%	1 961 400	276 992	16.44%
	PTA	113 861	—	—	456 318	—	—
	OTA	163 374	—	—	366 138	—	—
	NTA	909 917	—	—	1 138 944	—	—
华盛顿区	Total	931 359	123 654	15.31%	1 330 212	90 211	7.28%
	PTA	125 422	—	—	232 442	—	—
	OTA	270 857	—	—	525 420	—	—
	NTA	535 080	—	—	572 350	—	—
巴华都市区		2 118 511	283 989	15.48%	3 291 612	367 023	12.55%

2030年CLRP下的数据也就是2030年没有TOD再开发下的土地和交通信息，即为本案例无再开发方案下的2030年土地和交通状态。

7.3.2 再开发方案生成

7.3.2.1 生成思路

TOD 方案源于对 CLRP 方案下增长的住宅以及就业岗位进行重新分配，一定比例的在 NTA 区域的增长重新安置或者说是迁移，使其集中到公交区域（包括 PTA 和 NTA），而总体的增长量与 CLRP 方案相同。这些增长的重新分配是在 CLRP 方案基础上进行的，同时交通系统包括所有的交通设施则与 CLRP 方案保持一致，以此来比较不同土地利用下的再开发方案对交通所产生的影响。

为了比较混合土地、职住平衡对交通行为和交通系统的影响，基于 CLRP 构造了 3 种类型的 TOD 方案：①只对住宅量的增长进行重新分配，将 CLRP 方案下 NTA 区域的住宅人口的部分增长重新分配到公交区域，而就业岗位与 CLRP 方案相同；②只对就业岗位数的增长进行重新分配，将 CLRP 方案下 NTA 区域就业岗位数的部分增长重新分配到公交区域，而住宅保持不变；③对住宅量和工作岗位数的增长均进行重新分配，将 CLRP 下非公交区域的部分增长分配到公交区域。这 3 类方案分别以“Res”“Emp”“Res& Emp”开头进行命名。

另外，为了区分密度的影响、判定土地特征与交通特征是否是线性关系，每类方案给出了 4 种不同程度的增长重分配，分别将都市区总增长量的 15%，25%，35%，45%加载到 TOD 区域，依次称为 15%方案、25%方案、35%方案、45%方案。

所以，共设计了 12 种 TOD 方案，分别为 Res15%，Res25%，Res35%，Res45%；Emp15%，Emp25%，Emp35%，Emp45%；Res&Emp15%，Res&Emp25%，Res&Emp 35%，Res&Emp45%[296]。

7.3.2.2 具体分配

具体在增长重新分配时，考虑到巴尔的摩和华盛顿区分属于不同的 MPO 而且增长率不同，所以分别进行计算以保持一致性。

具体各方案下各区域的住宅数和就业数增长的重新分配方法以 Res15%方案为例进行详细说明。首先，从表 7-2 中，可知在巴尔的摩区域 CLRP 下住宅的总增长量为 160 335 个单元，所以，Res15%方案将这一总增长量的 15%即 15%×160 335＝24 050 的住宅单元增加到 CLRP 的巴尔的摩区的 PTA 区域，而巴尔的摩范围的 OTA 区域也增加同样的住宅单元，而巴尔的摩范围的相应的非公交区域则共减少 48 101 个住宅单元增长量，以使巴尔的摩区域总的人口与 CLRP 方案保持一致。如此可获得巴尔的摩区域不同住宅方案下住宅总量在 CLRP 方案基础上的增减情况，华盛顿区域也是同样计算方法，计算结果如表 7-3 所示。

同样方法，可以计算获得与工作岗位相关的 TOD 方案下，不同区域工作岗位在 CLRP 方案基础上的增减情况及其变化比例，如表 7-4 所示。

表 7-3 与 CLRP 相比，与住宅相关的 TOD 方案下住宅单元增长的重新分配情况

地区		Res15%		Res25%		Res35%		Res45%	
		住宅变化量	住宅变化率	住宅变化量	住宅变化率	住宅变化量	住宅变化率	住宅变化量	住宅变化率
巴尔的摩区	Total	0	0	0	0	0	0	0	0
	PTA	+24 050	+21%	+40 084	+35%	+56 117	+49%	72 151	+63%
	OTA	+24 050	+15%	+40 084	+25%	+56 117	+34%	72 151	+44%
	NTA	−48 101	−5%	−80 168	−9%	−112 235	−12%	−144 302	−16%
华盛顿区	Total	0	0	0	0	0	0	0	0
	PTA	+18 548	+15%	+30 913	+25%	+37 096	+30%	55 644	+44%
	OTA	+18 548	+7%	+30 913	+11%	+37 096	+14%	55 644	+21%
	NTA	−37 096	−7%	−61 827	−12%	−86 558	−16%	−111 288	−21%

表 7-4 与 CLRP 相比，与工作相关的 TOD 方案下工作岗位增长的重新分配情况

地区		Emp15%		Emp25%		Emp35%		Emp45%	
		工作数变化量	工作数变化率	工作数变化量	工作数变化率	工作数变化量	工作数变化率	工作数变化量	工作数变化率
巴尔的摩区	Total	0	0	0	0	0	0	0	0
	PTA	+41 549	+9%	+69 248	+15%	+96 947	+21%	+124 646	+27%
	OTA	+41 549	+11%	+69 248	+19%	+96 947	+26%	+124 646	+34%
	NTA	−83 098	−7%	−138 496	−12%	−193 894	−17%	−249 293	−22%
华盛顿区	Total	0	0	0	0	0	0	0	0
	PTA	13 532	+6%	+22 553	+10%	+27 063	+12%	+40 595	+17%
	OTA	13 532	+3%	+22 553	+4%	+27 063	+5%	+40 595	+8%
	NTA	−27 063	−5%	−45 106	−8%	−63 148	−11%	−81 190	−14%

Res&Emp 方案则是 Res 方案和 Emp 方案的结合，例如在 Res&Emp15%住宅的增减情况量与 Res15%相同，就业岗位数则与 Emp15%相同。

在 TOD 方案下各区域总的增减情况确定下来，就需要将这些变动对应分配到每个交通小区。此处采用的是利用已知的 CLRP 方案下各公交属性区域住宅和就业的分配。如此各公交属性区域的发展政策被整合到 TOD 方案中，TOD 下住宅和岗位的分布仍体现了当地的计划，不同的只是增加了密度，这也更能支持公交的发展。

为了将增长重新分配到公交区域，需要分别计算 TOD 方案下每类公交属性区域住宅或就业的总增长率(表 7-3 与表 7-4 中计算增长量时已给出)。这一增长率用来计算 TOD 方案下各个公交属性区域各小区的增长量，即原有 CLRP 下的住宅或就业量乘以

其增长率即得。知道了 TOD 方案下各小区住宅或就业较 CLRP 的增长量，又知道 CLRP 下各小区的住宅或就业量，二者相加即可得 TOD 方案下各交通小区总的住宅或就业量，具体的计算 TOD 方案 S 下公交属性区域 A 的交通小区 i 住宅量或就业数的计算如式(7-1)所示。

$$V_{Ai}^{S} = V_{Ai}^{CLRP} + V_{Ai}^{CLRP} \cdot \sum_{i\in A} G_{Ai}^{S} / \sum_{i\in A} V_{Ai}^{CLRP} \tag{7-1}$$

式中 i——交通小区编号；

A——公交属性区域类型(包括巴尔的摩区 PTA，OTA，NTA，华盛顿区 PTA，OTA，NTA)；

S——TOD 方案类型(包括 Res15%，Res25%，Res35%，Res45%，Emp15%，Emp25%，Emp35%，Emp45%，Res&Emp15%，Res&Emp25%，Res&Emp35%，Res&Emp45%)；

V_{Ai}^{CLRP}——CLRP 方案下 A 区的交通小区 i 的住宅或工作量；

$\sum_{i\in A} V_{Ai}^{CLRP}$——CLRP 方案下 A 区所有小区的住宅和工作总量；

$\sum_{i\in A} G_{Ai}^{s}$——方案 S 下 A 区所有交通小区 i 住宅或工作较 CLRP 的增长总量，若为减少则为负值。

如此，计算得到各再开发方案下每个交通小区的住宅数和就业数。

7.3.2.3 多样化方案

最后，通过计算得到各 TOD 方案下各区域住宅量和就业数以及其相对 CLRP 的变化如表 7-5 所示。

表 7-5 TOD 方案下各区域的住宅量与工作数以及其较 CLRP 的变化情况

TOD 方案	住宅数/百万			住宅数变化			工作数/百万			工作数变化		
	PTA	NTA	NTA	PTA	NTA	NTA	PTA	NTA	NTA	PTA	NTA	NTA
Res15%	0.28	0.48	1.36	18%	10%	−6%	0.69	0.89	1.71	0%	0%	0%
Res25%	0.31	0.51	1.30	30%	16%	−10%	0.69	0.89	1.71	0%	0%	0%
Res35%	0.34	0.53	1.25	39%	21%	−14%	0.69	0.89	1.71	0%	0%	0%
Res45%	0.37	0.56	1.19	53%	29%	−18%	0.69	0.89	1.71	0%	0%	0%
Emp15%	0.24	0.43	1.44	0%	0%	0%	0.74	0.95	1.60	8%	6%	−6%
Emp25%	0.24	0.43	1.44	0%	0%	0%	0.78	0.98	1.53	13%	10%	−11%
Emp35%	0.24	0.43	1.44	0%	0%	0%	0.82	1.02	1.45	18%	14%	−15%
Emp45%	0.24	0.43	1.44	0%	0%	0%	0.85	1.06	1.38	24%	19%	−19%
Res&Emp15%	0.28	0.48	1.36	18%	10%	−6%	0.74	0.95	1.60	8%	6%	−6%
Res&Emp25%	0.31	0.51	1.30	30%	16%	−10%	0.78	0.98	1.53	13%	10%	−11%
Res&Emp35%	0.34	0.53	1.25	39%	21%	−14%	0.82	1.02	1.45	18%	14%	−15%
Res&Emp45%	0.37	0.56	1.19	53%	29%	−18%	0.85	1.06	1.38	24%	19%	−19%

根据表 7-5 可以获知各 TOD 方案下，各类公交区域的职住比例(JHB)情况如表 7-6所示。当然整个巴尔的摩区域与华盛顿区域以及整个巴华都市区的 JHB 保持不变，分别为 1.7，1.4 和 1.6。

表 7-6　　TOD 方案下各区域的职住比例

方案	PTA	OTA	NTA
CLRP	2.9	2.1	1.2
Res15%	2.4	1.9	1.3
Res25%	2.2	1.8	1.3
Res35%	2.0	1.7	1.4
Res45%	1.9	1.6	1.4
Emp15%	3.1	2.2	1.1
Emp25%	3.3	2.3	1.1
Emp35%	3.4	2.3	1.0
Emp45%	3.6	2.4	1.0
Res&Emp15%	2.6	2.0	1.2
Res&Emp25%	2.5	1.9	1.2
Res&Emp35%	2.4	1.9	1.2
Res&Emp45%	2.3	1.9	1.2

从表 7-6 可知，Res 方案即将非公交区域的住宅人口迁移到公交区域会使得各区域的职住比例与整体的 JHB 更加接近即更平衡，而将工作岗位集中到公交区域则会使得职住比例与整体的 JHB 差距更大，职住不平衡现象加剧。

7.4 交通影响分析

运用 MSTM 模型，对各 TOD 方案进行仿真运行，运用 r 语言以及 spss 统计软件对输出的交通分布、方式划分以及交通分配结果进行统计分析，得到再开发下交通状态及拥挤评价指标的值来显示其交通状态和拥挤程度。然后，将其与 CLRP 方案结果进行比较，以揭示不同用地再开发方案对交通系统的影响，同时也可以显示职住平衡或者混合土地利用以及土地利用密度与交通系统的影响关系。对于交通的影响，根据本书第 5 章所提出的交通及拥挤影响评价指标分别从总体出行状态、交通总体状态、拥挤状态这 3 个方面进行比较分析。

7.4.1 对总体出行特征的影响分析

对总体出行状态的影响，这里重点选取平均出行空间距离以及小汽车分担比这两个指标进行分析。

7.4.1.1 对小汽车分担比的影响

在 CLRP 方案下,整个都市区各种出行目的不同方式的日出行人次以及各方式分担比例如表 7-7 所示。这里的出行目的共分成 6 种,基家工作出行(HBW),基家购物出行(HBS),基家的学校出行(HBSc),基家的其他出行(HBO),非基家的工作出行(NHBW),其他出行(OBO)。

表 7-7 CLRP 方案下各方式出行量及分担比

出行类型	出行人次/百万			方式分担比		
	小汽车	公交	合计	小汽车	公交	合计
HBW	2.60	0.54	3.14	82.76%	17.24%	100%
HBS	3.05	0.03	3.08	98.98%	1.02%	100%
HBSc	0.76	0.03	0.79	96.53%	3.47%	100%
HBO	6.27	0.17	6.44	97.38%	2.62%	100%
NHBW	2.91	0.45	3.36	86.58%	13.42%	100%
OBO	6.25	0.25	6.49	96.19%	3.81%	100%
Total	21.83	1.47	23.30	93.70%	6.30%	100%

从表 7-7 中可以看出,6 种出行目的中,HBSc 日出行量较少不到 1 百万人次,而 HBO 以及 OBO 涉及的出行类型较为复杂,难以体现住宅单元数和就业岗位数之间的变化关系,所以重点对 TOD 方案下与住宅相关以及与工作相关的 HBS、HBW、NHBW 出行以及总体出行(Total)进行分析。

通过分析各 TOD 方案的仿真结果发现,在所有的 TOD 方案下,总体出行量相差较少,而公共交通的分担比均较 CLRP 有不同程度的提高,同时小汽车出行比例则下降。整个都市区各方式分担比与 CLRP 相比的变化情况如图 7-8 所示。可以看出,同类方案中,重新分配的增长比例越大,变化越明显,如 Res45%比 Res15%变化显著,即越多

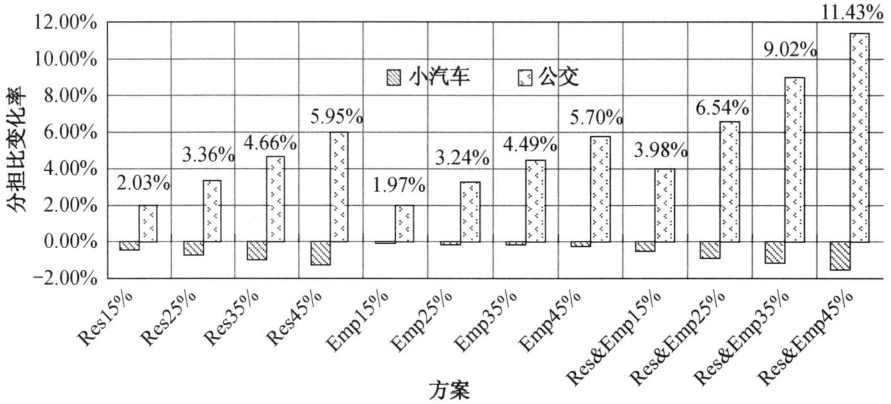

图 7-8 各 TOD 方案下各方式分担比的变化情况

的住宅或工作岗位集中到公交区域会使得公交的分担比增加的越大。这是因为公交区域拥有更高的公交可达性，居民选择公交出行的概率增加。而公交分担比的变化比小汽车更明显，是由于美国小汽车的出行总量远大于公交，所以后文分析时，用公交分担比的变化来替代小汽车分担比的变化。

从图 7-8 中还可以看出，尽管对相同比例的总住宅或工作数的增长量进行了重新分配，但是重新分配的量相对原有量的比值以及其引起的公交分担比的变化却不同。表 7-8 给出了公交分担比增加比例与住宅或工作数增长的转移比例之间的比值，作为公交分担比对增长转移之间的弹性系数。结果表明，将 1%的总的住宅增长量转移到 TOD 区域，公交分担比提高不到 1%，而如果将 1%的总的工作数转移到 TOD 区域，则公交分担比的增加则大于 1%。可见将工作岗位迁移到公交区域会更多地增加公交分担比。但是这并不意味着转移的越多增加的越大，从表 7-8 可以看出同类方案下转移比例增长而弹性系数却逐渐减少。

表 7-8　　Res 以及 Emp 类 TOD 方案下关于公交分担比的弹性系数

再开发方案	区域增长转移比例	公交分担比增加率	弹性系数	再开发方案	区域增长转移比例	公交分担比增加率	弹性系数
Res15%	2.32%	2.03%	0.87	Emp15%	1.88%	1.97%	1.05
Res25%	3.87%	3.36%	0.87	Emp25%	3.14%	3.24%	1.03
Res35%	5.42%	4.66%	0.86	Emp35%	4.39%	4.49%	1.02
Res45%	6.97%	5.95%	0.85	Emp45%	5.65%	5.70%	1.01

注：区域增长转移比例，是用表 7-2 中的增长率乘以各方案下增长重新分配的比例所得（例如 Res15%方案下的区域增长比例为 15.5%×15%=2.32%）。

但针对不同出行目的进行具体分析时，又可以发现对增长的住宅进行重新分配时，基家出行尤其是 HBS 的公交分担比增加得较快，非基家的 NHBW 则增加较缓慢；而当对工作岗位进行重新分配时，与工作相关的公交出行比例增加较多，如图 7-9 所示。原因主要是当居民迁移到就业机会多的公交区域时，基家出行就会更多地采用公交，并缩

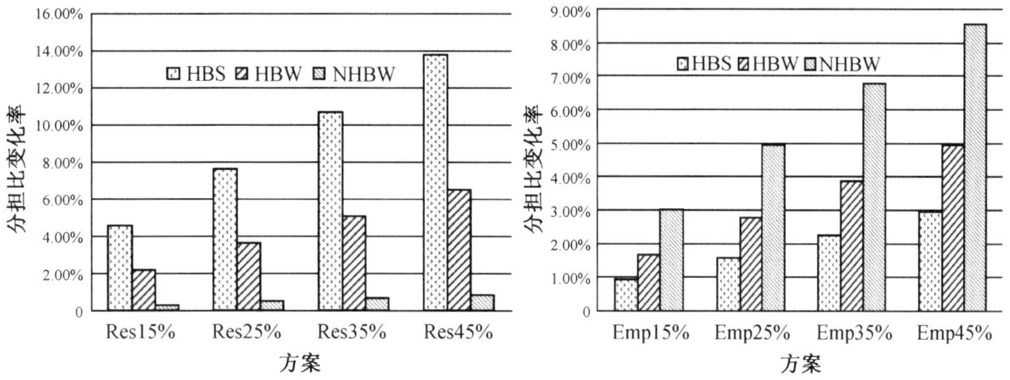

图 7-9　不同 TOD 方案下各出行目的公交分担比的变化情况

短基家出行距离；而当就业岗位迁移到就业机会多的公交区域时，则与工作相关的公交出行比例会增加，同时会缩短 NHBW 的出行距离。

总之，根据对公交分担比的影响分析，可以获悉所有 TOD 再开发方案均有利于减少小汽车分担比，即均为积极影响，有利于缓解交通拥挤。就影响效果而言则 Res&Emp 方案最为显著，其次是 Emp 方案，然后是 Res 方案。

7.4.1.2 对平均出行空间距离的影响

在 CLRP 方案下，整个都市区以及各公交区域各类出行目的的日出行量以及出行距离如表 7-9 所示。

表 7-9　CLRP 方案下不同公交区域的不同目的的出行量

地区	日出行人次/百万				平均出行距离/km			
	Total	HBW	HBS	NHBW	Total	HBW	HBS	NHBW
巴华都市区	23.3	3.14	3.08	3.36	24.83	38.93	19.42	26.90
PTA	3.78	0.43	0.42	0.86	23.38	35.30	18.88	25.66
OTA	4.96	0.61	0.6	0.91	22.74	34.22	18.45	25.89
NTA	14.59	2.09	2.06	1.59	25.95	40.93	19.79	28.14

TOD 方案对平均出行空间距离的影响从整个都市区、非公交区域 NTA、公交区域 PTA 和 OTA 这 4 个区域层进行分析。

首先，从整个都市区来看，在重新分配住宅的 TOD 方案下，总体出行距离有所缩短，而在重新分配就业的 TOD 方案下，总体出行距离却有所增加，如图 7-10 所示。当只将增长的部分工作岗位从非公交区域迁移到公交区域时，员工会与家离得更远(因为

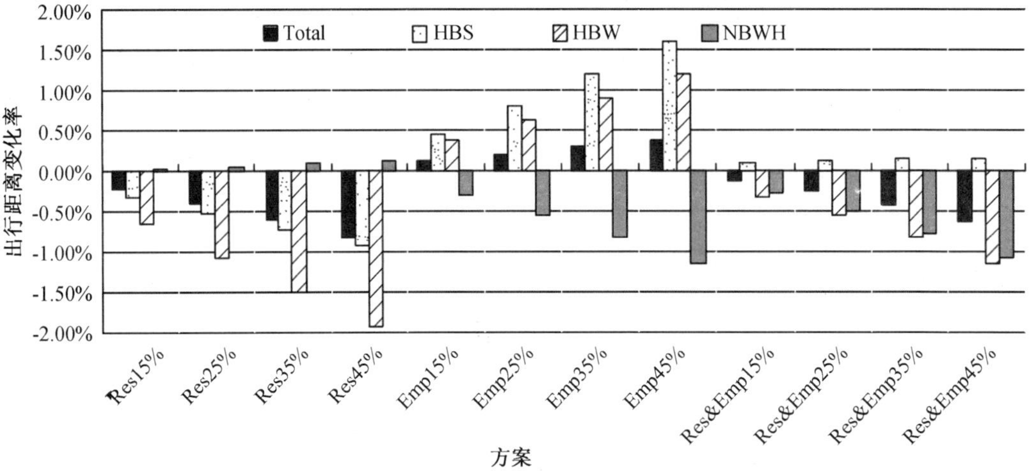

图 7-10　各 TOD 方案下整个区域各类出行的平均出行空间距离变化情况

表 7-2 显示住宅主要位于 NTA)，于是工作出行距离将会增加，同时由于就业岗位包括了工业、零售以及服务业等，所以非基家的工作出行距离会有所缩短。而当只将增长的部分住宅从非公交区域迁移到高密度的公交区域时，居民会更接近购物中心或者其他设施。所以，基家的工作与购物出行距离将会变短。同时将工作和住宅都迁移到高密度公交区的 Res&Emp 方案，则是以上两类方案效果的叠加。

而区域平均出行距离与住宅或工作数增长的转移比例之间的弹性系数则较低，也就是说增长的转移比例对平均出行距离变化的影响较小，如表 7-10 所示。

表 7-10　　各 TOD 方案下区域平均出行距离弹性系数

再开发方案	区域增长转移比例	出行距离变化率	弹性系数	再开发方案	区域增长转移比例	出行距离变化率	弹性系数
Res15%	2.32%	−0.22%	−0.095	Emp15%	1.88%	0.13%	0.069
Res25%	3.87%	−0.40%	−0.103	Emp25%	3.14%	0.21%	0.067
Res35%	5.42%	−0.60%	−0.111	Emp35%	4.39%	0.30%	0.068
Res45%	6.97%	−0.82%	−0.118	Emp45%	5.65%	0.38%	0.067

注：区域增长转移比例，是用表 7-2 中的增长率乘以各方案下增长重新分配的比例所得(例如 Res15%方案下的区域增长比例为 15.5%×15%=2.32%)。

从图 7-10 和表 7-11 可以看出，虽然出行距离变化较缺乏弹性，但是明确显示住宅的 TOD 方案有利于缩短出行距离，增长转移量越大，影响越明显，而就业的 TOD 方案则会使得出行距离增加。这主要是与职住平衡情况(表 7-6)相关，Res 方案使的各区域的职住更平衡，所以平均出行距离缩短；而 Emp 则使各区域的职住更不平衡，导致出行距离变长。另外，其中也受到土地利用密度或者说集中性的影响，例如表 7-6 中 Res15%和 Res&Emp35%方案的职住平衡情况相当，但图 7-7 中 Res&Emp35%明显比 Res15%方案的出行距离缩短的更多。这说明职住平衡和用地密度或者集中程度均影响着出行距离，平衡的人口与就业分布，更加紧实的用地模式将各种活动聚在一起，能够减少出行距离。

其次，从不同的公交区域来看(表 7-11)，在公交区域 PTA 和 OTA，TOD 方案下各种出行距离均减少，而非公交区域 NTA，则所有出行的总的平均出行距离均增加，而且同类 TOD 方案转移的增长量越大，趋势越明显，住宅和工作都转移的方案减少或增加的也就比单独的大。具体来看 HBS，HBW，NHBW 这 3 种出行，不难发现，在公交区域就业的 TOD 方案比住宅的 TOD 方案减少得更快，在非公交区域增加得也更快。主要是当工作岗位从非公交区域迁移到公交区域时，一些零售服务也同时进行了迁移，使得在公交区域的居民更加接近工作与购物的地方，而非公交区域的居民则更加的远离。这也正符合居民在工作丰富的区域有更短的通勤距离的规律。同时，集中增长也解释了为什么 Res&Emp 方案在公交区域缩短出行距离更快。

表 7-11 TOD方案下不同公交区域的出行距离的变化情况

TOD方案	PTA				OTA				NTA			
	Total	HBS	HBW	NBWH	Total	HBS	HBW	NBWH	Total	HBS	HBW	NBWH
Res15%	−0.83%	−0.30%	−0.25%	−0.24%	−0.58%	−0.01%	−0.09%	−0.17%	0.59%	−0.06%	0.01%	0.29%
Res25%	−1.36%	−0.46%	−0.38%	−0.39%	−0.95%	−0.01%	−0.15%	−0.27%	0.99%	−0.11%	0.02%	0.49%
Res35%	−1.86%	−0.60%	−0.50%	−0.54%	−1.31%	−0.01%	−0.20%	−0.38%	1.40%	−0.16%	0.03%	0.69%
Res45%	−2.35%	−0.72%	−0.60%	−0.69%	−1.64%	−0.02%	−0.24%	−0.49%	1.81%	−0.22%	0.03%	0.89%
Emp15%	−0.61%	−0.32%	−0.50%	−1.09%	−0.43%	−0.50%	−0.39%	−0.87%	0.64%	0.87%	0.70%	1.09%
Emp25%	−1.01%	−0.51%	−0.82%	−1.77%	−0.71%	−0.81%	−0.65%	−1.42%	1.08%	1.50%	1.19%	1.84%
Emp35%	−1.40%	−0.69%	−1.13%	−2.42%	−0.99%	−1.10%	−0.89%	−1.95%	1.53%	2.16%	1.68%	2.60%
Emp45%	−1.78%	−0.85%	−1.43%	−3.04%	−1.26%	−1.37%	−1.12%	−2.47%	1.99%	2.87%	2.20%	3.39%
Res&Emp15%	−1.40%	−0.67%	−0.78%	−1.31%	−0.99%	−0.52%	−0.50%	−1.02%	1.25%	0.81%	0.71%	1.39%
Res&Emp25%	−2.27%	−1.09%	−1.27%	−2.12%	−1.61%	−0.85%	−0.82%	−1.67%	2.12%	1.39%	1.21%	2.35%
Res&Emp35%	−3.08%	−1.50%	−1.75%	−2.90%	−2.20%	−1.17%	−1.13%	−2.29%	3.03%	2.00%	1.72%	3.34%
Res&Emp45%	−3.85%	−1.89%	−2.21%	−3.63%	−2.75%	−1.48%	−1.44%	−2.88%	3.98%	2.66%	2.26%	4.35%

综上所述，从局部与整个都市区出行距离的变化情况可以得到以下结论：

（1）随着非公交区域岗位密度的降低以及职住的更不平衡，平均出行距离增加；

（2）随着公交区域住宅密度的增加，出行距离缩短。

这是由于更紧实或者集中的混合土地利用发展提供了更多地在区域内部满足出行目的的机会，也就缩短了出行距离。从区域总体上，公交区域出行距离的减少以及非公交区域出行距离的增加效果会部分抵消，总体效果表现为所有 TOD 方案下平均出行距离有所缩短。另外，增长转移量与出行距离缩短之间并非线性关系。

对比这几类方案而言，从区域总体出行的平均出行空间距离来看 Res 方案比 Res&Emp 方案在缩短出行距离方面更优，而 Emp 方案会增长区域出行距离。但从各个局部区域来看，结果有所差异。但总体比较来看，可以肯定 Emp 方案对总体的交通出行具有或多或少的负面影响。

7.4.2 对交通总体状态的影响分析

对交通总体状态的影响分析，选取车辆出行小时和车辆出行公里这两个指标进行分析。

7.4.2.1 对车辆出行公里的影响

在 CLRP 方案下，整个都市区的日车辆出行里程（*VKT*）是 225 817 698 车公里。

分析所有的 TOD 方案下的 *VKT* 发现，其 *VKT* 均比 CLRP 要少，如图 7-11 所示。从本书 7.4.1 节的分析中已经获悉，与住宅相关的 TOD 方案（包括 Res&Emp 和 Res 方案），小汽车的出行比例下降，而该两类方案的区域平均出行距离缩短。所以，在该两

类方案下 *VKT* 均减少。而在 Emp 方案下，虽然区域出行距离有所增加但小汽车出行比例也是减少的，所以最后的效果是 *VKT* 有轻微减少，不如其他两类方案明显。

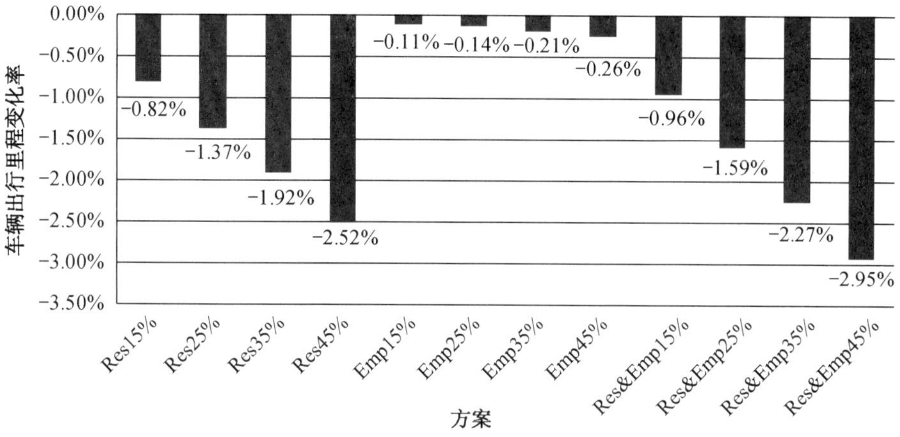

图 7-11　各 TOD 方案下区域车辆出行里程的变化情况

总体来看，所有 TOD 方案都有利于减少车辆出行里程，但是 Emp 方案的影响较少，Res&Emp 和 Res 方案影响的积极性较为明显。

7.4.2.2　对车辆出行小时的影响

在 CLRP 方案下，整个都市区的日车辆出行小时(*VHT*)是 5 369 291 车小时。

对所有再开发的 TOD 方案的仿真结果进行整理分析发现，相比 CLRP 方案，与住宅相关的 TOD 方案(包括 Res&Emp 和 Res 方案)的 *VHT* 均减少，但是对于 Emp 方案，则随着转移到公交区域岗位数的增多，*VHT* 由减少转为增加，如图 7-12 所示。

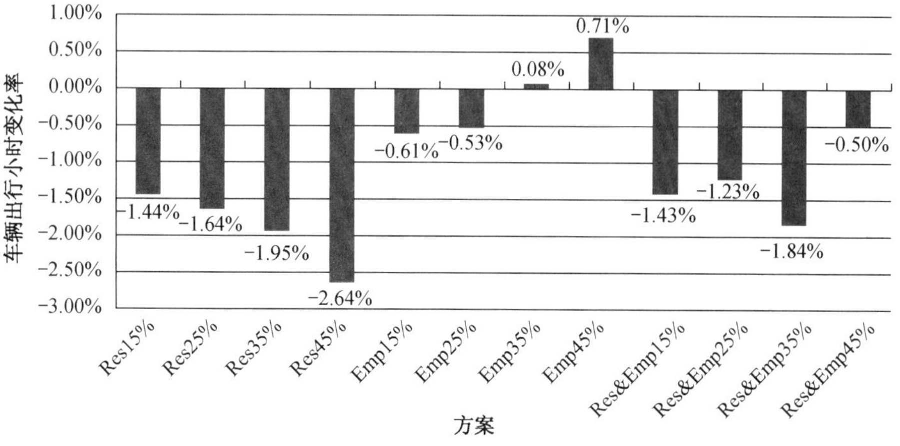

图 7-12　各 TOD 方案下区域车辆出行小时的变化情况

总体来看，大多的 TOD 方案有利于减少车辆出行时间从而减少交通拥挤，特别是 Res&Emp 和 Res 方案的积极性影响较为明显。但是，随着职住的更加不平衡，对 *VHT*

的减少效果越不明显，甚至会出现增加的趋势，所以部分 Emp 方案对交通出现轻微的负面影响。

7.4.3 对交通拥挤状态的影响分析

通过车辆延误小时、拥挤车道里程这两个指标来分析用地再开发对交通拥挤状态的影响，并通过车辆延误指数和拥挤车道里程比来分析对交通拥挤程度的影响。

7.4.3.1 对车辆延误小时的影响

在 CLRP 方案下，整个都市区的日车辆延误小时（*VHD*）是 2 038 880 车小时。

对所有用地再开发方案的仿真结果进行整理得到各 TOD 方案下的 *VHD* 相比 CLRP 方案的变化情况如图 7-13 所示。图中可以看出，Res 方案使得出行延误减少，有利于缓解交通拥挤，而 Emp 方案则会增加延误，加剧拥挤。并且随着重新分配的住宅或就业数的增加，趋势越明显。至于 Res&Emp 方案则是其他两类方案的综合效果。

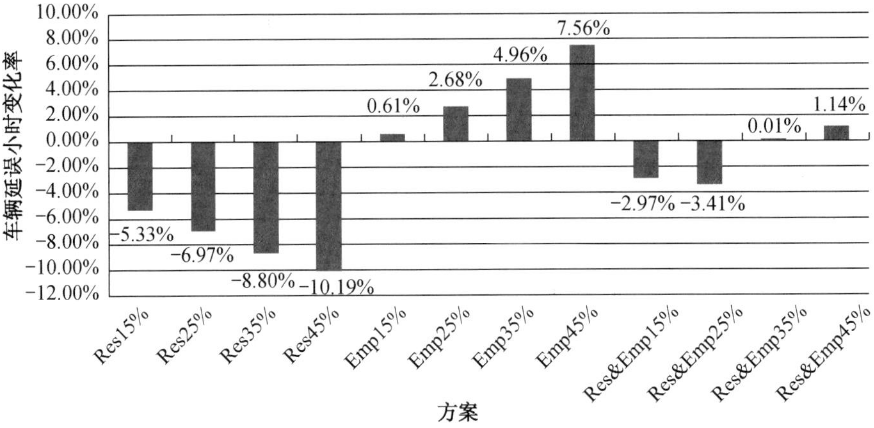

图 7-13　各 TOD 方案下区域车辆延误小时的变化情况

总体来看，Res 方案对交通拥挤具有积极影响能缓解拥挤，而 Emp 方案的影响则是负面的，不利于拥挤的减少。而 Res&Emp 方案相比其他两类的影响效果较不显著，并非迁移越多越有利。

7.4.3.2 对拥挤车道里程的影响

在 CLRP 方案下，整个都市区的日拥挤车道里程（*CLK*）是 4 686 km。

对所有用地再开发方案的仿真结果进行整理得到各 TOD 方案下的 *CLK* 相对 CLRP 方案的变化情况如图 7-14 所示。图中可以看出，与住宅相关的 Res 方案以及 Res&Emp 方案有利于减少拥挤车道里程。而 Emp 方案下拥挤车道里程并没有减少，反而有轻微的增加。

可见，并不是所有的 TOD 方案均能减少交通拥挤，只有促进职住均衡的 Res 方案和 Res&Emp 方案才能减少拥挤车道里程，缓解交通拥挤。

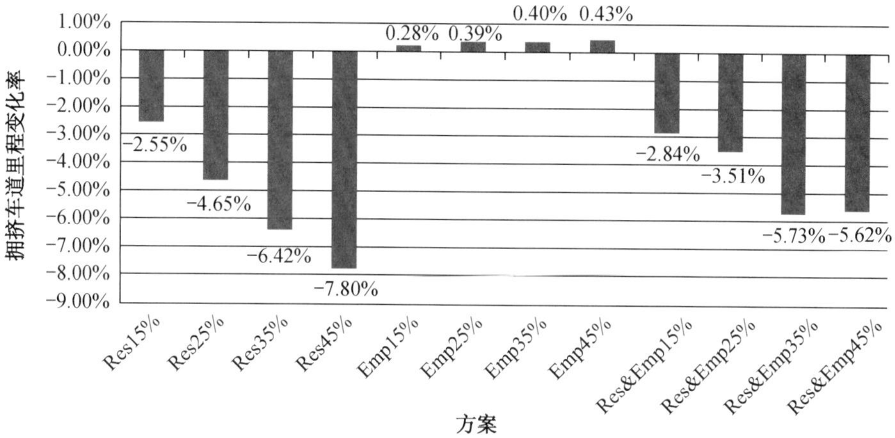

图 7-14 各 TOD 方案下区域拥挤车道里程的变化情况

7.4.3.3 对车辆延误指数的影响

在 CLRP 方案下，整个都市区的日车延误指数（*VDI*）是 0.38。

对所有用地再开发方案的仿真结果进行整理计算得到各 TOD 方案下的 *VDI* 相比 CLRP 方案的变化情况如图 7-15 所示。

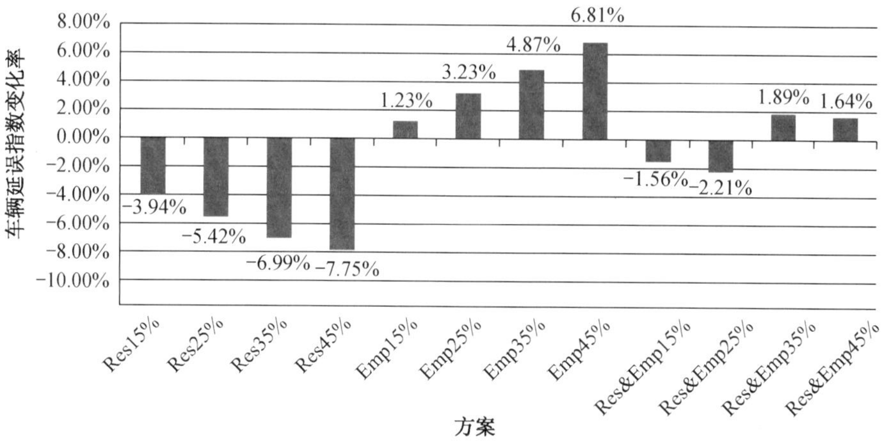

图 7-15 各 TOD 方案下区域车辆延误指数的变化情况

从图中可以看出，*VDI* 的变化趋势与 *VHD* 相似，Res 方案下出行延误指数随着重新分配到公交区域住宅数的增多而减少，从而对交通拥挤具有一定的缓解作用。而 Emp 方案的效果则相反，随着重新分配到公交区域就业数的增加拥挤反而加剧。

7.4.3.4 对拥挤车道里程比的影响

在 CLRP 方案下，整个都市区的车道里程为 26 099 km，计算得到日拥挤车道里程比（*CLKR*）是 0.18。

根据各用地再开发方案的日拥挤车道里程计算得到其 *CLKR* 相比 CLRP 方案的变

化情况如图 7-16 所示。

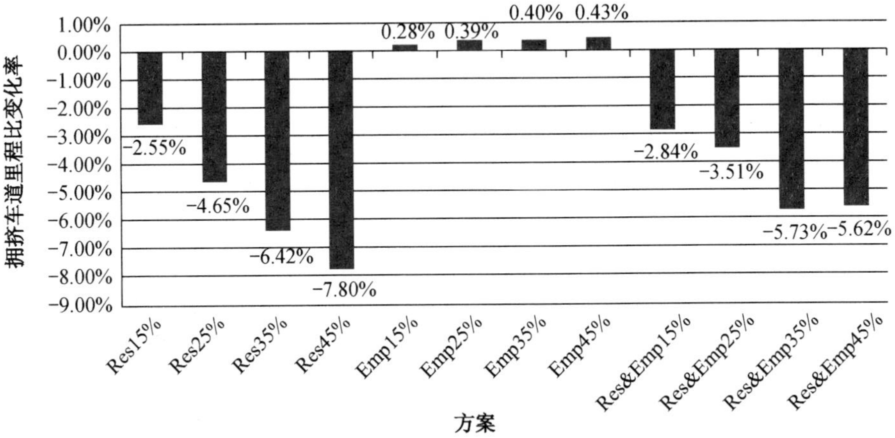

图 7-16 各 TOD 方案下区域拥挤车道里程比的变化情况

由于所有再开发方案总的车道里程是相同的，所以拥挤车道里程比的变化趋势与 *CLK* 的变化趋势相同。同样可以说明 Res 方案和 Res&Emp 方案有利于缓解交通拥挤，而 Emp 方案则对交通拥挤状态的影响是负面的。

7.5 交通合理性评价

根据本书 7.4 节对用地再开发方案对交通的影响分析，Res45％方案对交通及交通拥挤具有积极影响且综合效果最为明显，是所有 12 个 TOD 再开发方案中的最优方案。所以，选择该方案进行影响与合理性评价。

7.5.1 交通状态的影响评价

根据本书 7.4 节中对各指标的分析可知，Res45％方案与 CLRP 基础方案相比较，对交通及拥挤的影响情况如表 7-12 所示。

表 7-12 与 CLRP 相比 Res45%方案下交通及拥挤状态的变化情况

评价指标	CLRP	Res45％方案
非公交分担比 *CMSR*	93.70％	−1.30％
平均出行空间距离 *ATL*	24.98 km	−0.82％
车辆出行公里 *VKT*	225 817 698 车公里	−2.52％
车辆出行小时 *VHT*	5 369 291 车小时	−2.64％
车辆出行延误小时 *VHD*	2 038 880 车小时	−10.19％
拥挤车道里程 *CLK*	4 686 km	−7.80％

（续表）

评价指标	CLRP	Res45%方案
车辆出行延误指数 *VDI*	0.38	−7.7%
拥挤车道里程比 *CLKR*	0.18	−7.8%

表 7-12 中每个评价指标的变化程度不同，而且均没有达到 20%～30%，从而无法断定影响的显著性。但是所有的指标值均减少，因此，该方案对交通拥挤具有积极影响，有利于减少拥挤的发生。

于是，进一步通过综合的合成指标来评定影响程度。首先，计算 CLRP 方案下的路网交通拥挤率 $NCR_1 = \alpha \cdot VDI + \beta \cdot CLKR = 0.5 \times 0.38 + 0.5 \times 0.18 = 0.28$；而在 Res45%方案下，路网交通拥挤率 $NCR_2 = 0.5 \times 0.35 + 0.5 \times 0.166 = 0.258$。然后，得到 Res45%方案下，路网交通拥挤促成度 $NCC = NCR_2 - NCR_1 = 0.258 - 0.28 = -0.022$。最后，根据前文表 5-3 对交通拥挤程度的影响程度分级表，判定 Res45%方案对交通拥挤具有轻微缓解作用。

7.5.2 交通合理性判定

根据预检中所提出的用地再开发在交通上的合理性判定表（表 5-4），来对 Res45%方案的合理性进行断定。首先，Res45%方案下的路网交通拥挤率为 0.258。然后，根据表 5-2 拥挤率与拥挤程度之间的关系，该方案下总体交通处于较拥挤状态。再者，根据前文 7.5.1 节中的影响程度评价结果为轻微缓解，所以最终根据表 5-4 得到该方案的交通合理性为可接受。

7.5.3 判定结果分析与后续完善

在此案例中设计了 12 种再开发的 TOD 方案，通过影响分析选取了其中的最优方案为 Res45%方案，并进一步进行交通拥挤的影响评价与合理性判断。虽然最优方案交通合理性的判定结果为可接受，但是在影响分析中通过对相关因素如职住平衡、混合用地、集中程度等因素的相关分析，为更好地制定用地再开发方案提供了参考。从中可以发现，职住平衡、促进混合用地以及公交区域的集中发展有利于缓解交通拥挤。而且该 Res45%方案确实对交通拥挤具有轻微缓解作用。

至于评价结果为可接受而不是合理的，一方面是由于方案对土地利用的变动较少，重新分配集中到公交区域的住宅比例占总住宅数量的比例较少，不到 10%；另一方面是由于美国的公交系统不发达分担率较低。

所以，为了最大程度缓解交通拥挤，在该方案的基础上尝试对交通设施的改善来增加对交通拥挤积极影响的显著性，于是提出了 3 种交通方案：①对部分路段实行交通拥挤收费；②改善公交系统提高发车频率减少公交费用；③改善公交系统同时对部分道路实行拥挤收费。然后分别对这 3 个方案对交通的影响进行分析。最终结果发现基于 Res45%方案对部分道路实行拥挤收费方案，交通拥挤促成度由－0.022 变为－0.026，而对公交系统进行改善方案交通拥挤促成度变为－0.029，而既改善公交系统又拥挤收费方案则交通拥挤促成度变化最为明显，由－0.022 变为－0.032。可见改善公交系统并对部分道路进行拥挤收费对交通拥挤的缓解作用较只改变土地利用的 Res45%方案本身更加显著。

7.6 方案的实施管理

本章结合马里兰州区域未来的长期规划 CLRP，对其将要实行的公交导向的 TOD 再开发方案进行了多个方案设计，并运用马里兰州的 MSTM，对设计的方案进行了模拟仿真。通过对仿真结果的分析发现，用地再开发方案对交通的影响与土地的混合利用或职住平衡以及集中利用程度有关，有效的土地利用设计方案有利于缓解交通拥挤，而不合理的设计则会加剧职住的不平衡从而加剧交通拥挤。

同时，本章根据预检的工作流程，对于如何在用地再开发方案中进行交通影响分析与评价，怎样进行合理性判定，给出了具体的分析与计算过程。

此外，本章对于最后的判定结果设计了后续方案，给出了交通设施改善对交通拥挤的影响。

本章的内容是对前文理论分析的进一步阐释和应用，虽然运用的是美国的数据和模型，但对我国交通拥挤的缓解同样具有借鉴和指导意义。

附件 1　图片索引

附件 2 表格索引

参 考 文 献

REFERENCE

[1] 高珮义. 中外城市化比较研究[M]. 天津:南开大学出版社,2004:6.

[2] 聂育仁,李林波,黄晓敏. "十二五"期我国城镇化发展对交通发展影响及对策研究[M]. 北京:中国经济出版社,2011:13-40.

[3] 王春艳,李瑞林. 美国城市化的特点及其经验借鉴[J]. 延边大学学报:社会科学版,2005,38(3):77-81.

[4] 阳建强. 西欧城市更新[M]. 南京:东南大学出版社,2012:16-18.

[5] 周跃辉. 西方城市化的三个阶段[J]. 理论导报,2013(2):42-43.

[6] 谢守红. 当代西方国家城市化的特点与趋势[J]. 山西师范大学学报:自然科学版,2003(4):75-81.

[7] 国家统计局. 国家统计数据库[DB/OL],2014[2014-07-20]. http://www. stats. gov. cn/tjsj.

[8] 于今. 城市更新:城市发展中的新里程[M]. 北京:国家行政学院出版社,2011:1-20.

[9] HOME R K. Inner city regeneration[M]. [S. l.]: [s. n.], 2013.

[10] 叶南客,李芸. 国际城市更新运动评述[J]. 世界经济与政治论坛,1999(6):62-64.

[11] 李德华. 城市规划原理[M]. 3 版. 北京:中国建筑工业出版社,2001:566-571.

[12] 闵师林. 城市土地再开发[M]. 上海:上海人民出版社,2006.

[13] HOWARD E. Garden cities of tomorrow[M]. London: S. Sonnenschein & Co. , Ltd, 1902.

[14] GEDDES. Cities in evolution : an introduction to the town planning movement and to the study of civics[J]. Social Theories of the City, 1968, 4(3): 236-237.

[15] 吴志强.《百年西方城市规划理论史纲》导论[J]. 城市规划汇刊,2000(2):9-14.

[16] WILLIAM J C. Modern architecture since 1900[M]. [S. l.] : Phaidon Press, 1996.

[17] KEEBLE L. Principles and practice of town and country planning[M]. London: Estates Gazette Ltd, 1954.

[18] GOODMAN P. Communitas: means of livelihood and WAYS of Life[M]. New York: Columbia University Press, 1990.

[19] REYNER B. Age of the masters—A personal view of modern architecture[M]. [S. l.] : Architectural Press, 1987.

[20] 北京城市规划设计研究院. 城市土地使用与交通协调发展——北京的探索与实践[M]. 北京:中国建筑工业出版社,2009:17-26.

[21] JENKS M, BURTON E, WILLIAMS K. The compact city—A sustainable urban form[M].

[S. l.]: Taylor & Francis, 2004.

[22] 清华大学建筑与城市研究所. 城市规划理论·方法·实践[M]. 北京:地震出版社,1992.

[23] KNAAP G, TALEN E. New urbanism and smart growth: a few words from the academy[J]. International Regional Science Review, 2005, 28(2): 107-118.

[24] 王国爱,李同升. "新城市主义"与"精明增长"理论进展与评述[J]. 规划师,2009(04):67-71.

[25] DOWNS A. Smart growth: why we discuss it more than we do it[M]. [S. l.]: Island Press/ Center for Resource Economics, 2014.

[26] DONALD J S. Rural redevelopment in Canada: the case of Northeast New Brunswick[J]. Journal of Rural Studies, 1989, 5(2): 185-197.

[27] WILLIAM C. LE Corbusier-Ideas and forms[M]. [S. l.]: Phaidon, 2006.

[28] GENE D. Restructuring the Toronto harbour commission: land politics on the Toronto waterfront[J]. Journal of Transport Geography, 1993, 1(3): 167-181.

[29] HORRIDGE P G. Contaminated land: Treatment and redevelopment[J]. Land Use Policy Horridge, 1990, 7(4): 287-290.

[30] GREENBERG M, LOWRIE K, MAYER H, et al. Brownfield redevelopment as a smart growth option in the United States[J]. Environmentalist, 2001, 21(2): 129-143.

[31] MONIQUE D. A history of planning in the Paris region: from growth to crisis[J]. International Journal of Urban and Regional Resea, 1983, 7(2): 219-236.

[32] 黄辉. 19 世纪下半叶巴黎城市改造探析[D]. 上海:华东师范大学,2007.

[33] 刘健. 注重整体协调的城市更新改造:法国协议开发区制度在巴黎的实践[C] //中国城市规划学会国外城市规划学术委员会及《国际城市规划》杂志编委会 2011 年会,2011:389-405.

[34] 清华大学建筑学院. 城市规划资料集第 8 分册:城市历史保护与城市更新[M]. 北京:中国建筑工业出版社,2008.

[35] 林拓,水内俊雄(日). 现代城市更新与社会空间变迁:住宅、生态、治理[M]. 上海:上海古籍出版社,2007.

[36] IAN C. RIBA book of British housing: 1900 to the present day[M]. [S. l.]: Architectural Press, 2008.

[37] 于立,JEREMY A. 城市复兴——英国卡迪夫的经验及借鉴意义[J]. 国外城市规划,2006(2):23-28.

[38] BOIS W D. Reconstruction and its Benefits[J]. American Historical Review, 1910, 15(4): 781-799.

[39] DAVID H D. The scalawag in Mississippi Reconstruction[J]. The Journal of Southern History, 1944, 10(4): 447-460.

[40] CARMON N. Three generations of urban renewal policies: analysis and policy implications[J]. Geoforum, 1999, 30(2): 145-158.

[41] MILLER J S, HOEL L A. The "smart growth" debate: best practices for urban transportation planning[J]. Socio-Economic Planning Sciences, 2002, 36(1): 1-24.

[42] BURCHELL R W, LISTOKIN D, CATHERINE C G. Smart growth: More than a ghost of

urban policy past, less than a bold new horizon[J]. Housing Policy Debate, 2000, 11(4): 821-879.
[43] KNAAP G J, FRECE J W. Smart growth in Maryland: looking forward and looking back[J]. Idaho L. Rev, 2007, 43(2): 445-473.
[44] 魏羽力. 一种积极的土地重整手段——谈日本的"土地区画整理"方法[J]. 现代城市研究, 2003, 18(02): 28-33.
[45] 方明, 有光友兴(日), 土井幸平(日). 日本的城市再开发实例介绍——神户市六甲道站南地区灾后重建第二种市区再开发事业报告[J]. 城市规划汇刊, 1999(04): 48-56, 24.
[46] 俞慰刚. 创意规划: 城市再开发角度下的复兴契机——从日本东京城市轨迹与现状看创意城市的发展[J]. 上海城市管理, 2014(05): 47-51.
[47] 金钟范. 韩国住宅再开发政策特点[J]. 上海房地, 2004(6): 62-64.
[48] 孙施文.《周礼》中的中国古代城市规划制度[J]. 城市规划, 2012, 36(8): 9-13.
[49] 赵明星, 张玉霞. 中国古代城市规划理论研究三则[J]. 华中建筑, 2008, 26(8): 185-188.
[50] 吴炳怀. 我国城市更新理论与实践的回顾分析及发展建议[J]. 城市研究, 1999(5): 46-48.
[51] 闵师林. 城市土地再开发[M]. 上海: 上海人民出版社, 2006.
[52] 张其邦. 城市更新的更新地、更新时(期)与更新度理论研究[D]. 重庆: 重庆大学, 2007.
[53] 严若谷, 周素红, 闫小培. 城市更新之研究[J]. 地理科学进展, 2011(08): 947-955.
[54] 王蔚然. 旧城改造项目管理模式研究[D]. 西安: 西安建筑科技大学, 2014.
[55] 刘阳恒. 中国大城市中心城区土地再开发的研究[D]. 上海: 同济大学, 1997.
[56] 杨晓辉, 丁金华. 利益博弈视角下的城市土地再开发与规划调控策略[J]. 规划师, 2013, 29(7): 85-89.
[57] 叶磊, 马学广. 转型时期城市土地再开发的协同治理机制研究述评[J]. 规划师, 2010, 26(10): 103-107.
[58] 栾春凤. 城市滨河地区更新的城市设计策略研究[D]. 南京: 南京林业大学, 2009.
[59] 周蓉. 城市中心区土地再开发功能定位研究[D]. 长沙: 中南大学, 2011.
[60] 闵师林. 当前我国城市土地再开发实证研究——以上海浦东新区为例[J]. 中国房地产, 2009, 2(2): 29-32.
[61] 黄治. 城中村改造模式与策略研究[D]. 武汉: 武汉大学, 2013.
[62] 陈萍萍. 上海城市功能提升与城市更新[D]. 上海: 华东师范大学, 2006.
[63] 刘航. 从城市再开发角度看铁路车站地区的改造与更新[D]. 天津: 天津大学, 2004.
[64] 管娟. 上海中心城区城市更新运行机制演进研究[D]. 上海: 同济大学, 2008.
[65] 刘春, 何艳. 城市滨水地区的再开发[J]. 城市问题, 2006(07): 89-93.
[66] 陈鸿锟. 旧区重建: 香港土地发展公司的经验[J]. 城市规划, 1996(06): 18-19.
[67] 徐聪. 香港的"市区重建"[J]. 中外房地产导报, 2002(10): 44-45.
[68] 陈敦鹏. 香港市区重建历程、机制及其启示[C] //2011 中国城市规划年会, 2011.
[69] 阳建强, 吴明伟. 现代城市更新[M]. 南京: 东南大学出版社, 1999.
[70] 任云兰, 郭力君. 天津城市更新改造的探索与实践[J]. 城市发展研究, 2009(03): 129-132.
[71] 霍焱. 沈阳东塔机场地区再开发研究[D]. 沈阳: 沈阳建筑大学, 2013.

[72] 刘奇志，何梅，汪云，等. 武汉老工业城市更新发展的规划实践[J]. 城市规划，2010(07)：39-43.

[73] 缪春胜. 深圳三十多年城市更新回顾及其下一阶段思考[C] //城乡治理与规划改革——2014 中国城市规划年会论文集(03-城市规划历史与理论). 中国海南海口，2014.

[74] 黄慧明. 1949 年以来广州旧城的形态演变特征与机制研究[D]. 广州：华南理工大学，2013.

[75] 刘世能. 旧城改造案例研究[M]. 北京：中国城市出版社，2012.

[76] 张庭伟. 城市滨水区设计与开发[M]. 上海：同济大学出版社，2002.

[77] CHUNG J H，HWANG K Y，YUN K B. The loss of road capacity and self-compliance：Lessons from the Cheonggyecheon stream restoration[J]. Transport Policy，2012，21(4)：165-178.

[78] SHIN H B. Property-based redevelopment and gentrification：The case of Seoul，South Korea [J]. Geoforum，2009，40(5)：906-917.

[79] LIM H，KIM J，POTTER C，et al. Urban regeneration and gentrification：Land use impacts of the Cheonggye Stream Restoration Project on the Seoul's central business district[J]. Habitat International，2013，39：192-200.

[80] 李炜永. 后世博时代的城市交通拥堵治理——基于上海世博会城市最佳实践区的启示[J]. 北京城市学院学报，2011(3)：10-13.

[81] 中共上海杨浦区委党史研究室，上海杨浦区地方志办公室，上海杨浦区档案局. 走进杨浦[M]. 上海：上海交通大学出版社，2013.

[82] 陈建明. 广州市荔湾区旧城改造更新模式研究[D]. 广州：华南理工大学，2009.

[83] 卞青. 芜湖凤凰美食街街区规划与建筑设计[J]. 芜湖职业技术学院学报，2006，8(3)：35-36.

[84] 王利民，耿毓修. 试论上海市土地再开发中规划控制的策略——"不夜城"案例引起的思考[J]. 上海城市规划，1999(01)：14-18.

[85] 吴兵，李晔. 交通管理与控制[M]. 5 版. 北京：人民交通出版社，2015：152-154.

[86] 姜桂艳. 道路交通状态判别技术与应用[M]. 北京：人民交通出版社，2004：52-54.

[87] GREENSHIELDS B D，BIBBINS J R，CHANNING W S，et al. A study of traffic capacity[C] //Proceedings of the Fourteenth Annual Meeting of th. Washington，D. C，1935：448-477.

[88] LIGHTHILL M J，WHITHAM G B. On kinematic waves. ii. a theory of traffic flow on long crowded roads[J]. Proceedings of the Royal Society a Mathematical PH，1955，299(1178)：317-345.

[89] PAYNE H J. Model of freeway traffic and control[J]. Mathematical Models of Public Systems，1971，28(1)：51-61.

[90] WHITHAM G B. Linear and nonlinear waves[M]. New York：Wiley，1974.

[91] LAVAL J A，LECLERCQ L. A mechanism to describe the formation and propagation of stop-and-go waves in congested freeway traffic[J]. Philosophical Transactions of the Royal Society a，2010，368(1928)：4519-4541.

[92] HELBING D. Theoretical foundation of macroscopic traffic models[J]. Physica a Statistical Mechanics & Its Applications，1995，219(3-4)：375-390.

[93] DAGANZO C F. A behavioral theory of multi-lane traffic flow. Part II：Merges and the onset of congestion[J]. Transportation Research Part B Methodological，2002，36(2)：159-169.

[94] BANDO M, HASEBE K, NAKAYAMA A, et al. Dynamical model of traffic congestion and numerical simulation[J]. Physical Review E Statistical Physics Plasmas FLUI, 1995, 51(2): 1035-1042.

[95] OROSZ G, WILSON R E, SZALAI R, et al. Exciting traffic jams: nonlinear phenomena behind traffic jam formation on highways[J]. Physical Review E Statistical Nonlinear & Soft MAT, 2009, 80(4): 46-205.

[96] ZHANG H M. A theory of nonequilibrium traffic flow[J]. Transportation Research Part B Methodological, 1998, 32(7): 485-498.

[97] ZHANG H M. Driver memory, traffic viscosity and a viscous vehicular traffic flow model[J]. Transportation Research Part B Methodological, 2003, 37(1): 27-41.

[98] WAGNER P. STILL FLOWING: APPROACHES TO TRAFFIC FLOW AND TRAFFIC JAM MODELING[J]. Operations Research, 2003, 51(5): 681-710.

[99] ORENSTEIN P R, WRIGHT C. SIMPLE MODELS FOR TRAFFIC JAMS AND CONGESTION CONTROL[C]//PROCEEDINGS OF THE INSTITUTION OF CIVIL ENGINEERS:, 1999-08-01, 1999: 123-130.

[100] KERNER B S. A theory of traffic congestion at heavy bottleneckss[J]. Journal of Physics a Mathematical & Theoretical, 2008, 41(21): 1-42.

[101] SUGIYAMA Y, FUKUI M, KIKUCHI M, et al. Traffic jams without bottlenecks—experimental evidence for the physical mechanism of the formation of a jam[J]. New Journal of Physics, 2008, 10(9): 1-25.

[102] MAITRA B, SIKDAR P K, DHINGRA S L. Modeling congestion on urban roads and assessing level of service[J]. Journal of Transportation Engineering, 1999, 125(6): 508-514.

[103] TAYLOR M. EXPLORING THE NATURE OF URBAN TRAFFIC CONGESTION: CONCEPTS, PARAMETERS, THEORIES AND MODELS[C]//Proceedings of the 16th Australian Road Research B. PERTH, WESTERN AUSTRALIA, 1992: 83-105.

[104] KATAKURA M. Time headway distribution of traffic flow[J]. Proceedings of the Japan Society of Civil Engineer, 1971, 189(1): 107-115.

[105] WABE J S. Congestion and the speed of traffic on trunk roads[J]. Applied Statistics, 1970, 19(1): 42-49.

[106] TREIBER M, HENNECKE A, HELBING D. Congested traffic states in empirical observations and microscopic simulations[J]. Physical Review E Statistical Physics Plasmas FLUI, 2000, 62(2): 1805-1824.

[107] JUNG M. Calculating method for call congestion of gradings for random routing whose traffic HAS a poisson distribution[J]. IEEE Transactions on Communications, 1972, 20(2): 204-210.

[108] NEUBURGER H. The economics of heavily congested roads[J]. Transportation Research, 1971, 5(4): 283-293.

[109] European Conference Of Ministers Of Transport. Managing urban traffic congestion[M].

[S. l.]: Oecd Publishing, 2007.

[110] 彭春露,杨晓光,张存宝. 基于 I/O 模型对拥挤交通流状态变化的研究[J]. 交通与计算机,2004(06):1-5.

[111] 李林波,吴兵,潘弘,等. 城市道路路段拥挤交通流特性研究[J]. 山东交通学院学报,2010,18(01):13-16.

[112] 姚荣涵,王殿海,曲昭伟. 基于二流理论的拥挤交通流当量排队长度模型[J]. 东南大学学报:自然科学版,2007,37(03):521-526.

[113] 杨小宝,张宁. 拥挤交通流的行为分析与仿真建模[J]. 系统工程,2006,24(03):25-28.

[114] 孙剑,李克平,杨晓光. 拥挤交通流交织区车道变换行为仿真[J]. 系统仿真学报,2009,21(13):4174-4178.

[115] 李林波,万燕花,张勇平. 城市交通拥挤发生的一般规律[J]. 山东交通学院学报,2004,12(01):55-59.

[116] 陆化普. 解析城市交通[M]. 北京:中国水利水电出版社,2001.

[117] 曾华燕. 城市交叉口拥挤机理分析及组织控制方法研究[D]. 广州: 华南理工大学,2007.

[118] 杜胜品,孔建益. 城市交通拥挤与系统分担交通理论的应用[J]. 武汉科技大学学报:自然科学版,2004,27(01):47-50.

[119] 姜桂艳,代磊磊,白竹,等. 城市主干路常发性拥挤扩散规律的模拟研究[J]. 交通与计算机,2006,20(01):1-3.

[120] 张毅媚,晏克非. 城市交通拥挤机理的经济解析[J]. 同济大学学报:自然科学版,2006,34(03):38, 359-362.

[121] 张国伍. 大城市交通拥堵瓶颈相关基础科学问题研究——"交通 7+1 论坛"第九次会议纪实[J]. 交通运输系统工程与信息,2008,8(1):3-7.

[122] 黄欣,杨新苗,常玉林,等. 城市交通拥挤的成因探析[J]. 交通运输工程与信息学报,2007,5(02):108-114.

[123] ZUPAN J M, PUSHKAREV B. Public transportation and land use policy[M]. Bloomington: Indiana University Press, 1977.

[124] NEWMAN P, KENWORTHY J R. CITIES AND AUTOMOBILE DEPENDENCE: AN INTERNATIONAL SOURCEBOOK[M]. brookfield: GOWER TECHNICAL, 1989.

[125] HANDY S. How land use patterns affect travel patterns : a bibliography[M]. Chicago: Council of Planning Librarians, 1992.

[126] MESSENGER T, EWING R. Transit-Oriented development in the sun belt[J]. Transportation Research Record Journal of the TRAN, 1996, 1552(1): 145-153.

[127] CERVERO R. Mixed land-uses and commuting: Evidence from the American Housing Survey[J]. Transportation Research Part a Policy & Practice, 1996, 30(5): 361-377.

[128] LAWRENCE D F. Impacts of mixed used and density on utilization of three modes of travel: Single-Occupant vehicle, Transit, walking[J]. Transportation Research Record, 1994, 1466(1): 44-52.

[129] SIMMONDS D, COOMBE D. TRANSPORT EFFECTS OF URBAN LAND-USE CHANGE

[J]. Traffic Engineering & Control, 1997, 38(12): 127-130.
[130] GIULIANO G, GILLESPIE A. Research issues regarding societal change and transport[J]. Journal of Transport Geography, 1997, 5(3): 165-176.
[131] KARASH K H, COOGAN M A, ADLER T J, et al. Understanding how individuals make travel and location decisions: implications for public transportation, Tcrp Report 123[R]. 2008.
[132] Institute of Transportation Engineers. Trip Generation manual, 9th edition[R]. 2012.
[133] 徐巨洲. 城市交通规划研究的新进展——《大城市综合交通体系规划模式研究》报告读后[J]. 城市规划,1991(04):24-25.
[134] 姚士谋. 中国城市群[M]. 合肥:中国科学技术大学出版社,2006.
[135] 杨吾扬. 杨吾扬论文选集[M]. 北京:商务印书馆,2005.
[136] 谢守红. 大都市区的空间组织[M]. 北京:科学出版社,2004.
[137] 阎小培. 高密度开发城市的交通系统与土地利用——以广州为例[M]. 北京:科学出版社,2006.
[138] 潘海啸,杜雷. 城市交通方式和多模式间的转换: 法中委员会四川成都论坛——"城市发展, 交通方式和多模式间的转换"学术研讨会论文集[M]. 上海:同济大学出版社,2003.
[139] 陆锡明. 城市交通战略[M]. 北京:中国建筑工业出版社,2006.
[140] 朱照宏,杨东援,吴兵. 城市群交通规划[M]. 上海:同济大学出版社,2007.
[141] 郑连勇. 城市交通影响评价[M]. 北京:中国建筑工业出版社,2006.
[142] 赵贝. 居民出行方式选择与公交优先政策协同研究[D]. 长春:吉林大学,2011.
[143] 李霞. 城市通勤交通与居住就业空间分布关系——模型与方法研究[D]. 北京:北京交通大学,2010.
[144] 邵德华. 土地利用与城市交通互动机制探析[J]. 北京规划建设,2002(03):32-35.
[145] 徐喜先. 百变上海[M]. 上海:上海人民美术出版社,2004.
[146] 邹高禄. 城市最佳再开发理论模型及其应用[J]. 国土经济,2002(04):16-18.
[147] 丁成日. 中国城市土地利用, 房地产发展, 城市政策[J]. 城市发展研究,2003,10(5):58-63.
[148] 郭湘闽. 土地再开发机制约束下的旧城更新困境剖析[J]. 城市规划,2008,32(10):42-49.
[149] 中华人民共和国住房和城乡建设部. GB 50137—2011 城市用地分类与规划建设用地标准[S]. 北京:中国建筑工业出版社, 2011.
[150] WEGENER M. Current and future land use models[C] //Travel Model Improvement Program Land Use Modeling, 1995: 13-40.
[151] 管驰明,崔功豪. 公共交通导向的中国大都市空间结构模式探析[J]. 城市规划,2003,27(10):39-43.
[152] 李海峰. 城市形态、交通模式和居民出行方式研究[D]. 南京:东南大学,2006.
[153] 毛蒋兴,阎小培. 城市土地利用模式与城市交通模式关系研究[J]. 规划师,2002,18(07):69-72.
[154] 李铖,李俊祥,李蓉,等. 上海轨道交通对城市土地利用变化的影响[J]. 应用生态学报,2008,19(7):1537-1543.
[155] 古杰,周素红,闫小培,等. 居民日常出行时空集聚视角下的城市交通拥堵形成机制研究——以广州为例[J]. 地理科学,2012,32(08):921-927.
[156] 上海市城市规划设计研究院,上海市公安局交通警察总队. DGTJ 08—2165—2015 建设项目交

通影响评价技术标准[S]. 上海:同济大学出版社，2015.

[157] 张飞飞，刘蓓蓓，毕军，等. 城市居民交通方式选择及其影响因素分析——以南京市为例[J]. 四川环境，2012，31(03)：132-138.

[158] 宫远山. 城市总体规划与城市交通规划“一体化”编制研究[D]. 西安：长安大学，2004.

[159] VARAIYA P. Congestion，ramp metering and tolls[J]. Philosophical Transactions of the Royal Society a，2008，366(1872)：1921-1930.

[160] KURZHANSKIY A A，VARAIYA P. Active traffic management on road networks：a macroscopic approach[J]. Philosophical Transactions，2010，368(1928)：4607-4626.

[161] 郭海锋. 局部拥挤条件下城市道路交通信号控制方法研究[D]. 长春：吉林大学，2008.

[162] 陈光庭. 城市交通对策研究[M]. 北京：北京科学技术出版社，1989.

[163] 张良智. 城市区域交通控制技术研究[D]. 济南：山东大学，2013.

[164] 刘智丽，陈金川，张德欣. 城市交通需求管理的必要性及政策建议[J]. 综合运输，2006(6)：30-34.

[165] 王大江. 城市交通需求管理适应性评价研究[D]. 成都：西南交通大学，2012.

[166] KASIPILLAI J，CHAN P. Travel demand management：lessons for Malaysia[J]. Journal of Public Transportation，2010，11(3)：41.

[167] 李瑞敏. 城市道路交通管理[M]. 北京：人民交通出版社，2009.

[168] KOZUKA M，KAWAMOTO Y，HONDA Y. Classification of local cities for application of transportation demand management (tdm)[J]. Papers on Environmental Information Science，2003：229-234.

[169] ISON S，RYE T. The implementation and effectiveness of transport demand management measures：an international perspective[J]. European Journal of Transport & Infrastructure Research，2008，10(3)：290-292.

[170] DAVIS A L. Promoting sustainable transport in England：principles and practice[J]. Journal of Transport Geography，1996，4(1)：67-70.

[171] NEWMAN P W，KENWORTHY J R. The land use—transport connection：An overview[J]. Land Use Policy，1996，13(1)：1-22.

[172] HANDY S. Smart growth and the transportation-land use connection：What does the research tell us? [J]. International Regional Science Review，2005，28(2)：146-167.

[173] CERVERO R. Built environments and mode choice：toward a normative framework[J]. Transportation Research Part D：Transport and ENVI，2002，7(4)：265-284.

[174] DANIELS T. Smart growth：a new American approach to regional planning[J]. Planning Practice & Research，2001，16(3)：271-279.

[175] WEY W M，HSU J. New urbanism and smart growth：toward achieving a smart National Taipei university district[J]. Habitat International，2014，42(2)：164-174.

[176] REEDS J. Smart growth：From sprawl to sustainability[M]. [S. l.]：[s. n.]，2011.

[177] 侯全华. 分层控规中城市土地使用强度与交通容量协同优化研究[D]. 西安：长安大学，2015.

[178] 陈海伟. 基于竞租理论的城市土地利用与交通一体化模型研究[D]. 广州：华南理工大学，2014.

[179] 刘文芝,宗刚,张超,等.城市交通与土地利用一体化规划模型[J].内蒙古大学学报:自然科学版,2013(02):212-218.

[180] 苏海龙,谭迎辉,周锐,等.基于规划过程的我国土地使用与交通一体化规划研究展望[J].城市发展研究,2013(09):66-72.

[181] 赵丽元.基于GIS的土地利用交通一体化微观仿真研究[D].成都:西南交通大学,2011.

[182] SCHWANEN T, DIJST M, DIELEMAN F M. Policies for urban form and their impact on travel: the Netherlands experience[J]. Urban Studies, 2004, 41(3): 579-603.

[183] NEWMAN P W G, KENWORTHY J R. Sustainability and cities: overcoming automobile dependence[J]. Landscape & Urban Planning, 1999, 44(4):219-226.

[184] WEGENER M. Overview of land use transport models[J]. Handbook of Transport Geography and Spatial System, 2004, 5: 127-146.

[185] 陆化普.城市土地利用与交通系统的一体化规划[J].清华大学学报:自然科学版,2006,46(9):1499-1504.

[186] 王缉宪.国外城市土地利用与交通一体规划的方法与实践[J].国际城市规划,2009,24(S1):205-209.

[187] 李朝阳.现代城市道路交通规划[M].上海:上海交通大学出版社,2006.

[188] 万铁凌.依据交通承载力确定土地适宜开发强度——以贵州水城经济开发区中部核心区控规为例[J].城乡规划:城市地理学术版,2014(2):4-8.

[189] 闫小培,毛蒋兴.高密度开发城市的交通与土地利用互动关系——以广州为例[J].地理学报,2004,59(5):643-652.

[190] 杜立群,北京市城市规划设计研究院.城市土地使用与交通协调发展:北京的探索与实践[M].北京:中国建筑工业出版社,2009.

[191] 中华人民共和国住房和城乡建设部. CJJT 141—2010 交通影响评价标准[S].北京:中国建筑工业出版社,2010.

[192] New York Metropolitan Transportation Council. 2006 Update of the congestion management process procedures[R]. 2006.

[193] Southeast Michigan council of government. Congestion management system (cms) plan for southeast Michigan[R]. 2004.

[194] The CAMPO Transportation Policy Board. The 2035 regional transportation plan[R]. 2010.

[195] 罗蓓蓓.拥挤管理系统(CMS)实施方法研究[D].上海:同济大学,2008.

[196] 刘澜,马亚峰,高士麟.交通拥挤管理的智能体系与实施应用[J].上海城市管理,2012(05):48-52.

[197] CHURCH A. Transport and urban regeneration in London Docklands: A victim of success or a failure to plan? [J]. Cities, 1990, 7(4): 289-303.

[198] 王艳丽,李林波,易军伟,等.基于交通需求的城市用地分类方法[J].重庆交通大学学报:自然科学版,2013,32(05):995-1001.

[199] 肖秋生.城市交通规划[M].北京:人民交通出版社,1990.

[200] BLACK J. Urban transport planning[M]. [S. l.]: Croom Helm Ltd, 1981.

[201] 陆化普,黄海军. 交通规划理论研究前沿/交通规划理论系列教材 普通高等教育"十一五"国家级规划教材[M]. 北京:清华大学出版社,2007.

[202] BEN-AKIVA M E, LERMAN S R. Discrete choice analysis: theory and application to travel demand[J]. Journal of the Operational Research Society, 1987(4): 370-371.

[203] HENSHER D A, BUTTON K J. Handbook of transport modelling[J]. Pergamon Press, 2000(6): 546-546.

[204] 殷焕焕,关宏志,秦焕美,等. 基于非集计模型的居民出行方式选择行为研究[J]. 武汉理工大学学报:交通科学与工程版,2010,34(5):1000-1003.

[205] 关宏志. 非集计模型: 交通行为分析的工具[M]. 北京:人民交通出版社,2004.

[206] WEBSTER F V, BLY P H, PAULLEY N J, et al. Urban land-use and transport interaction : policies and models: report of the International Study Group on Land-use/Transport Interaction (ISGLUTI)[M]. [S. l.] : Avebury, 1988.

[207] HARRIS B. Urban simulation models in regional science[J]. Journal of Regional Science, 1985, 25(4): 545-567.

[208] MACKETT R L. Integrated land use — transport models[J]. Transport Reviews, 1985, 5(4): 325-343.

[209] SMALL K A, BERECHMAN J. Research policy and review 25. Modeling land use and transportation: an interpretive review for growth areas[J]. Environment & Planning a, 1988, 20(10): 1285-1309.

[210] AOYAMA Y. A *HISTORICAL REVIEW OF TRANSPORT AND LAND-USE MODELS IN JAPAN*[J]. Transportation Research Part a Policy & Practice, 1989, 23(1): 53-61.

[211] HOROWITZ A, FARMER D. Statewide travel forecasting practice: a critical review[J]. Transportation Research Record: Journal of the TRA, 1999(1685): 13-20.

[212] BOWMAN J L, BEN-AKIVA M E. Activity-based disaggregate travel demand model system with activity schedules[J]. Transportation Research Part a: Policy and Practic, 2001, 35(1): 1-28.

[213] WILSON A G. Land-use/transport interaction models: Past and future[J]. Journal of Transport Economics and Policy, 1998, 32(1): 3-26.

[214] MISHRA S, YE X, DUCCA F, et al. A functional integrated land use-transportation model for analyzing transportation impacts in the Maryland-Washington, DC Region[J]. Sustainability: Science, Practice, & Policy, 2011, 7(2): 60-69.

[215] 陆锡明,陈必壮,董志国. 上海综合交通模型体系构想及成果[J]. 城市交通,2008(01):13-18.

[216] 李春艳,陈金川,郭继孚,等. 城市交通模型集锦[J]. 城市交通,2008(01):32-49.

[217] PRYOR E G. Urban land use and transport interaction policies and models: Report of the International Study Group on Land Use/Transport Interaction (ISGLUTI)[J]. Land Use Policy, 1989, 6(6): 267-269.

[218] SOUTHWORTH F. A technical review of urban land use-transportation models as tools for evaluating vehicle travel reduction strategies,Office of Scientific & Technical Information Techn

[R]. 1995.

[219] 陆化普. 交通规划理论与方法[M]. 北京:清华大学出版社,2006.

[220] 毛蒋兴,阎小培. 我国城市交通系统与土地利用互动关系研究述评[J]. 城市规划汇刊,2002(4):34-37.

[221] 周素红,阎小培. 城市交通与土地利用关系研究的进展[J]. 规划师,2005(03):58-62.

[222] 袁婧. 城市群城际公路客运交通生成与分布预测研究[D]. 成都:西南交通大学,2007.

[223] 李军. 城市群轨道交通方式划分非集计模型及应用研究[D]. 武汉:武汉理工大学,2007.

[224] WANG Yan-li, BING Wu, ZHI Dong, et al. A joint modeling analysis of passengers' intercity travel destination and mode choices in Yangtze river delta megaregion of China[J]. Mathematical Problems in Engineering[J]. Mathematical Problems in Engineering, 2016(7):1-10.

[225] HOROWITZ A. Statewide travel forecasting models[J]. Transportation Research Board, 2006.

[226] ALGERS S. Integrated structure of long-distance travel behavior models in Sweden [J]. Transportation Research Record, 1993(1413): 141-149.

[227] KANG-SOO K, GOYANG-SHI K, HYE-JIN C, et al. National modeling for passenger trips in Korea[C] //Proceedings of the Eastern Asia Society for Transportation Study 2005, 5: 2470-2482.

[228] O'NEILL W A, BROWN E. Long-distance trip generation modeling using ATS [J]. Transportation Research Circular, 2001: 271-286.

[229] National Research Council (US) Committee for Determination of the State of the Practice in Metropolitan Area Travel Forecasting. Metropolitan travel forecasting: current practice and future direction[M]. Transportation Research Board, 2007.

[230] ERLANDER S, STEWART N F. The gravity model in transportation analysis: theory and extensions[M]. [S. l.] : CRC press , 1990.

[231] DE DIOS ORTAOZAR J, WILLUMSEN L G. Modelling transport[M]. [S. l.] : John Wiley & Sons, 2011.

[232] BUERKERT A, BAGAYOKO M, BATIONO A, et al. Integration of an activity-based model system and a residential location model[J]. Urban Studies, 1998, 35(7): 1131-1153.

[233] FOTHERINGHAM A S. Some theoretical aspects of destination choice and their relevance to production-constrained gravity models [J]. Environment and Planning a, 1983, 15 (8): 1121-1132.

[234] BHAT C, GOVINDARAJAN A, PULUGURTA V. Disaggregate attraction-end choice modeling: formulation and empirical analysis[J]. Transportation Research Record: Journal of the TRA, 1998(1645): 60-68.

[235] POZSGAY M A, BHAT C R. Destination choice modeling for home-based recreational trips: analysis and implications for land use, transportation, and air quality planning [J]. Transportation Research Record Journal of the TRAN, 2001, 1777(1): 47-54.

[236] CASCETTA E, PAPOLA A. Random utility models with implicit availability/perception of choice alternatives for the simulation of travel demand[J]. Transportation Research Part C:

Emerging Technology, 2001, 9(4): 249-263.

[237] 何明卫.城市居民出行目的地选择的非集计行为模型研究[D].昆明:昆明理工大学,2007.

[238] MISHRA S, WANG Y, ZHU X, et al. Comparison between gravity and destination choice models for trip distribution in Maryland[C] //Transportation Research Board 92nd Annual Meeting, 2013.

[239] THILL J C. Choice set formation for destination choice modeling[J]. Progress in Human Geography, 1992, 16(3): 361-382.

[240] 刘灿齐.现代交通规划学[M].北京:人民交通出版社,2001.

[241] 周江评,戴帅.城市与大都市货物运输交通:现有模型综述[J].交通运输系统工程与信息,2012(4):106-114.

[242] DIXIT, VENIGALLA S, BRONZINI M M, et al. A methodology for disaggregation of freight origin destination data for metropolitan and regional planning[C] //Transportation Research Board 90th Annual Meeting, 2011.

[243] KULPA T. Freight truck trip Generation modelling at regional level[J]. Procedia- Social and Behavioral Sciences, 2014, 111(3): 197-202.

[244] WANG Y, DING C, LIU C, et al. An analysis of interstate freight mode choice between truck and rail: a case study of Maryland, United States[J]. Procedia - Social and Behavioral Sciences, 2013, 96: 1239-1249.

[245] PENDYALA R M. Urban highway freight modeling including intermodal connectors for Florida [R]. 2002.

[246] HENSHER D, FIGLIOZZI M A. Behavioural insights into the modelling of freight transportation and distribution systems[J]. Transportation Research Part B Methodological, 2007, 41(9): 921-923.

[247] JONG G D, BEN-AKIVA M. A micro-simulation model of shipment size and transport chain choice[J]. Transportation Research Part B Methodological, 2007, 41(9): 950-965.

[248] BEAGAN D F, FISCHER M J, KUPPAM A R. Quick response freight manual II, FHWA-HOP-08-010[R]. 2007.

[249] BUREAU O R. Traffic assignment manual[M]. Washington D. C: Department of Commerce, Urban Planning Division, 1964.

[250] MANUAL H C, Washington, DC. Highway capacity manual[M]. Washington, D. C: [s, n], 2007.

[251] 陈冬栋,杨超.交通分配中阻抗函数的研究和应用[J].交通与运输:学术版,2010(02):17-20.

[252] BAR-GERA H. Origin-based algorithm for the traffic assignment problem[J]. Transportation Science, 2002, 36(4): 398-417.

[253] DIAL R B. A path-based user-equilibrium traffic assignment algorithm that obviates path storage and enumeration[J]. Transportation Research Part B: Methodological, 2006, 40(10): 917-936.

[254] DIAL R B. An efficient algorithm for building min-path trees for all origins in a multi-class

network[J]. Transportation Research Part B: Methodological, 2006, 40(10): 851-856.

[255] YE X. Accelerated procedure of multiclass highway traffic assignment for Maryland statewide transportation model[J]. Transportation Research Record 2010(2176): 84-91.

[256] MISHRA S, WELCH T F, MOECKEL R, et al. Development of Maryland statewide transportation model and its application in scenario planning[C] //Transportation Research Board 92nd Annual Meeting, 2013.

[257] 公安部交通管理局. 公安部交通管理局[2012]54 号,城市道路交通管理评价指标体系[S]. 2012.

[258] BOARNET M, KIM E, PARKANY E. Measuring traffic congestion[J]. Transportation Research Record, 1998, 1634(1): 93-99.

[259] HAMAD K, KIKUCHI S. Developing a measure of traffic congestion: a fuzzy inference approach[J]. Transportation Research Record, 2002, 1802(1): 77-85.

[260] D'ABADIE R J, EHRLICH T F. Contrasting Time-Based and Distance-Based measures for quantifying traffic congestion levels: analysis of New Jersey counties[J]. Transportation Research Record, 2002, 1817(1): 143-148.

[261] SKABARDONIS A, VARAIYA P P, PETTY K F. Measuring recurrent and nonrecurrent traffic congestion[J]. Transportation Research Record, 2003, 1856(1): 112-124.

[262] 美国得克萨斯州交通研究院. 美国城市道路畅通性评价报告[M]. 北京:人民交通出版社,2012.

[263] Federal Highway Administration. Urban congestion report (ucr)[EB/OL] [2016-04-17]. http://www.ops.fhwa.dot.gov/perf_measurement/ucr/index.htm.

[264] 武汉市交通研究院. 武汉交通发展年度报告[R]. 2014.

[265] 上海市城乡建设和交通发展研究院. 上海综合交通发展年度报告[R]. 2014.

[266] 北京交通发展研究中心. 北京市道路交通运行分析报告[R]. 2011.

[267] 郭继孚,刘梦涵,于雷,等. 北京市交通拥堵宏观评价指标体系开发及其应用[C] //中国智能交通年会,2007.

[268] 刘娟,孙建平,刘梦涵,等. 微观层次城市道路交通拥堵评价指标的研究[C] //中国智能交通年会,2007.

[269] 潘弘. 城市道路交通拥挤评价指标体系研究[D]. 上海:同济大学,2010.

[270] 中华人民共和国公安部. GA 115—1995 道路交通阻塞度及评价方法[S]. 北京:中国标准出版社, 1995.

[271] 郑伶俐. 交通影响程度评价指标及方法研究[D]. 上海:同济大学,2008.

[272] IHT. Guidelines for Traffic Impact Assessment[M]. [S. l.]: [s. n.],1994.

[273] 赵童,蒲琪. 国内外几种交通影响分析理论与方法的比较分析[J]. 城市轨道交通研究,2000(01):51-54.

[274] DEY S S, FRICKER J D. Traffic impact analysis and impact fees in state departments of transportation[J]. ITE Journal, 1994, 64(5): 39-44.

[275] DEY S S, FRICKER J D. Applicant'S guide to traffic impact studies, FHWA/IN/JHRP-92/04-2[R]. West Lafayette, IN, 1993.

[276] DEY S S, FRICKER J D. Reviewer's guide for traffic impact studies. final report,FHWA/IN/JHRP-92/4[R], 1994.

[277] BOLLINGER G T. Updated methods for traffic impact analysis, including evaluation of innovative intersection designs[D]. [S. l.]: [s. n.], 2013.

[278] MURTHY A MOHLE H. Traffic impact studies [J]. American Society of Civil Engineers, 2015.

[279] 交通出行率指标研究课题组. 交通出行率手册[M]. 北京:中国建筑工业出版社,2009.

[280] 张飞飞,吴兵,李林波. 建设项目不同实施阶段交通影响评价[J]. 城市交通,2012,10(6):66-72.

[281] 施澄,李素艳. 控制性详细规划与建设项目交通影响分析协调性研究[J]. 规划师,2015(S1):242-244.

[282] 郑保力,周同雷,杨逢甫. 交通影响评价介入时期前移研究[J]. 规划师,2013,29(7):21-25.

[283] 傅白白,于善初,曹鸿雁,等. 交通影响评价介入城市总体规划初探[C] //协同发展与交通实践——2015 年中国城市交通规划年会暨第 28 次学术研讨会论文集,2015.

[284] 郑连勇,靳来勇,郑燊. 国内交通影响评价工作评述及展望[J]. 规划师,2013(7):5-9.

[285] CALIFORNIA S O, Department of Transportation. Guide for the preparation of traffic impact studies[R]. 2002.

[286] 裴玉龙,王晓宁. 建设项目交通影响范围确定方法[J]. 交通运输工程学报,2004,4(3):82-84.

[287] 杜豫川,刘峪搏,蔡晓禹,等. 上海市交通影响分析范围的标准确定研究[J]. 交通运输系统工程与信息,2009,9(6):92-97.

[288] 王丽,刘小明,任福田. 确定交通影响范围的烟羽模型法[J]. 中国公路学报,2001,14(4):100-102.

[289] 钱军,袁春岭,杨路路. 交通影响范围确定方法比较[J]. 交通科技与经济,2012(1):45-48.

[290] 俞礼军,靳文舟. 交通影响分析中的交通量预测模型研究[J]. 交通与计算机,2006,24(2):17-20.

[291] 马艳君. 城市住宅项目交通影响评价系统研究[D]. 成都:西南交通大学,2014.

[292] 李春艳,李先,彭宏勤,等. 基于交通影响评价的交通需求预测共享平台框架分析[J]. 交通运输系统工程与信息,2009,9(6):108-113.

[293] 胡程,邹志云,梅亚南,等. 城市道路网规划评价指标体系研究[J]. 华中科技大学学报:城市科学版,2006,23(增刊 2):98-101.

[294] WANG Y, LI L, ZHU X, et al. Evaluation of urban redevelopment impact on non-motorized traffic[J]. Journal of Traffic & Transportation Engineering(English Edition), 2015, 2(03):187-197.

[295] 王嘉莹. 交通影响评价标准之体系指标的方法研究及指标确定[D]. 北京:北京工业大学,2010.

[296] WANG Yan-li, TIMOTHY F W, BING Wu, et al. Impact of transit-oriented development policy scenarios on travel demand measures of mode share, trip distance and highway usage in Maryland[J]. KSCE Journal of Civil Engineering, 2016, 20(3): 1006-1016.